Zhejiangsheng Gonglu Gongcheng
Jianli Zhiye Yu Guanli Duben

浙江省公路工程监理执业与管理读本

浙江省交通运输厅工程质量监督局　编

图书在版编目(CIP)数据

浙江省公路工程监理执业与管理读本/浙江省交通运输厅工程质量监督局编. —北京：人民交通出版社，2011.5
ISBN 978-7-114-08982-4

I.①浙⋯ II.①浙⋯ III.①道路施工—施工监理—浙江省 IV.①U415.1

中国版本图书馆 CIP 数据核字(2011)第 051808 号

书　　名：	浙江省公路工程监理执业与管理读本
著　作　者：	浙江省交通运输厅工程质量监督局
责任编辑：	赵瑞琴
出版发行：	人民交通出版社
地　　址：	(100011)北京市朝阳区安定门外外馆斜街3号
网　　址：	http://www.ccpress.com.cn
销售电话：	(010)59757969,59757973
总　经　销：	人民交通出版社发行部
经　　销：	各地新华书店
印　　刷：	北京鑫正大印刷有限公司
开　　本：	787×1092　1/16
印　　张：	15.5
字　　数：	337千
版　　次：	2011年5月　第1版
印　　次：	2011年5月　第1次印刷
书　　号：	ISBN 978-7-114-08982-4
定　　价：	28.00元

(如有印刷、装订质量问题的图书由本社负责调换)

《浙江省公路工程监理执业与管理读本》编写人员名单

主　　编　张　征

副 主 编　颜韶辉　陈　鼎

编写人员　梁　冰　颜韶辉　陈　鼎　陆建根　王红良　朱国锋
　　　　　忻刚明　范剑良　周建强　温向阳　沈叶飞　周利霞
　　　　　张天宇　邵丽芳

统　　稿　陈　鼎　周利霞

审查人员名单

卞钧霈　楼晓寅　蔡金荣　汤修华　陈允法

序

  随着我国工程建设管理体制的改革,我省公路工程建设从20世纪80年代中期开始进行了公路工程施工监理试点。经过20多年来的培育和发展,我省公路工程监理行业从无到有,不断发展壮大,到2010年底,全省公路工程监理企业已有38家,监理人员也已发展到了2100余人。目前,我省公路建设行业监理市场日趋成熟,监理工作规范化程度逐步提高。

  近年来,我省交通系统牢固树立和认真落实科学发展观,按照交通运输部和省委、省政府作出的各项决策部署,经过系统上下的拼搏,圆满完成了交通"六大工程"和全面实施了现代交通"三大建设",全省公路水路交通事业取得了显著成就,交通基础设施建设实现了重大突破:全省公路总里程突破10万公里,公路网密度突破100公里/百平方公里,高速公路总里程突破3000公里,农村公路总里程突破了60000公里;特别是公路工程技术取得了重大突破,杭州湾跨海大桥和舟山跨海大桥工程相继建成通车,被誉为我国由桥梁大国向桥梁强国迈进的重要标志,为我省社会经济发展提供了有力的支撑,给老百姓的出行带来了实实在在的便利。

  在交通基础设施建设过程中,我省38家公路监理企业和40多家在浙江省从业的外省外系统监理企业的3000多名监理人员,始终遵循"严格监理,优质服务,公正科学,廉洁自律"的执业准则,克服进度要求高、施工队伍参差不齐、建设资金紧张、新结构新技术新材料的广泛采用等各种新问题,对工程建设项目施工现场实施严格监理、科学监管,不仅提高了工程建设质量管理水平,保障了工程建设处于良好的受控状态,而且通过与工程勘察、设计、施工、业主等单位的通力协作、奋力拼搏,攻克了一道道技术难关,促进了我省交通建设的跨越式发展,确保了杭州湾跨海大桥、舟山跨海大桥工程等高技术含量的世界级项目的顺利实施,保证了一大批重点公路工程项目和乡村康庄工程的如期建成。这些成绩的取得,与广大监理企业和监理人员的辛勤努力是分不开的,广大监理企业和监理人员作出了巨大的贡献。

在肯定交通建设监理工作取得成绩的同时,我们也应该清醒地认识到当前我省交通监理行业和监理队伍仍面临着三大差距,一是监理队伍整体实力与现代交通三大建设的要求相比还有一定差距,二是监理履约能力与合同文件的要求相比还有一定差距,三是监理行业发展后劲与可持续发展的要求相比还有一定差距。特别是在我省全面推进现代交通三大建设,实现交通"两个率先"的大环境下,监理行业怎样在工程质量、安全、环境、费用、进度五大监理职能上发挥作用,监理企业怎样在科学发展观的引领下,进一步整合发展资源,规避发展风险,继续实现良性发展是新课题。

针对监理行业面临的差距和新课题,从提高监理人员整体素质着手,切实加强监理人员后续教育培训,提高广大监理人员的监理业务水平,显得尤为必要和迫切。交通厅质监局组织有关单位的工程技术人员,结合我省公路工程建设和监理的实际情况,编写了《浙江省公路工程监理执业与管理读本》,为我省广大监理人员和有关管理人员提供了一个很好的读物。希望编写组能够及时收集广大读者对读本的意见和建议,不断予以充实、修订和完善,使之成为公路监理行业的一本优秀读物。

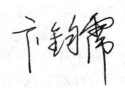

前 言

《浙江省公路工程监理执业与管理读本》是为满足我省公路建设市场从业监理人员的实际需要而编写的。本书以国家或交通运输部颁布的有关法律法规和标准规范为依据,结合我省公路工程建设实际情况,较为系统地介绍了公路工程监理的发展历程、监理工作的基础知识,重点讲述了质量、安全、环保、费用和进度监理工作的程序、方法和工作要点,融监理理论知识和实际操作经验于一体,对现场监理工作具有较强的指导性、针对性和实用性。本书可作为监理从业人员后续教育培训的教材,也可供监理企业管理人员和建设单位管理人员参考。

本书共分三篇十三章。

第一篇为综合篇。介绍了工程监理的定义与作用、工程监理的特点与内涵、工程监理制度的产生与发展以及我国公路工程监理的发展趋势。

第二篇为执业篇。系统介绍了监理人员在施工准备阶段监理、施工阶段监理和交工验收与缺陷责任期阶段监理,从质量监理、安全监理、环境保护监理、费用监理、进度监理、合同及其他事项管理和监理文件与资料管理等方面,阐述开展监理工作的要点、方法和注意事项。

第三篇为管理篇。介绍了交通主管部门、质量监督机构和建设单位对监理企业和监理人员的管理措施,监理企业管理和监理办内部管理等内容。

本书第一章由朱国锋、邵丽芳编写,第二章由陈鼎编写,第三章由梁冰、范剑良、陈鼎编写,第四章由忻刚明、沈叶飞编写,第五章由颜韶辉编写,第六章由温向阳编写,第七章由王红良、张天宇编写,第八章由温向阳编写,第九章由陈鼎、梁冰编写,第十章由周建强编写,第十一章由陆建根编写,第十二章由周利霞编写,第十三章由陈鼎编写。全书由陈鼎、周利霞负责统稿。

本书在编写过程中得到了杭州市交通工程质量安全监督局、金华市交通工程质量监督站、浙江公路水运工程监理有限公司和浙江华恒交通建设监理有限公司的大力支持,在此一并表示衷心感谢。

由于编者水平所限,书中缺点和不足之处在所难免,恳请广大读者不吝批评指正。

编写组

目 录

第一篇 综合篇

第一章 绪论 3
　第一节 工程监理的定义与作用 3
　　一、工程监理的定义 3
　　二、工程监理的作用 3
　　三、监理人概念 4
　　四、监理单位的综合要求 5
　　五、监理工程师的综合素质 5
　第二节 工程监理制度的产生与发展 7
　　一、国外工程监理制度 7
　　二、国内工程项目管理模式的发展及其特点 9
　　三、浙江省公路工程监理发展概况 10
　第三节 工程监理的特点与内涵 10
　　一、监理单位的服务对象 11
　　二、工程监理提供管理和技术服务 11
　　三、工程监理服务受建设单位委托和授权 11
　　四、工程监理服务有明确依据 11
　　五、工程监理具有社会性、公正性、科学性 12
　　六、工程监理实行市场准入的双重控制 12
　　七、工程监理是有偿服务的市场行为 13
　第四节 我国公路工程监理的发展趋势 13
　　一、完善工程监理法规体系 13
　　二、加强政策引导和行业监管,保证监理行业持续健康发展 13

三、以市场需求为导向,向全方位、全过程监理发展……………………………… 14
四、适应市场需求,优化监理单位结构………………………………………… 15
五、加强员工教育,提高员工素质……………………………………………… 15
六、严格行业自律,提高社会信誉……………………………………………… 16
七、接轨国际惯例,逐步走向世界……………………………………………… 16
八、强化信息化建设手段在工程监理中的应用………………………………… 16

第二篇 执 业 篇

第二章 监理范围……………………………………………………………………… 21
　第一节 施工准备阶段监理……………………………………………………… 21
　　一、主要工作内容……………………………………………………………… 21
　　二、施工准备阶段的沟通……………………………………………………… 24
　第二节 施工阶段监理…………………………………………………………… 25
　第三节 交工验收与缺陷责任期监理…………………………………………… 29
　　一、交工验收…………………………………………………………………… 29
　　二、缺陷责任期的监理………………………………………………………… 30
　　三、竣工验收…………………………………………………………………… 31
第三章 质量监理……………………………………………………………………… 34
　第一节 基本知识与要求………………………………………………………… 34
　　一、四级质量保证体系………………………………………………………… 34
　　二、质量监理的依据…………………………………………………………… 35
　　三、质量监理的目标…………………………………………………………… 35
　　四、质量监理的内容…………………………………………………………… 35
　　五、质量监理的方法…………………………………………………………… 36
　第二节 质量监理要点…………………………………………………………… 40
　　一、路基工程…………………………………………………………………… 40
　　二、路面工程…………………………………………………………………… 53
　　三、桥涵工程…………………………………………………………………… 65
　　四、隧道工程(新奥法)………………………………………………………… 74
　　五、交通安全设施工程………………………………………………………… 77
第四章 安全监理……………………………………………………………………… 78
　第一节 基本知识与要求………………………………………………………… 78
　　一、安全监理的责任体系……………………………………………………… 78
　　二、安全监理工作原则………………………………………………………… 80
　　三、安全生产管理制度………………………………………………………… 80
　　四、安全监理的依据…………………………………………………………… 83

五、安全监理的目标 …………………………………………………… 84
　　六、安全监理的岗位职责 ……………………………………………… 84
　　七、安全监理的主要内容 ……………………………………………… 86
　　八、安全监理的方法 …………………………………………………… 88
　　九、生产安全事故的报告与调查处理 ………………………………… 89
　第二节　安全监理要点 …………………………………………………… 89
　　一、路基工程 …………………………………………………………… 89
　　二、路面工程 …………………………………………………………… 92
　　三、桥涵工程 …………………………………………………………… 93
　　四、隧道工程 …………………………………………………………… 100
　　五、交通安全设施工程 ………………………………………………… 107
　　六、安全应急措施 ……………………………………………………… 108
第五章　环境保护监理 ………………………………………………………… 109
　第一节　基本知识和要求 ………………………………………………… 109
　　一、环境保护管理体系 ………………………………………………… 109
　　二、环境保护监理的依据 ……………………………………………… 110
　　三、环境保护监理的目标 ……………………………………………… 111
　　四、环境保护监理的内容 ……………………………………………… 111
　　五、环境保护监理的方法 ……………………………………………… 112
　第二节　环境保护监理的要点 …………………………………………… 113
　　一、路基工程 …………………………………………………………… 113
　　二、路面工程 …………………………………………………………… 114
　　三、桥涵工程 …………………………………………………………… 115
　　四、隧道工程 …………………………………………………………… 116
　　五、交通安全设施工程 ………………………………………………… 117
　　六、临时设施与临时工程 ……………………………………………… 118
　　七、取土场与弃土场 …………………………………………………… 119
　　八、环境污染和生态破坏事故处理 …………………………………… 120
　　九、环境保护竣工验收 ………………………………………………… 120
第六章　费用监理 ……………………………………………………………… 123
　第一节　基本知识和要求 ………………………………………………… 123
　　一、费用监理的依据 …………………………………………………… 123
　　二、工程计量的前提条件 ……………………………………………… 124
　　三、计量原始数据的获取与管理 ……………………………………… 125
　　四、计量支付报表审核的程序 ………………………………………… 126
　　五、计量支付报表的审核 ……………………………………………… 127
　　六、计量支付报表及附件 ……………………………………………… 127

七、计量与支付台账 ··· 128
第二节　费用监理要点 ··· 128
　　一、《公路工程标准施工招标文件(2009年版)》计量与支付规则要点 ··· 128
　　二、《浙江计价规范》计量与支付规则要点 ································· 132
　　三、其他费用监理要点 ··· 135

第七章　进度监理 ·· 137
第一节　基础知识与要求 ··· 137
　　一、进度监理的原则 ·· 137
　　二、进度监理的内容 ·· 137
　　三、进度监理的职责 ·· 137
第二节　进度监理要点 ··· 138
　　一、进度计划的编制 ·· 138
　　二、进度计划的审批 ·· 139
　　三、进度计划的检查 ·· 140
　　四、进度计划的调整 ·· 141
　　五、进度违约的处理 ·· 141

第八章　合同及其他事项管理 ··· 143
第一节　基本知识与要求 ··· 143
　　一、工程变更 ··· 143
　　二、工程延期 ··· 144
　　三、费用索赔 ··· 145
　　四、工程分包 ··· 146
　　五、违约处理 ··· 146
第二节　合同及其他事项管理要点 ·· 147
　　一、工程变更 ··· 147
　　二、工程延期 ··· 149
　　三、费用索赔 ··· 150
　　四、工程分包 ··· 154
　　五、违约处理 ··· 155
　　六、其他事项 ··· 156

第九章　监理文件与资料管理 ··· 158
第一节　基本知识与要求 ··· 158
　　一、监理文件与资料的范围 ·· 158
　　二、监理文件与资料管理的基本要求 ······································· 158
第二节　监理文件与资料管理要点 ·· 160
　　一、监理办文件与资料管理 ·· 160
　　二、监理人员资料管理 ··· 166

第三篇 管 理 篇

第十章 政府监督管理 ……………………………………………………… 173
第一节 监理企业资质管理 ………………………………………………… 173
一、管理职责分工 ……………………………………………………… 173
二、监理企业资质等级和分类 ………………………………………… 174
三、监理企业资质的申请与许可 ……………………………………… 175
四、监理企业资质定期检验和复查 …………………………………… 176
第二节 监理人员资格管理 ………………………………………………… 177
一、监理工程师执业资格考试 ………………………………………… 177
二、监理业务培训与继续教育 ………………………………………… 178
第三节 监理市场管理 ……………………………………………………… 179
一、监理企业信用评价 ………………………………………………… 179
二、监理招投标监督管理 ……………………………………………… 181
三、监理办组建报备 …………………………………………………… 181
四、监理工作监督交底和监理人员上岗摸底考试 …………………… 182
五、监理工作监督检查 ………………………………………………… 183
六、监理项目评价 ……………………………………………………… 186
七、监理人员执业管理 ………………………………………………… 187
第四节 行政执法 …………………………………………………………… 188
一、行政执法的特征和基本原则 ……………………………………… 188
二、行政处罚 …………………………………………………………… 189
三、对监理的主要行政执法和法律依据 ……………………………… 190

第十一章 建设单位对监理的管理 ……………………………………… 193
第一节 概述 ………………………………………………………………… 193
一、建设单位对监理的管理工作的重要性 …………………………… 193
二、建设单位与监理单位的关系 ……………………………………… 193
三、建设单位的管理行为与监理工作密切相关 ……………………… 194
四、建设单位对监理单位的管理职责 ………………………………… 195
第二节 建设单位对监理的管理工作 ……………………………………… 195
一、对监理的管理工作的具体内容 …………………………………… 195
二、积极配合各级交通主管部门做好监理管理工作 ………………… 199

第十二章 监理企业管理 …………………………………………………… 200
第一节 概述 ………………………………………………………………… 200
一、监理企业的特点 …………………………………………………… 200
二、监理企业面临的挑战 ……………………………………………… 201

第二节　监理企业的经营管理 202
　一、企业经营战略管理 203
　二、项目投标的组织和实施 205
第三节　监理企业的人力资源管理 206
　一、人力资源规划 207
　二、员工招聘与离职 208
　三、员工管理 209
第四节　监理企业的项目管理 212
　一、建立健全项目管理规章制度 212
　二、加强团队建设 216
　三、开展满意度调查 217
第五节　监理企业文化建设 218
　一、提炼或强化以监理企业精神为灵魂的价值体系 219
　二、导入CI系统,实施现代监理企业形象战略 220
　三、实施制度再建工程 220
　四、实施典型示范工程 221

第十三章　监理办管理 222
第一节　监理办的组建 222
　一、监理办地址的选择 222
　二、监理人员的配备 223
　三、监理办设备的配备 224
　四、监理办标准化建设 224
　五、监理办组建的报备 225
第二节　监理办管理 226
　一、内部检查与考核 226
　二、内部学习与培训 228
　三、内部沟通与协调 229
　四、廉洁教育 230
　五、内部安全管理与社会治安综合治理 231
　六、财务管理 232

参考文献 234

第一篇 综合篇

第一冊

飲冰室合集

第一章 绪论

第一节 工程监理的定义与作用

一、工程监理的定义

工程监理是对工程建设项目有关活动的监督和管理,就是监理单位依据有关工程建设的法律法规、技术标准和监理服务合同,综合运用法律、经济、技术等手段,对工程质量、安全、环保、费用、进度、合同及其他事项等实施有效的监督与管理,并对工程建设合同有关各方的行为,进行必要的协调,避免建设行为的随意性和盲目性,使工程建设目标得以最优实现。

二、工程监理的作用

经过20余年发展,全国范围内建设领域已全面开展了监理工作,工程监理在工程建设中发挥着越来越重要的作用,受到了社会的广泛关注和普遍认可。

工程监理的作用主要表现在以下几个方面:

1. 有利于规范参与工程建设各方的建设行为

社会化、专业化的工程监理单位,在建设工程实施过程中,对参与工程建设各方的建设行为进行协调和监督,改变了过去政府对工程建设既要抓宏观监督、又要抓微观监督的不合理局面,可谓在工程建设领域真正实现了政企分开。

工程监理单位,主要依据委托监理合同和有关建设工程合同,对施工单位的建设行为实施监督管理。通过全方位、全过程的监理,事前、事中和事后控制相结合,可以有效地规范各承建单位以及建设单位的建设行为,及时制止不当建设行为或者尽量减少不当建设行为造成的损失。

2. 有利于保证建设工程质量和使用安全

建设工程作为一种特殊的产品,除了具有一般产品共有的质量特性外,还具有适用、耐久、安全、可靠、经济与环境协调等特定内涵,因此,保证建设工程质量和使用安全尤为重要。同时,工程质量又具有影响因素多、质量波动大、质量隐蔽性、终检的局限性、评价方法的特殊性等特点,这就决定了建设工程的质量管理,不能仅仅满足于承建单位的自身管理和政府的宏观监督。

有了工程监理单位的监理服务,既懂工程技术又懂经济和管理的监理工程师,能及时发现建设过程中出现的质量问题,并督促质量责任人及时采取相应措施,以确保实现质量目标和使用安全,从而避免留下工程质量隐患。

3. 有利于保证建设工程施工安全与环境保护

原交通部2007年4月发出的《关于在公路水运工程建设监理中增加施工安全监理和施工环保监理内容的通知》(交质监发〔2007〕158号),将安全监理和环保监理工作纳入监理规范。安全监理和环保监理工作,已成为建设工程监理工作内容的重要组成部分,要求在现有公路、水运工程监理管理体制和监理组织体系框架下,将施工安全和环保融入监理职责当中。监理人员要按照法律法规的规定,依据有关规范,信守监理合同,切实履行好施工安全监理和环保监理职责。安全和环保与质量、进度、费用等共同构成一个完整的建设工程项目目标体系。因此,实施工程监理有利于保证建设工程施工安全与环境保护目标的实现。

4. 有利于提高建设工程的投资效益和社会效益

就建设单位而言,希望在满足建设工程预定功能和质量标准的前提下,建设投资额最少;从价值工程观念出发,追求在满足建设工程预定功能和质量标准的前提下,建设工程寿命周期费用最少;对国家、社会公众而言,应实现建设工程本身的投资效益与环境、社会效益的综合效益最大化。工程监理单位所实施的质量、安全、环保、费用和进度监理正是有利于实现以上目标。

三、监理人概念

《中华人民共和国标准施工招标文件》(2007版)规定:监理人是指受发包人(建设单位)委托,享有合同约定的权利,对施工合同的履行实施管理的法人或其他组织。

监理办是指监理人(监理单位)在施工现场设置的监理组织机构。监理人(监理单位)的指示是通过监理办,并由总监理工程师(总监)或按合同约定由其授权的监理人员签字后发出的。

监理工程师是指经全国公路工程监理工程师执业资格考试合格,取得监理工程师执业资格证书,并经岗位登记从事公路工程监理业务的专业人员。其包含三层含义:第一,他是从事公路工程监理工作的专业人员;第二,已获得交通主管部门确认的《监理工程师资格证书》;第三,经监理工程师岗位登记。监理工程师系岗位职务,并非专业技术职务职称。

监理工程师按执业资格分为监理工程师和专业监理工程师两类。监理工程师在监理机构中可担任总监理工程师;专业监理工程师只能担任其资格证书核准专业的专业监理工程师。

监理工程师按机构设置岗位职责和专业性质,一般可分为总监理工程师、专业监理工程师。总监理工程师(总监)是指由监理人(监理单位)任命并书面授权,经建设单位同意,常驻施工场地,行使合同赋予监理单位的全部职责,对合同的履行实施管理,负责工程项目全部监理工作的总负责人。专业监理工程师是根据项目监理岗位职责分工,经总监理工程师授权,负责实施某一专业或某一方面监理工作的监理工程师。而将经监理业务培训合格,取得交通主管部门颁发的监理业务培训证书,但尚未取得监理工程师资格证书而从事监理工作的人员统称为监理员。

四、监理单位的综合要求

1. 监理单位概念

监理单位是指具有法人资格、并取得交通主管部门颁发的公路工程施工监理资质证书,从事工程监理业务的经济组织。

监理单位必须具有自己的名称、组织机构和场所,有与承担监理业务相适应的经济、法律、技术及管理人员,有完善的组织章程和管理制度,并应具有一定数量的资金和设施。符合条件的单位须经申请取得监理资质证书,并经工商注册取得营业执照后,才可承担监理业务。

2. 监理单位资质

监理单位资质是指监理单位的人员组成、专业配置、检测仪器设备的配备、财务状况、管理水平和经营业绩等方面的综合能力。

监理单位资质是企业人员素质、技术能力、管理水平、业务经验、经营规模、社会信誉等综合性实力的体现。对工程建设监理单位进行资质管理是我国政府对监理市场准入控制的有效手段。监理单位的资质主要体现在监理能力及其监理效果上。所谓监理能力,是指监理单位能够承担监理的工程建设项目的规模和复杂程度;所谓监理效果,是指对工程建设项目实施监理后,在工程质量、施工安全、施工环保、工程进度、工程费用和工程合同管理等方面取得的成果。

五、监理工程师的综合素质

工程监理是高层次的技术服务和管理工作,也是一项技术性、政策性、经济性、社会性很强的综合管理工作。监理工程师应遵循"严格监理、优质服务、公正科学、廉洁自律"的监理准则,并具备以下几方面的素质。

1. 具有高尚的职业道德和良好的敬业精神

监理工程师应热爱社会主义祖国、热爱人民、热爱建设事业,有为监理事业贡献力量的强烈责任心;具有一丝不苟的科学工作态度、实事求是的工作作风;具有廉洁奉公、为人正直、办事公道的高尚职业道德;有不断学习、不断探索的进取心;能听取不同意见,有良好的包容性;具有吃苦耐劳、任劳任怨的实干精神。监理工程师在执业过程中不能损害工程建设任何一方的利益,因此,为了确保监理事业的健康发展,对监理工程师的职业道德和工作纪律都有严格的要求,在有关法规里也作了具体的规定。在监理行业中,监理工程师应严格遵守以下职业道德守则:

(1) 维护国家的荣誉和利益,遵守"守法、诚信、公正、科学"的执业准则。

(2) 执行有关工程建设的法律、法规、标准、规范、规程和制度,严格履行监理合同规定的义务和职责,秉公开展工作。

(3)努力学习专业技术和监理知识,不断提高监理业务能力和水平。

(4)不以个人名义承揽监理业务。

(5)不同时在两个或两个以上监理单位注册并从事监理活动,不在政府部门、施工、材料设备供应商等单位兼职。

(6)不为所监理项目指定、介绍分包单位以及建筑构配件、设备、材料生产厂家或供应商。

(7)不收受施工单位的任何吃请、礼金、礼物。

(8)不泄露所监理工程各方认为要保密的事项。

2. 具有较高的理论水平

现代工程建设规模越来越大,复杂结构越来越多,工艺越来越先进,材料、设备越来越新颖,应用科技门类多,需要组织多专业、多工种人员形成分工协作、共同工作的群体。即使是规模不大、工艺简单的工程项目,为了优质、高效地搞好工程建设,也需要具有较扎实的现代技术理论知识、经济与管理知识和一定的法律知识的人员进行组织管理。在工程建设监理工作中,监理工程师不仅要进行技术、质量等方面的把关,还要担负组织、管理、协调的重任。因此,监理工程师必须具备较高的理论水平和管理能力才能胜任监理工作。

3. 具有较高的专业技术水平和工程实践经验

监理工程师要向建设单位提供工程项目的技术、管理等咨询服务,就应该善于发现和解决工程设计和施工中不易发现的和较难解决的复杂问题。因此,监理工程师必须具有高于一般专业技术人员的专业技术知识和工程实践经验。这就要求监理工程师,在专业知识的深度与广度方面,达到能够解决和处理工程问题的水平,并具有丰富的工程实践经验。他们需要把结构、施工、材料、设备、工艺、安全、质量、环保等方面的知识与技术融于监理工作之中,去制订细则,审批方案,发现问题,做出决策,监督实施。

4. 具有合理的知识结构

监理工程师的知识结构主要包括经济、技术、管理和法律四个方面。

经济主要是指技术经济知识。监理工程师应能进行技术方案的经济比较,应掌握可行性研究的方法、概预算的编制与审核等知识。技术主要是指路基、路面、桥梁、隧道、机电、试验检测等专业工程技术知识。管理主要是指项目管理的方法。项目管理是一门学科,监理工程师要掌握项目管理的方法和手段,如网络计划技术,质量、安全、环保、进度、费用的控制方法,计算机辅助管理技术等。法律主要是指与工程监理、工程施工有关的法律法规和各项规章等,如《中华人民共和国建筑法》、《中华人民共和国合同法》、《中华人民共和国招标投标法》、《中华人民共和国环境保护法》、《建设工程质量管理条例》、《建设工程安全生产管理条例》、《公路工程施工监理规范》、《公路工程施工监理招标投标管理办法》等。监理工程师如果从事世行或亚行贷款工程的监理工作,则还需具备一定的外语水平和涉外工作经验。

5. 具有较强的组织协调能力和良好的协作精神

监理工程师要实现项目监理目标,需要与各参建单位密切合作,要把各方面的关系协调好,这一切都离不开组织协调和协作。

监理工程师必须对工程的质量、安全、环保、费用和进度,以及所有重大工程活动进行严格监督、科学管理。监理工程师要力求把参加工程建设各方的活动组织成一个整体,要处理各种矛盾、纠纷,就要求具备较强的组织协调能力和良好的协作精神。为了确保工程项目目标的实现,监理工程师应该认识到:协调是手段,控制是目的,协作是条件,三者缺一不可。因此,监理工程师责任大、任务繁重。监理工程师要避免工作失误,就特别需要统筹全局,防止陷入事务圈子或把精力过分集中于某一专业性问题。较强的组织协调能力和良好的协作精神需要阅历的积累和实践的磨炼,而且这种能力的发挥需要以充分的授权为前提。

6. 具有健康的体魄和充沛的精力

尽管工程监理是一种高智能的技术服务,以脑力劳动为主,但是,也要求监理人员必须具有健康的身体和充沛的精力,才能胜任繁忙、严谨的监理工作。尤其在工程建设施工阶段,由于露天作业,工作条件艰苦,工期往往紧迫,工作繁忙,更需要有健康的身体,否则,难以胜任工作。

总之,监理工程师只有具备以上所述的综合素质,才能对工程质量、施工安全、环境保护、进度和费用等实施有效的监督管理。

第二节 工程监理制度的产生与发展

一、国外工程监理制度

1. 国外工程监理的产生和发展

工程监理制度作为建设领域的一项科学管理制度,起源于产业革命发生以前16世纪的欧洲。它的产生和发展与商品经济的发展、建设领域的专业化分工、社会化大生产相伴随,并日趋完善。

16世纪以前的欧洲,建筑师就是总营造师,他受雇于业主,负责设计、购买材料、雇佣工匠,并组织、管理工程的施工。

进入16世纪以后,随着社会对建筑技术要求的逐步提高,欧洲建筑师队伍出现了专业分工:一部分建筑师联合起来专门从事设计;一部分建筑师专门负责施工;还有一部分建筑师专门向社会传授技艺,为业主提供建筑咨询,或接受业主聘请专门监督、管理施工,这就是监理行业的萌芽。但此时的监理业务仅仅局限于施工过程的质量监督和替业主计算工程量、验方。

18世纪60年代,随着欧洲工业化的发展进程,社会上大兴土木带来建筑业的空前繁荣,建筑技术日趋复杂,工程建设规模不断扩大,质量要求越来越高,业主日益感到单靠自己来监督、管理工程建设已力不从心,监理服务的必要性逐步为人们所认识和接受。

19世纪初,随着建设领域商品经济关系的日益复杂,为了维护各方经济利益并加快工程进度,明确业主、设计者和施工者之间的责任界限,英国政府于1830年以法律手段推出总合同制度,并出现了工程招标投标等交易方式,这样也促进了工程监理制度的发展。此时,工程监理的业务内容也得到了进一步扩充,其主要任务是帮助业主计算标底,协助招标,控制工程费用、进度、质量,进行合同管理以及项目的组织和协调等。

1913年,由法国和比利时发起创立了国际民间性的咨询工程师联合会,其名称为"FER-DERATION INTERNATION DES INGENIEURS CONSEILS",简称为"FIDIC"(菲迪克)。

第二次世界大战后,欧美各国在恢复建设中需要建设许多大型、巨型工程,如航天工程、大型水利工程、高速公路和新型城市开发等。这些工程项目投资多,规模大,技术复杂,风险高,无论投资者还是施工单位,都难以承担由于投资不当或管理不善而造成的损失。竞争激烈的社会环境、巨大的项目风险迫使业主更加重视项目建设的科学管理。业主为了减少投资风险,节约工程费用,需要聘请有经验的技术管理人员对工程建设前期的可行性进行研究论证,帮助其进行决策分析。这样,工程监理业务的范围由项目实施阶段向前延伸至项目决策阶段,工程监理工作从此贯穿了建设活动的全过程。

20世纪70年代以后,欧、美、日等工业发达国家的工程监理制度向法制化、规范化方向发展,相继制定了一系列的法规和制度,使工程监理制度逐步成为工程建设管理组织体系的重要组成部分。在西方国家工程建设中逐步形成了业主、施工单位和咨询(监理)工程师三足鼎立的基本格局。

20世纪80年代以来,工程监理制度在国际上有了很大的发展,一些发展中国家也开始模仿发达国家,结合本国实际,引进并建立监理制度,对工程项目建设实施监理。世界银行和亚洲开发银行等国际金融组织也都将实行监理制度作为提供贷款的必备条件之一,工程监理已成为国际惯例和工程建设必循的制度。FIDIC组织与国际投资机构建立了密切的联系,其编制的招标程序和合同条款为大多数国际金融投资机构推荐使用于国际工程招投标。尽管为适应各国不同的社会经济条件,FIDIC组织允许对这些程序和合同条件作某些修改和补充,制定适应于本国的合同条件,然而,其基本内容大同小异,其模式并未改变。这种模式称为FIDIC模式。

2. 国外工程监理的主要模式

(1) QS(Quantity Surveying)。这是英联邦国家使用的名称,直译为数量估计,从事QS工作的人员为估计员。QS的工作内容虽然日益丰富,但英联邦国家一直沿用这个名称。QS为业主提供的服务主要有以下几项:投资估算的咨询;投资规划和价值分析;合同管理咨询;索赔处理;编制招标文件;评标咨询;竣工结算;付款审核等。QS的国际组织是英国皇家特许测量师学会(RICS)。该学会对其从业人员的资格审核非常严格,即对执业人员的基本执业素质要求非常高。

(2) CM(Construction Management)。CM是美国的一种工程项目管理体系,直译为建筑工程管理。CM实际上是一种边设计边施工的模式,就是工程项目开始阶段就聘请有施工经验的咨询人员参与工程管理,为设计人员提供施工方面的建议,并随后负责管理施工过程,使工程项目在决策阶段就充分结合设计和施工因素,力争项目在最短的时间内以最经济的成本和满足要求的质量完成并交付使用。

(3) PM(Project Management)。PM是项目管理的简称,是20世纪50年代末、60年代初逐步在美国、前联邦德国、法国和日本等国广泛应用的项目管理办法。它是指咨询工程师受业主、设计、施工单位的委托,为其提供项目组织协调、费用控制、进度控制、质量控制、合同管理、信息服务等服务。我国的工程监理就是根据PM的基本理论,结合我国的具体情况提出的。

二、国内工程项目管理模式的发展及其特点

1. 建国后工程监督管理模式经历了四个发展阶段

1) 政府部门行政监督和施工单位自我监督相结合

1949年至20世纪70年代末,我国建立了高度集中的计划经济体制,实行政府行政检查监督和施工单位自我监督相结合的工程管理体制。在这种体制下,政府官员多侧重于政绩,工程建设受领导"主观意志"影响较明显,主要以行政命令的形式进行工程管理,施工单位的工程管理主要靠"政治觉悟",因此工程质量和进度的控制时好时坏,完全取决于人(特别是领导)的主观因素。计划经济这种管理模式不能适应改革开放后市场经济条件下的工程建设管理。

2) 开展专业工程质量监督

20世纪80年代初至90年代初,随着我国进入改革开放的新时期,国家在大力推行建设项目投资包干责任制和工程招投标承包制的同时,也逐步在各级地方建立权威性的专业工程质量监督机构,这标志着我国工程建设监督由政府行政直接监督改变为专业质量机构监督。

3) 现代工程监理体制的试行

随着改革开放的逐步深入,在工程建设中引进外资的同时,也引进了现代工程监理体制。1984年,利用世行贷款的鲁布格水电站引水工程是最早采用FIDIC管理模式的工程,这标志着我国工程监理体制的开端。1988年11月12日建设部以建造字第366号文发布《关于开展监理试点工作若干意见》确定在北京、上海、天津、南京、宁波、沈阳、哈尔滨、深圳8市和能源、交通两部的水电和公路系统开展建设监理工作试点。1989年起建设部、交通部等先后颁布各种规章,明确在工程建设领域建立工程监理制度,并就监理机构、监理内容、任务和监理服务费等作出规定,工程监理制度逐步得到发展。

4) 工程监理制度的全面推广

1996年以后,工程监理制度得到全面的推广和规范,国家相继颁布实施的《中华人民共和国建筑法》、《中华人民共和国合同法》、《中华人民共和国招投标法》、《中华人民共和国公路法》、《建设工程质量管理条例》、《建设工程安全生产管理条例》等都明确了工程监理的法律地位与作用,同时规定工程监理实行招投标制、合同制和质量终身负责制,这使工程监理制得以完善和法规化。中国工程咨询协会于1996年10月获准作为我国咨询、监理行业代表参加FIDIC(一个国家仅允许一个集体成员参加)。

2. 我国公路工程监理制度的发展概况

1) 试点先行阶段(1986~1990年)

1986年,首条实行工程监理制的公路项目——西安—三元一级公路开工建设;1987年,首条实行工程监理制的高速公路——京津塘高速公路开工建设。1989年,交通部以规范性文件的形式印发了《公路工程施工监理暂行办法》,逐步建立起一套既符合国际惯例又考虑我国国情的监理制度。

2) 稳步提高阶段(1991~1994年)

1992年,原交通部对《公路工程施工监理暂行办法》进行修订,以规范性文件的形式印发了《公路工程施工监理办法》,进一步规范了监理制度。

3）全面推行阶段（1995～2006年）

1995年，原交通部颁布了《公路工程施工监理规范》（JTJ 077—95），使公路工程施工监理工作真正做到了有章可循。1997年，国家颁布的《中华人民共和国公路法》明确规定"公路建设项目应当实行监理制度"，使公路工程监理制度具有法律依据。

4）全面规范阶段（2007年开始）

为适应我国公路工程建设新形势，全面有效地开展监理市场秩序治理整顿，进一步规范公路工程监理工作，原交通部于2007年7月1日颁布实施《公路工程施工监理规范》（JTG G10—2006），并将以此作为一个新的起点，全面引导我国公路工程施工监理工作进入全面规范化阶段。

三、浙江省公路工程监理发展概况

浙江省公路工程施工监理起于1986年，在320国道杭州至枫泾二级加宽公路嘉兴段项目上进行了工程施工监理试点，是全国开展监理工作较早的省份之一。20余年来，公路工程监理事业的发展大致可分为两个阶段，第一个阶段为内部监理阶段（1986～1997年），该阶段的监理机构一般称为"监理组"或"监理工程师办公室"，由建设单位自行组建，从属于建设单位，其监理人员一般在项目所在地有关单位的技术人员中临时调用。1992年8月杭甬高速公路开工，该项目为世行贷款项目，按国际惯例设置了相对独立的总监办、代表组和监理办三级监理机构。原交通部对该项目监理工程师进行了专门培训，并颁发了"专项监理工程师"资格证书，这是我省首批取得监理工程师资格证书的技术人员。该项目的实施极大地推动了我省公路工程监理事业的发展，此后，我省大中型公路建设项目不断扩大实行了内部监理制度，在较大范围地实行公路工程监理制度，为推行社会监理打下了良好基础。第二个阶段为社会监理阶段（1998～至今），这一阶段的主要特点，一是通过向社会公开招标择优选择监理单位，监理单位具有独立法人资格，并具有相应的监理资质等级。监理人员除具备一定的技术职称外，还要求具有相应的监理资格。二是监理办及监理工程师的地位发生了质的变化，从原来的内设机构转变为相对较为独立的第三方。三是监理工作内容向"三监控、二管理、一协调"（即质量控制、进度控制、费用控制、合同管理、信息管理和组织协调）方向发展，监理工作制度向程序化、标准化、规范化方向发展。2007年起，监理工作内容上增加了施工安全和环境保护监理，即"五监理、二管理、一协调"（即质量监理、安全监理、环保监理、进度监理、费用监理、合同及其他事项管理、文件资料管理和组织协调），监理内容更加全面。四是监理项目覆盖率逐步提高，总投资3000万元以上或估算监理服务合同价50万元以上的公路工程全部按规定实行监理招标。

第三节　工程监理的特点与内涵

我国公路工程施工监理制度是以国际通用FIDIC条款为基础，形成建设单位、施工单位、监理单位三方相互制约，以建设单位为主导，以监理单位为核心的管理模式。其特点与内涵如下述。

一、监理单位的服务对象

建设单位作为工程项目的建设管理者,也是监理服务合同的委托方和监理服务费的支付方,因此建设单位是监理单位的服务对象,而监理单位的监理对象是施工单位。根据《管理学原理》中明确的"管理"的五个职能:(1)计划;(2)组织;(3)人员配备;(4)指导与领导;(5)控制。监理单位为有效实施其管理工作,就必须对施工单位进行有效地"指导和监控"。这种以"工程项目能够更好、更快、更安全、更经济和更环保的建设"为目的的"指导和监控",是监理单位依据监理服务合同和工程施工合同,为完成建设单位的委托而对工程项目提供的管理服务。在具体的工程监理过程中,特别强调监理人员应该实施"事前监理"。这种"事前监理"就是事先提醒和事先控制。事先提醒的监理方式对项目建设工程的质量、安全、环保、进度和费用等方面都有好处,对施工单位更是有好处(如:可以减少不必要的返工或其他损失)。

二、工程监理提供管理和技术服务

为全面有效贯彻工程监理制度,使工程项目达到"安全、舒适、环保、示范"的建设目标,就必须对工程项目实施社会化、专业化的管理。建设单位通过监理服务合同的形式,将工程管理的具体工作委托给由具有丰富专业知识、实践经验和管理能力的人员组成的,并具有相应资质的社会监理单位。监理单位则具体委派相应的专业技术管理人员,依据监理服务合同对工程的质量、安全、环保、进度和费用、合同等方面进行监督管理。因此,在工程建设中,监理单位并不提供和生产实体产品,而是提供管理和技术方面的服务。

三、工程监理服务受建设单位委托和授权

根据1999年版的FIDIC条款,工程项目监理人员定位为"业主的雇员(The Employer's Personnel)",明确了"工程师、其助理以及工程师和业主的其他职员、工人和其他雇员"都属于业主的人员。由于监理单位与被监理对象(施工单位)之间没有合同关系,也没有像政府监督部门一样对施工单位具有强制性监管的权力,因此,项目监理机构和施工单位相互之间的"监理和被监理关系"需要在施工承包合同和监理服务合同中分别予以明确。因这两个合同均与建设单位签订,所以项目监理机构的监理权限需要建设单位予以委托和授权,这也是工程监理制度的一个显著特征。

四、工程监理服务有明确依据

1994年以后,国家经贸委等有关部门提出建设工程管理四项制度,即项目法人负责制、工程监理制、招标投标制及合同管理制,为完善与实施全国统一的工程项目管理及工程监理制度提供了理论基础与操作程序。1997年颁布的《中华人民共和国建筑法》第三十条规定:"国家推行建筑工程监理制度。"第三十二条规定:"建筑工程监理应当依照法律、行政法规及有关的

技术标准、设计文件和建筑工程承包合同,对承包单位在施工质量、建设工期和建设资金使用等方面,代表建设单位实施监督。"从而,国家从法律上明确了监理制度的法律地位,使建设工程监理制度在全国范围内进入全面推行阶段。监理单位必须按照以上依据开展监理工作,超越以上依据的监理从业行为均属于违规或不当行为。因此,监理单位在监理过程中必须依法履行职责。

五、工程监理具有社会性、公正性、科学性

《中华人民共和国公路法》第二十六条明确规定:"监理单位必须依照有关法律、法规、规章以及公路工程技术标准的要求和合同约定进行监理",由此明确了监理单位依法行使的权力和应尽的义务。在工程建设过程中,监理单位既要对施工单位的违法、违规或违反规范标准的行为以及行为结果按有关标准、程序和规定予以处理,同时对建设单位的违法、违规和违背合同的行为,以及不合理要求也应予以指出。因此,工程监理行为是一种严格、公正地执行法律、法规、标准的社会行为。它一方面体现了监理单位"替业主把关、对工程负责"的社会责任,另一方面体现了工程监理工作的公正性。因此,监理单位应依据法律、法规及监理服务合同客观、公正地行使监理职权,并明确建设单位、施工单位、监理单位三者之间的关系,即:建设单位和施工单位之间是发包与承包的经济合同关系,建设单位和监理单位之间是委托和被委托的合同关系,监理单位和施工单位之间是监理和被监理的关系。

工程监理是为工程项目提供高智能的技术管理服务,这就决定了它应当遵循科学的准则。工程监理工作的科学性体现在两个方面:

一方面,监理单位的监理对象是专业化、社会化的施工单位,长期的工程施工实践使他们在技术和管理上都达到了相当水平。监理单位要对他们进行有效的监理,这就要求从事工程监理的人员必须具有深厚的技术理论基础和丰富的工程设计、施工和管理等方面的经验。

另一方面,要求监理单位在工程管理方面具有科学性。为此,就必须要求作为工程管理主体的监理单位自身具有科学合理的人员组成、内部组织结构和内部管理机制。同时,监理单位应具有先进的管理理念,对施工单位应采取科学的管理方法和手段。其中,对工程项目实施程序化管理更是监理工作科学性的典型体现。工程监理工作成效的好差,很重要的一方面就是要看监理单位对工程各个施工环节实施程序化管理的有效程度。监理单位的程序化管理集中体现在《监理计划》和《监理细则》制订的全面性、科学性,以及监理单位对《监理计划》和《监理细则》贯彻落实的有效性。未能有效开展程序化管理的监理工作,必将是失败的监理工作。

六、工程监理实行市场准入的双重控制

我国对工程监理的市场准入,采取了单位资质和人员资格的双重控制,既要求监理单位具有相应的工程监理资质条件,也要求从业监理人员取得相应的监理资格证书(或培训证书)。实施工程监理的监理单位必须具有与其监理的建设工程相适应的资质条件。所谓"监理单位的资质条件"是指从事监理业务依法应当具备的人员素质、技术装备、资金数量、专业技能、管理水平及监理业绩等条件。按照国务院有关主管部门的现行规定,工程监理单位按其具有的

资质条件的不同,分为甲、乙、丙三级,各等级的工程监理单位只能在规定其可以承担的监理业务范围内承担工程监理业务。建设单位应根据建设工程的规模大小、技术复杂程度等因素,委托相应资质等级的监理单位承担工程监理业务。监理人员是指依法取得了工程监理执业资格证书,按照执业资格证书许可的范围从事工程监理活动的专业技术人员。这种市场准入双重控制对于保证我国工程监理队伍的基本素质,规范我国工程监理市场起到积极的作用。

七、工程监理是有偿服务的市场行为

在市场经济体制下,监理单位根据监理服务合同的要求,承担根据法律、法规、规范以及合同等明确的监理责任,为工程项目和建设单位提供技术与管理方面的服务,同时也将按监理服务合同的规定向建设单位获取相应的服务报酬。因此,工程监理是严格依据合同履约的市场行为。

第四节 我国公路工程监理的发展趋势

公路工程监理行业作为我国改革开放后逐步从国外引进的新兴行业,已经取得有目共睹的成绩,并且已逐步被社会各界所认同和接受。但是,应该承认:目前我国的公路工程监理行业仍然处在发展的初级阶段,与发达国家相比还存在一定的差距。因此,为了使我国的公路工程监理在工程建设领域中发挥更大的作用,应从以下七个方面着手。

一、完善工程监理法规体系

为进一步推行监理制度,规范监理工作行为,我国各级政府和部门已经颁布了部分关于工程监理的法律、法规和规章。但这些规定和要求仍然是粗线条的,大都强调了工程监理的法律地位,相对于在社会主义市场经济环境下的依法从业和依法治理等方面仍存在欠完善之处。特别是在我国加入WTO后,我国法制建设的完善程度与发达国家相比还有较明显的差距。发达国家重视工程监理咨询业的立法,工程监理咨询业的法制建设和完善工作是政府建设主管部门职能机构对监理行业管理的核心工作,各个环节、各个层次都有相应的法律法规可以遵循,其涵盖面广、责任明确、条款具体,为规范工程监理咨询单位和监理咨询人员的从业行为提供了准确可靠的依据,也为管理执法部门对相关违规行为予以规范执法提供法律准绳。所以,我国各级政府和交通主管部门应当及时总结公路工程监理管理方面的经验,借鉴国际上通行的做法,逐步建立、健全工程监理法规体系。只有这样,才能使我国的公路工程监理走上有法可依、有法必依、执法必严、违法必究的轨道,才能适应加入WTO后的新形势。

二、加强政策引导和行业监管,保证监理行业持续健康发展

1. 引导公路工程监理行业可持续健康发展

在我国社会主义市场经济体制下,政府管理部门的市场引导政策起着举足轻重的作用。

政府管理部门,首先应在政策层面逐步引导和提高工程监理的服务费用,逐步使监理行业获得与其工作性质、工作环境和工作风险相适应的经济待遇和受人尊重的社会地位,从而进一步促进监理行业的发展和监理市场化竞争。这样,一方面,可以有效地促使监理单位以高薪吸引公路行业优秀人才,鼓励监理人员积极通过自身努力取得更高级公路工程监理执业资格;另一方面,也必将有效地激发监理单位和从业人员进一步提高自身素质和服务水平的自觉性和主动性,促使其以高效的工作和敬业的精神赢得社会声誉,并借以获取更好的从业机会。这种政府政策导向必将有效促进公路工程建设管理水平的提高;同时也会有效地保证公路工程监理行业的可持续健康发展。

2. 严格规范公路工程监理的从业资格

严格规范监理单位资质认定和从业人员资格认证,是构成公路工程监理有效服务于工程建设管理的前提。政府在以法律、法规、规章来规范监理单位和监理人员从事工程建设管理行为的同时,仍应建立、健全资质评定、过程评价、业绩认定和诚信评价等方面的制度,将公路工程监理从业资质、资格的源头管理,进一步深化和引申到社会信誉度管理,以促使监理单位和监理人员始终以专业、高效、廉洁、公正的技术管理服务奠定自身发展的基础。

3. 加快监理单位机制改革,推进结构调整

一方面,进一步要求和鼓励各监理单位建立现代企业制度,加强单位内部的体制改革。市场经济体制的特性和社会监理的工作性质决定了:不推行企业化改革,监理单位将永远缺乏发展目标,缺乏自主管理权限,缺乏发展动力。另一方面,着力推进监理单位产业结构调整。在监理行业总体结构满足建设市场高、中、低各档次需求的情况下,积极推行项目监理总承包模式,鼓励监理单位拓展和延伸业务范围,鼓励具有实力的监理单位通过合并、重组等方式,培育骨干型和具有全国竞争力的大型监理单位。

4. 转变政府职能,发挥行业协会作用

一方面,进一步加强对开放的公路工程监理市场的监管力度,这种监管的重点应放在加强对市场监管法规建设和监理单位社会诚信的监管。有效加强政府监管是监理行业可持续健康发展的重要保证,也是体现政府履行其管理职能、服务于社会的重要方面。另一方面,进一步理顺政府管理机构与监理行业组织之间的关系。首先,应高度重视各级政府管理组织机构的建设,保证其管理力量,明确其管理职责。其次,发挥行业组织的作用,政府管理机构与监理行业组织应根据各自的性质,各司其职,相互协作配合,使得对监理工作的管理更全面、更有效。

三、以市场需求为导向,向全方位、全过程监理发展

交通运输部冯正霖副部长在2006年全国交通建设监理协会工作会议上,特别强调监理单位的发展思路,要求交通监理单位认真总结经验,不断探索发展新路子,在立足工程建设施工监理的同时,做专、做精、做强,并向工程建设咨询服务及项目管理方向发展,逐步与国际市场接轨。

我国公路工程实行监理制只有20年左右的时间,目前仍以对施工阶段的监理为主。造成这种状况既有体制上、认识上的原因,也有建设单位需求和监理单位综合实力和监理队伍综合素质等方面的原因。但是,随着政府和社会对公路工程建设的要求日益提高,项目法人责任制

的不断完善,以及民营企业和私人投资项目的大量增加,建设单位对工程投资的效益日益重视,对工程前期决策阶段的监理的需求将不断增多。从发展趋势看,监理单位代表建设单位对工程项目进行全方位、全过程的监督管理,将是我国公路工程监理行业发展的方向。当前,应当按照市场需求多样化的规律,积极扩展监理服务内容。要从现阶段以施工阶段监理为主,逐步向对工程全过程、全方位监理的监理总承包方向发展,即不仅要进行施工阶段质量、安全、环保、进度、费用和合同管理等方面的监理工作,而且要进行决策研究阶段、招投标阶段和设计阶段的监理。

四、适应市场需求,优化监理单位结构

公路工程监理单位,应当通过市场机制和必要的行业政策引导,逐步建立起综合性与专业性监理单位互为补充、大中小型监理单位并存的合理市场结构。如:按工程内容分,可以建立起能够承担各类工程全过程、全方位监理任务的综合性监理单位和能够承担某一专业监理任务的监理单位;按工作阶段分,可以建立起能承担公路工程建设全过程监理的大型监理单位、能承担某一阶段公路工程监理任务的中型监理单位和只提供旁站监理劳务的小型监理单位。这样一种市场结构,既能满足建设单位的各种需求,也能使各类监理单位各得其所,都能保持有合理的生存和发展空间。一般说来,大型、综合素质较高的监理单位应当向综合监理方向发展,而中小型监理单位则应当逐渐形成自己的专业特色。

五、加强员工教育,提高员工素质

监理从业人员的素质是整个工程监理行业发展的基础,也是困扰和制约目前我国工程监理行业发展的重要因素。因此,在监理从业人员学习培训时,应注意:

(1)从我国的教育体系角度出发,采用高等学校学历教育、职业教育、继续教育相结合的方式,开展监理执业技能教育和培训工作。

(2)从监理单位发展的角度出发,加大继续教育培训和岗前培训的力度,以知识更新促进科技进步,推动企业发展。发达国家监理咨询单位制订有多种再培训和继续教育的总体规划,把将人员的再培训作为企业发展的一项重要战略。通过岗位再培训,不断提高和更新从业人员的知识结构、技术水平、工作能力和整体素质,使企业通过人才资源优势提高市场竞争能力。

(3)从监理行业协会的角度出发,应当把对监理人员从业技能培训和后继拓展教育作为行业协会的一项重要工作职责,服务于广大监理从业单位和人员。

(4)从监理从业人员角度出发,应加强对工程技术、管理、经济和法律等方面基础理论的自学,在不同的执业岗位上,在工程实践中积累经验、探索思路、不断提高。监理从业人员这种积极、主动的学习,更能结合个人的实际情况,更能理论联系实际,也更加能促进综合素质的提高。

从目前我国公路工程监理的情况看,其总体水平与不断发展和提高的公路建设的要求,仍存在较多不适应之处,迫切需要加以提高。另一方面,公路工程建设领域新技术、新工艺、新材料层出不穷,工程技术标准、规范、规程不断更新,信息技术日新月异,这都要求监理从业人员

与时俱进,不断提高自身的业务水平和职业道德素质,为工程建设项目提供优质服务。只有培养和造就出大批高素质的监理人员,才有可能出现公信力强、品牌效应好、执业素质高的工程监理单位,从而提高我国建设工程监理的水平,推动建设工程监理事业更好更快地发展。

六、严格行业自律,提高社会信誉

国外工程监理咨询行业经过多年的市场化发展,已经形成了良好的管理模式和发展体系,其行业具有较高的社会公信力,行业内部也具有较强的自律约束机制。这种行业内部的自律约束机制,有利于促进监理咨询单位市场竞争和人员执业行为的规范化,有利于行业从业人员执业素质和能力的提高,同时也有效地提高了监理行业的社会信誉。

对工程监理单位和从业人员的管理,宏观上依靠国家法律、法规及规范性文件的制约,微观上依赖行业协会的工作规则、职业道德标准的监督控制,两者缺一不可。但是,目前我国公路工程各级监理行业协会的组织机构尚未发展完善,其行业内部缺乏有效的自律制度和自律措施。在这种情况下,政府职能管理部门具体行使着许多本应由行业协会负责的职能。随着我国市场经济制度的进一步完善和公路工程监理市场化进程的深入,政府职能管理部门与行业协会的管理工作将逐步分开,政府部门对工程监理的管理工作将进一步侧重于政策引导、法律法规制定、市场化系统培育等宏观管理,具体的工程监理工作行为将通过市场化竞争与选择以及行业内部自律等方式进行管理。

七、接轨国际惯例,逐步走向世界

我国已加入世界贸易组织WTO,如果仍然不以"市场化竞争为主导、政策管理为辅助"的管理理念尽快改变对公路工程监理行业的管理模式,就难以与国际惯例接轨,也难以与国外监理单位展开竞争。因此,必须认真学习和研究国际上被普遍接受的工程监理规则,借鉴发达国家在工程监理咨询领域的成功管理经验,及时制订具有发展前景的、适应我国国情的管理制度,尽快培养工程监理高级人才队伍,培育具有国际竞争力的监理单位。这样我国的监理单位才能更好地迎接国外监理单位的挑战,进而参与国际监理市场的竞争。

综上所述,虽然目前我国公路工程监理行业仍存在着种种困难和问题,但其发展前景是光明的,只要各级管理者和从业人员勇敢地面对现实,客观地分析问题产生的原因,以严谨、务实、负责的态度认真开展各项工作,通过法律规范、政策引导、市场调节、行业自律、企业自进和从业人员自强等手段和方式,借鉴国际惯例,就能进一步有效地促进我国公路工程监理事业健康、有序、快速的发展。

八、强化信息化建设手段在工程监理中的应用

当今社会,信息化建设方兴未艾。信息化管理是提高公路建设管理水平和效率的有效途径。监理工程师如何改变常规工作方式,强化信息化建设手段在工程施工监理中的应用,适应新的建设形势需要,显得非常重要。

1. 充分利用建设单位出资建设的项目管理系统,搞好项目监理工作

在大型项目建设过程中,作为信息化建设集成程度最高的项目管理系统目前使用最为广泛。该系统一般包含质量监理、进度监理、费用监理、安全监理、环保监理、合同管理、文件资料(档案)管理、土地管理、廉政管理、组织协调等模块,可以实现"为项目公司、代建单位、监理单位、施工单位四方乃至多方提供一个高效、便捷、集成规范的管理应用平台,规范项目建设的管理流程;实现项目管理自动化,管理信息及相关数据及时上传下达,提升项目管理形象;为工程廉政建设与效能监察等提供可靠的新手段;为有效实时地控制项目投资,提高经济效益奠定基础"的目标。

2. 结合建设项目的实际情况,建立远程视频监控系统

监理工程师进行现场质量、安全监控,一般采用巡视、旁站、测量、抽检等常规手段和方式。由于公路工程建设存在点多面广的特点,使得常规手段的运用显得较为单薄,难以保证全面履行对重要、隐蔽工程的监管职责。

网络远程监控系统,由现场摄像机、网络视频服务器、网络远程客户端构成。前端将各个监控点所有视频、音频、报警等信号直接通过网络接入到监控中心,实现网络显示前端视频图像、录像存储、回放、控制等功能,在管理计算机上安装监控软件来操作。通过网络远程监控系统,监理工程师可以对整个建设范围比较集中的大型桥梁等建设项目的每个施工点实现远程监控,及时发现各种质量、安全隐患,督促施工单位按照施工技术规范进行操作,提高工程实体质量,从而实现对局部施工现场宏观的监控。网络远程监控系统具有投入少、成效好、低成本、重复使用等优势,是使现场监控真正落到实处,进而提升质量、安全等现场监控效率的有效手段,在大型桥梁等建设项目中具备较高的推广价值。

3. 与政府监管部门的信息化系统实时对接,为政府监管部门做参谋

(1)近年来,信息化管理越来越多地应用于公路水运工程安全生产管理工作,并在增加管理手段、强化管理力度、扩大管理覆盖面、规范管理程序、实施动态管理、开展电子档案备份等方面体现了其优越性。

安全监理信息化管理,主要是通过建立信息化管理系统,在平台上与施工单位、建设单位及政府监管等部门实现无缝对接。信息化管理功能主要有:安全事务管理、安全制度管理、施工人员管理、安全教育管理、安全会议管理、安全检查管理、施工机械设备管理、危险性较大工程管理、安全经费管理、安全事故与应急管理等,并在现场设置实时视频监控、施工人员指纹考勤、进出口红外识别登记等手段,进一步加强安全监理工作。典型应用如杭州交通质监局在其外网(杭州市交通工程质量安全监督造价管理信息 http://www.hzjtzj.com/)上开发应用的《交通工程安全生产监督管理系统》,具备上述安全监理信息化的诸多功能。

(2)浙江省公路水运工程监理人员执业管理信息系统(以下简称"该系统")实施的最终目的是为了进一步规范监理市场秩序、有效遏制监理人员的无序流动,提高监理行业的声誉;确认监理人员的业绩,为监理企业择优录用监理人员提供良好的、便捷的网络平台;为建设单位、监理企业和质监部门对监理人员的执业行为进行客观、公正的评价提供平台;为工程施工监理招标、评标和监理企业信用评价提供必要的数据。

该系统模块设置科学、内容齐全,基本涵盖监理执业系统的各个方面。系统分成"建设项目"、"从业单位"、"从业人员"、"市场信息"、"政策法规"、"信息报送"等六个模块。从业单

位模块如图1-1所示。

图1-1 从业单位模块

该系统定位于浙江省公路水运工程监理人员执业管理的相关需求,吸取国内外企业诚信体系发展的经验,符合我省实际,开发目标清楚,对象明确。该系统使用的信用数据库,数据结构合理,功能比较完善,界面友好,适用性和可操作性强,基本满足了浙江省公路水运工程监理人员执业管理的要求。该系统中使用的信用评价方法,与监理执业系统进行了有机结合,在总结了国内外成熟的评价方法基础上,结合我国法制体系不健全、对主观失信的约束力不强的实际情况,加入了在项目监理过程中对监理企业各种行为的评价,主要评价内容涵盖监理人员、监理企业、监理行为、监理业绩等所有内容,评价指标紧扣信用评价的相关因素,通过企业自检、业主监督、质监部门检查等各种形式,基本上能够将监理企业和监理人员的执业行为通过量化的方式全面反映出来,评价结果基本合理。该系统充分利用网络获取信息快捷、方便的优势,将目前所有监理单位及监理人员的信息公之于众。登陆该系统,监理企业、建设单位、质监部门、监理行业的个人和社会大众可直接从网上提交审核材料、查看审核过程和状态、各监理单位的基本情况、监理人员的执业信息情况;查询监理招投标信息;举报不良行为。从而利用社会舆论和公众对监理企业与监理人员执业行为进行全面、有效地监督,克服了政府监督部门监管力量不足的弊端,充分发挥监理企业加强自身建设、做好做大做强,并维护自身信用的积极性,效果非常显著。

经过省市交通行政管理部门、交通运输厅质监局、全省十一个地(市)质监站(局)、全省监理企业、外省在浙江有项目的监理公司、建设单位等单位的共同努力,浙江省公路水运工程监理人员执业管理信息系统,自2008年8月正式投入试用,取得非常显著的成效,实现了本系统的阶段性目标,属于管理制度上的创新,值得推广应用。

第二篇 执业篇

第二章 监理范围

第一节 施工准备阶段监理

　　施工准备阶段是施工监理的重要工作阶段,这一阶段的监理工作是未雨绸缪,是为施工阶段的监理做好前期准备,奠定良好基础。该阶段监理工作主要包括:监理机构(监理办)自身准备工作,以及对施工单位开工前施工准备活动进行监督和检查。施工准备阶段监理工作的成效将直接影响施工阶段的监理服务质量。

一、主要工作内容

　　1. 收集整理汇编本项目适用的各种合同文件

　　在监理办组建过程中,总监理工程师就要注意收集整理汇编本项目适用的各种合同文件,包括:国家和地方法律、法规;国家和行业、地方有关技术标准、规范、规程;监理服务合同;施工承包合同;工程前期有关文件(如环境影响评价报告、水土保持方案及批复文件等);工程设计文件和图纸等,以方便组织监理人员进行学习,利于他们掌握和今后运用。

　　2. 召开监理内部会议

　　在监理人员进驻监理办后,总监理工程师应主持召开监理内部会议,宣布监理办组织机构,对岗位职责、工作程序和工作纪律及有关问题予以明确,使每一位监理人员对将要从事的本职工作做到心中有数。

　　3. 编制《监理计划》和《监理细则》

　　总监理工程师应结合具体的工程项目实际,对监理工作进行周密的计划,根据监理投标文件、监理服务合同、设计文件以及监理规范的要求,编写出符合工程实际、切实可行的《监理计划》,使之名副其实地成为监理工作的指导性文件。监理计划应明确:监理工作的依据、内容、范围及目标,监理人员的职责划分,主要监理程序、制度等。总监理工程师还应组织各专业监理工程师编制具有针对性、操作性强的《监理细则》。《监理细则》应当明确各分部分项工程监理的具体方法、措施和控制要点。《监理细则》中对工程质量通病、工程施工的重点、难点要有预防与应急处理措施。通过编制《监理计划》和《监理细则》，提高监理人员对本工程的认识和熟悉程度，从而有针对性地开展监理工作。

4. 组织监理人员内部学习和工作交底

总监理工程师应组织监理人员认真学习《监理计划》、《监理细则》、监理服务合同和施工合同，明确监理服务的范围、目标以及具体的监理方法和控制要点，并在此基础上，对监理工作进行详细交底。这有助于提高监理人员的专业技术水平与监理素质。

5. 监理人员熟悉施工图纸，进行图纸核查

收到设计文件和施工图纸后，总监理工程师应及时组织各专业监理工程师对设计图纸进行详细核查，对存在的"错、漏、碰"等问题做好书面汇总和整理，并及时报告建设单位。

6. 施工图纸会审

在监理工程师和施工单位分别进行施工图纸核查的基础上，在设计单位进行设计交底前，有必要进行由总监理工程师主持，有专业监理工程师、施工单位技术负责人、有关技术人员和建设单位代表参加的施工图纸会审。对图纸核查和会审中发现的问题和有待于优化或完善的内容，在设计交底时交由设计代表澄清和解决。

7. 参加设计交底

设计交底由建设单位主持，设计代表、施工单位项目经理、技术负责人、质检人员及总监理工程师和有关专业监理工程师参加。设计交底要由设计代表介绍设计的主导思想、设计主要技术指标和要点、施工工艺及材料要求；对施工安全和环保的要求；回答和澄清施工单位和监理工程师在施工图纸核查及会审中所提出的问题。使监理和施工人员做到对整个项目的设计情况心中有数。

8. 了解现场施工环境

总监理工程师应组织监理人员查看公路全线施工现场情况，包括：重要结构物位置；测量控制点位置及控制点有无松动、移位；拌和站等临时用地的选址；料源的选择；建设单位提供的开工条件是否具备等，从而对施工现场做到心中有数。通过施工环境调查，为监理工作有序开展打好基础。

9. 单位、分部及分项工程划分

总体工程开工以前，监理工程师应参照相关规范，并结合工程实际情况，对施工单位提出的本项目的单位工程、分部工程、分项工程划分予以批复，并报建设单位审批。经建设单位批准的单位工程、分部工程、分项工程，作为日后申报和审批开工申请、进行质量评定、工程计量和信息统计的依据。

10. 熟悉合同文件及有关检验评定标准和检测方法

对合同文件等存在的差错、遗漏或含糊不清等问题，应尽早报告建设单位，并请建设单位尽快查证清楚，予以澄清或作出合理的处理。

11. 完成工地试验室的组建，检查试验检测准备工作

应按合同要求，尽快完成监理工地临时试验室的组建，包括平面布置设计、试验检测仪器、设备的进场、安装调试与标定。工地试验室主任应向监理单位中心试验室上报"工地试验室技术考核申请材料"，中心试验室对有关材料进行审查及现场考核，合格后对工地试验室人员

和试验指标、参数进行授权。经由中心试验室审批的"工地试验室技术考核申请材料"应及时上报建设单位和当地质量监督部门进行审查考核，取得"工地试验室管理手册"。同时，监理工程师要检查施工单位工地试验室的建设，包括试验检测设备的配备，试验检测人员的资质等是否满足合同要求。督促施工单位尽早进行混凝土配合比等标准试验，试验监理工程师对标准试验报告进行平行复核试验并进行审批。监理工程师应督促施工单位按照招标文件及有关规程规范中的规定，拟订工程试验检测计划。

12. 检查施工机械设备进场准备情况

检查施工单位进场机械设备，包括：检查施工单位机械设备的数量、型号、规格、生产能力、完好率；检查进场机械设备（包括计划进场的机械设备）与投标文件的符合性；检查各种施工机械设备的进场及周转计划是否与工程进度计划相适应。

13. 审查施工单位的质量、安全和环保管理体系

审查施工单位的质量保证体系、安全、环保管理体系是否建立健全，包括：项目经理、技术负责人、工地试验室负责人等进场主要技术管理人员与投标文件的符合性；技术、安全、环保管理人员是否能满足施工工序控制的需要；施工项目经理和专职安全负责人是否已参加完全上岗培训并取得相应证书等；有关规章制度是否确实可行。

14. 测量监理

施工准备阶段的测量监理工作是本阶段监理工作的重点。其主要工作内容是：原始地面线复测、导线复测、测量控制点复测。复测结果的精度和可靠性直接影响到工程数量的计量，直接涉及建设单位、施工单位的经济利益，因此，做好施工准备阶段的测量监理工作十分重要，必须引起监理工程师的足够重视。当施工单位提供的土石方测量结果超过设计工程量3%时，监理工程师要提出处理意见。

15. 制定监理质量检验和评定记录表格

总监理工程师应组织监理人员根据《浙江省公路建设项目施工统一用表》和建设单位的工程管理规程，统一拟定并完善监理质量检验和质量评定记录表格和工程报表，送交建设单位备案。

16. 核算工程量清单

总监理工程师应要求施工单位对工程量清单进行核算，并组织合同监理人员对工程量清单进行核算。

17. 召开第一次工地会议

当施工单位驻地建设完成，主要技术管理人员已进场，主要材料、重要工艺、进度计划基本落实，施工准备工作完成后，由总监理工程师主持召开第一次工地会议。会上，应将监理组织机构、人员配备计划及其各级监理人员职责进行说明，并将监理人员的分工以及职责与权限书面通知建设单位和施工单位。在监理过程中，监理办可以通过书面文件发出或变更这种授权。

18. 审批施工组织设计

审批施工组织设计是施工准备阶段监理工作的重要一环，重点是审核施工单位的施工组织设计是否有针对性和可操作性。其审批要点如下：

(1) 施工组织设计的编制内容和施工单位内部审批手续是否齐全。

(2) 项目组织机构和主要技术管理人员构成情况以及质量、安全和环保管理体系是否满足合同和施工要求。

(3)质量标准是否满足合同要求。

(4)施工方法、技术措施和关键工序的控制方法与手段是否合理、可行、可靠。

(5)各专项施工方案是否全面、合理、安全、可靠。

(6)新材料、新设备、新技术、新工艺是否有能够充分证明其可行且可靠的试验报告及资料。

(7)施工设备是否符合施工工艺要求。

(8)劳动力、施工机械设备和原材料的进场计划是否合理。

(9)施工质量、安全、进度、费用和环保目标是否满足合同要求;施工安排是否连续、均衡;进度安排与资源配置是否协调;对突发性抢修是否编制了应急预案。

(10)所采取的主要施工安全技术措施和环保措施是否切实有效,是否满足有关规定。

19. 签发开工预付款支付证书

监理工程师在收到并确认施工单位提交的建设单位与施工单位签订的合同协议、履约保函及动员预付款保函之后的规定时间内,应按合同规定,签发开工动员预付款支付证书,报建设单位审批。

20. 签发工程开工令

监理工程师收到施工单位提交的"工程开工申请"后,应对工程开工条件进行核查,具备开工条件的,由总监理工程师签发"开工令",并报建设单位备案。

二、施工准备阶段的沟通

1. 与建设单位进行充分沟通

工程监理是根据建设单位的委托和要求,为其提供有偿技术服务的活动。工程监理工作的开展离不开建设单位的信任、理解和支持。建设单位和监理单位同为建设市场的主体,是一种平等的法人关系,是委托与被委托、授权与被授权的关系,更是一种相互依存、相互促进、共兴共荣的关系,相互的充分沟通使得双方心往一处想,力往一处使,显得尤为重要。

(1)明确合同权限。监理单位应通过面对面的沟通,对监理服务合同中甲乙双方的权限作进一步的明确。同时还要了解,在监理合同之外,建设单位对监理工作还有哪些具体要求。监理工作的开展,除了监理工程师自身能力的因素外,建设单位的授权显得尤为重要。若双方权限不清或建设单位不按照合同规定充分授权甚至不予授权,则监理工作力度和效果将大打折扣。监理单位应向建设单位讲明其中的道理。

(2)对工程建设市场现状以及政策法规的充分认识。鉴于目前工程建设市场中普遍存在一些建设单位的不规范行为,如:对材料采购权、现场管理的不当干预等,给监理工作的开展带来诸多不应有的风险,严重的甚至有可能导致工程的失控。监理单位应在认真学习掌握政策法规的基础上,向建设单位讲明依据施工合同、监理服务合同规范各方行为的重要性。

(3)建议采取科学合理的项目管理模式,提高项目管理效率。监理单位应建议建设单位避免部门职责交叉,以免形成多头管理。工地例会应以监理办为单位组织召开,要摒弃各施工标段分别组织召开工地例会的做法,否则总监"疲于奔命",不利于项目管理效率的提高。

2. 与施工单位进行有效沟通

尽管监理单位与施工单位之间是一种监理与被监理的关系，但缺乏沟通的监理是有缺陷的监理。在某些工程项目管理中，往往由于缺乏及时有效的沟通，造成施工方对监理工作的不理解，对监理人员产生抵触情绪，影响了监理工作的顺利开展，降低了监理实际效果。因此，召开第一次工地会议前，总监理工程师有必要与施工单位就如下内容进行充分和有效的沟通：

(1)施工项目经理部标准化建设与组织机构的建立健全。监理工程师应依据浙江省交通厅《浙江省高速公路建设工程标准化工地管理规定》(浙交[2008]296号)的要求，督促检查施工项目部标准化建设，同时应督促施工单位建立与健全项目组织机构，重点关注项目经理部组织机构是否已建立，是否符合"精干、高效、实用"的原则，组织体系是否健全，责任是否明确，纵横向联系是否顺畅等。

(2)施工现场质量管理体系是否建立与健全。施工现场质量管理体系的建立健全是工程质量、进度、费用成本控制的有力保证，监理工程师应向施工单位说明其重要性，要求其完善质量自检体系。

(3)施工项目经理部安全管理保证体系是否建立健全。监理工程师应向施工单位说明建立健全安全管理保证体系的重要性，安全无小事，安全与质量、进度、投资等共同构成一个完整的建设工程项目目标体系。企业要生存、求发展，就必须高度重视安全管理工作。双方应本着对国家、对人民生命财产高度负责的精神，共同做好施工安全管理。

(4)施工组织设计的编制。施工组织设计是工程项目施工的纲领性文件，是施工单位最主要、最关键的准备工作。一个科学、合理的施工组织设计，必然能发挥人尽其力，物尽其用的效果，使工程项目达到按期、优质、低耗、安全建成的目标。施工组织设计的编制不可搬用、套用，流于形式，否则会使项目管理处于混乱状态，这一点务必提醒施工单位重视。

(5)施工现场交接情况。为了使施工单位尽快进入角色，加快施工进度，监理工程师应要求施工单位尽早熟悉施工现场情况。

(6)原材料的选购与进场。择优采购合格适用的原材料并尽早做好备料工作，对保证工程质量和进度至关重要。监理工程师应向施工单位了解原材料选购的情况，初步判断其是否满足设计及规范要求，分析原材料供应数量和速度能否满足要求。在确定选购的原材料后，应督促施工单位尽快早备料并进行抽检试验，以保证按时开工并满足施工需要。

第二节 施工阶段监理

施工阶段是监理人员进行质量监理、安全监理、环保监理、费用监理、进度监理以及合同管理、文件资料管理工作(简称"五监理、两管理")的主要阶段。监理人员应按照监理规范和监理服务合同的约定，认真履行监理职责，保证完成监理任务目标。监理办应通过组织业务学习、加强内部沟通和外部协调、开展内部检查和考核等措施强化管理，达到做好一个工程，培养一批人才。

为了保证监理服务质量，更好地履行"五监理、两管理"的监理职责，监理办应建立一系列的工作制度，保证各项监理服务活动和施工活动都处于严密的监控之下，消除各种隐患，以更

有效地达成工程项目目标。监理工作制度主要如下:

1. 设计文件、施工图纸核查制度

监理工程师在收到设计文件、施工图纸后,在工程开工前,应会同施工、建设单位复核审查设计图纸,广泛听取意见,避免图纸中出现"错、漏、碰"等现象。图纸审查应形成书面记录,在技术交底时提交设计单位,对疑问之处请求予以澄清。

2. 技术交底制度

总监理工程师要协助建设单位,组织设计单位,向施工单位进行设计施工图纸的全面技术交底(包括设计意图、施工要求、质量标准、技术措施等),并根据书面设计交底记录督促施工单位在施工中认真执行。

3. 施工组织设计(专项施工方案)审批制度

总监理工程师应组织专业监理工程师对施工组织设计(专项施工方案)进行审查,专业监理工程师负责对本专业有关安全技术措施、施工工艺等内容的技术可靠性和工艺合理性进行审查。总监理工程师应当负责对项目施工组织设计和专项施工方案的技术可靠性、工艺合理性以及编制、审核、批准程序进行审查,审核意见应明确表达同意按施工组织设计方案实施或局部修改后同意实施或退回重新编制。

4. 开工报告审批制度

当施工准备工作完成后,施工单位可向监理办提出《工程开工报告》,由监理工程师对照现场准备情况进行审查。如,施工管理人员、技术人员和作业人员是否到位;施工单位质量保证体系、安全管理体系和环保管理体系是否健全,规章制度是否确实可行;机械设备是否已按合同要求到达现场,其数量、功效和性能能否满足要求;原材料备料及供应数量和速度是否满足施工需要;标准试验及各种原材料检测是否完成并满足设计和规范要求;原材料储存场地是否规范;进度目标是否满足合同要求,施工安排是否连续、均衡,进度安排与资源配置是否协调;施工方案的安全可行性(必要时要求提供相关的施工安全验算资料;对结构复杂、施工难度大、容易出现质量和安全问题的施工方案,监理办应提出是否进行专项审查或提交相关单位进行安全验算和评估的意见);安全生产规程是否全面、可行、切实有效;是否针对本工程的特点和要求对操作工人进行了质量和安全等方面的安全技术交底,并在工程开工报告后附有参加交底会议的一线操作工人签到单。如发现开工报告存在问题,应及时以书面审查意见,要求施工单位予以修改、补充。施工单位按照审查意见予以完善后,监理工程师应及时进行现场复查,在满足开工条件并报建设单位同意后,总监理工程师方可批准开工。

5. 原材料检验及抽检制度

工程施工前,监理人员应审查水泥、钢筋等进场原材料的生产许可证、出厂合格证、试验检测报告;审查施工单位是否已对原材料进行检验;试验监理工程师应按照规定的频率对原材料进行抽检,并对照监理独立抽检结果评判原材料是否合格,不合格的材料应清退出场,禁止使用。

6. 分项工程开工及工序签认制度

分项工程开工报告审批后,分项工程拟开工前一天,施工单位应向监理办提出施工申请,在第二天实施时补报"分项工程检验申请表"。现场监理工程师按照申请表中的施工项目和检查内容逐一进行监督检查。当每一道工序或分项施工完毕后,在施工单位自检合格的基础上,监理工程师应及时进行工序或分项工程检验,并签认相应的"工序检验单"或"分项工程质量检验报告单"。未经监理工程师签认不得进入下道工序施工,分项工程验收不合格的不予计量。

7. 施工测量审核复测制度

监理工程师应对施工单位的原始地面线、导线、测量控制点等的测量,进行全过程的旁站和独立复测,并据此对施工单位的测量成果报告进行审批。

8. 旁站监理制度

监理工程师应对施工中的重要部位、关键工序和隐蔽工程进行旁站。旁站监理由监理员实施,严格按照《公路工程施工监理规范》、项目《监理计划》和《监理细则》的规定,重点对旁站项目的施工过程实行全方位、全过程的监督检查。

监理人员要对施工单位的各项施工程序、施工方法和施工工艺及材料、机械等进行全方位的巡视,对隐蔽工程和重要工序进行全过程的旁站、全环节的检查,以便对施工质量实施有效的监督和管理。

(1)总监理工程师,应在施工期间经常对施工现场进行巡视,检查旁站监理人员的工作情况,发现并处理施工质量问题。

(2)对施工的隐蔽工程、重要工程部位、重要工序及工艺,应由专业监理工程师或现场监理人员实行全过程的旁站监督,及时消除影响工程质量的不利因素。

(3)现场监理人员对施工情况和主要问题及时记录于监理日志中并存档。

(4)每道施工工序结束后及时进行检查和认定。

(5)检查用于工程的材料、设备、现场施工人员及其他施工条件与已批准的分项工程开工报告的内容是否符合。

(6)检查各种集料的级配、配合比与批准的开盘通知单是否一致。

(7)检查施工方法和操作工艺,对不正确的施工方法或工艺,应及时制止。

(8)试验监理人员,应对施工单位的各种抽样频率、取样方法及试验过程进行检查,监督施工人员试样取样和控制参数的测定及记录;在施工单位工地试验室按技术规范的规定进行全频率抽样试验的基础上,判定施工单位的抽样试验结果是否可靠。

(9)观察了解影响工程进度和质量的自然风险、隐患和外部干扰的信息。

旁站监理的关键工序和部位,应按照《公路工程施工监理规范》(JTG G10—2006)附录 A 执行。

当发现施工单位在施工、试验过程中有违反规范、规程的行为时,旁站监理人员应指令施工单位立即整改;当发现存在重大工程质量或安全隐患或施工活动可能危害工程质量或安全时,应及时予以制止,并监督施工单位立即纠正。现场旁站监理人员在旁站过程中,对施工过程中出现的较严重的情况,应及时向相关专业工程师和总监理工程师汇报,以便及时处理。旁站结束后旁站监理人员,应及时、准确、完整地做好旁站监理记录并签字。

9. 工程暂停和复工审批制度

在发生下列情况之一时,总监理工程师可按照施工合同和委托监理合同的约定,签发"工程暂停令"。

(1)建设单位要求暂停施工,且工程需要暂停施工;

(2) 为了保证工程质量,需进行停工处理;
(3) 施工出现了安全隐患,总监理工程师认为有必要停工以消除隐患;
(4) 发生了必须暂时停止施工的紧急事件;
(5) 施工单位未经许可擅自施工,或拒绝监理工程师监理。

总监理工程师下达工程暂停令应事先向建设单位报告。"工程暂停令"中应明确暂停施工的部位(工序)及有关工作内容。

工程暂停原因消失后,由施工单位提出"工程复工申请",连同说明具备复工条件情况的附件报监理办。当工程暂停原因是由施工单位的原因引起的,施工单位应提交整改情况和预防措施报告。由总监理工程师对复工申请进行审查,签署明确的审查意见。

10. 工程变更审批制度

如发现设计文件错漏等问题,或发现施工现场实地情况与设计文件不符时,由提议单位以书面形式提出变更设计申请,并应当注明变更理由,经施工、设计、监理、建设单位四方会勘同意,并按工程变更有关规定审批后进行设计变更。设计变更完成后由设计单位填写"设计技术联系单",建设单位审核同意后,由总监理工程师签发"工程变更令"。

11. 隐蔽工程检查制度

监理工程师应对隐蔽工程施工实施旁站。若因故不能旁站,则要求施工单位对每一道工序的施工拍照。

12. 工程质量缺陷复验追踪制度

监理工程师在巡视检查中发现工程质量缺陷,应及时指令施工单位整改,指明质量缺陷的部位、性质及整改意见,限期纠正,监理工程师对整改结果进行复验。以上过程应记入监理日志。对较严重的质量问题或已形成的较大隐患,应由总监理工程师正式签发"监理通知单",通知施工单位,同时抄报建设单位。施工单位应按要求及时进行整改,缺陷修复后通知监理工程师复验确认。

13. 工程质量事故报告制度

凡在工程施工过程中,由于设计或施工原因造成工程质量不符合规范或设计要求,或者超出《公路工程质量检验评定标准》的规定,需做返工处理的统称为工程质量缺陷。严重质量缺陷为质量事故。

工程质量事故发生后,总监理工程师应立即指令施工单位暂停该项工程的施工,采取有效的安全措施,并要求施工单位立即书面报告事故发生的时间、部位、事故原因、应急措施、处理方案以及损失的费用等;总监理工程师应对事故处理方案进行审查,提出审查意见,报建设单位,方案批准后,再对处理方案的实施进行监理,处理合格后可发出复工指令。

14. 施工进度监督及报告制度

监理工程师应每月进行施工进度检查,按分项工程对实际进度进行记录,并定期汇总报告,对比实际进度与计划进度,当实际进度滞后计划进度较多时,应要求施工单位对原工程进度计划予以调整,监督施工单位严格按照合同规定或经批准调整的进度计划组织实施。

15. 施工安全监理和环境保护监理制度

依据安全生产和环境保护相关法律、法规和《公路工程施工监理规范》,监理办负有对施工现场的安全生产和环境保护进行监理的职责。

监理办应加强对施工安全和环境保护的日常巡查,发现问题,由总监理工程师签发"安全隐患督查通知书"或"监理通知单",提出主要存在问题和整改处理意见,并要求施工单位限期整改。对施工中出现的安全隐患,总监理工程师认为有必要停工消除隐患,应及时签发"工程暂停令",督促施工单位停工整改,消除隐患,并及时报告建设单位。施工单位拒不整改或者不停止施工的,监理办应当向当地安全生产监督机构或有关主管部门报告。

16. 监理报告和监理记录制度

监理办应按规定格式每月编制《监理月报》。月报各项内容填报应符合行业主管部门和监理单位相关工作标准的要求。月报编制完成后,由总监理工程师审定签字,在规定的时间内报送建设单位、质量监督部门及监理单位。工程交工时监理办还应提交项目《监理工作报告》。《监理工作报告》和《监理月报》应以具体数据和文字说明施工质量、进度、工程量计量和费用支付、安全、环保、合同管理、监理工作管理、有价值的经验等方面的内容。

监理工程师在开展监理工作时,应注重文字记录,以数据说话,健全监理日志、质量检验评定记录、试验检测记录、监理旁站记录、安全检查记录、环保检查记录、工程进度记录、计量支付记录、交、竣工验收记录、照片录像等影像资料以及监理大事记等监理记录,为工程质量检验、交竣工验收及公路日常的管养维护提供第一手资料。

17. 工地会议制度

工地会议制度主要包括第一次工地会议、工地例会、现场协调会、专题会议和监理工程师例会。这些会议旨在督促检查施工进展情况,沟通参建各方信息、协调各方关系,促进各方认真履行合同权利与义务,是进行项目全面管理的重要手段。会议纪要应经与会各方签认。

18. 质量责任制度

建立工程监理质量终身责任制。各级监理人员要按照各自的职责对其分管的工程质量负终身责任,若发生重大工程质量事故,不管调到哪里工作,担任什么职务,都要追究相应的责任。

"五监理,两管理"的具体方法和要点详见本书"执业篇"各章。

第三节 交工验收与缺陷责任期监理

一、交工验收

1. 交工验收的条件

主体工程确实已完成,经监理工程师检验工程质量符合合同要求,交工资料已按合同规定完成,施工单位已提出交工验收申请,经监理工程师按合同有关规定进行审查并确已具备验收条件时,可提交交工验收申请报告。

2. 交工验收的程序

(1)成立交工验收小组。建设单位收到交工验收申请报告后,由建设单位组织交工验收,并成立由监理工程师、设计代表、建设单位参加的交工验收小组。已委托质量监督的项目,由建设单位报请质量监督机构参加。

（2）现场质量和竣工资料检查及工程评价。现场质量检查的主要内容有：工程实测项目、外观质量等。对工程所有缺陷应做详细的描述及记录。

内业资料的检查主要检查资料的真实性、完整性和规范性。

根据检查的结果，按有关质量检验评定标准，进行分项、分部、单位工程的质量评定，对工程项目作出总体评价。

（3）编写交工检查报告。交工检查报告一般由建设单位组织编写，其内容包括：

①施工单位申请交工的工程范围、完成工程量情况；

②交工检查小组的人员名单；

③交工检查验收过程记录；

④现场质量检查的记录和评定资料；

⑤交工检查小组的评价，包括是否同意交工、对缺陷的处理意见；

⑥附件，包括交工申请报告、组成交工验收小组的文件、验收计划、工程缺陷一览表、已批准的剩余工程计划。

（4）召开交工验收会议。会议由建设单位组织并主持，参加会议的单位有建设单位、设计单位、监理单位、施工单位代表、质量监督机构。

（5）签发交工证书。经交工验收质量合格，建设单位应在合同规定的时间内向施工单位签发交工证书。工程交工的日期以交工检查小组决定的签发交工证书的日期为准。交工证书的内容应包括：工程范围、获得证书的单位和日期、建设单位、设计单位、监理单位、施工单位等各方代表的签名和交工验收意见。

（6）监理工作报告。在交工验收阶段，监理办必须向建设单位和监理单位提交监理工作报告。监理工作报告的内容应包括：

①工程概况；

②监理组织机构和监理服务期限；

③监理依据和监理制度；

④有关工程质量监理、安全监理、环保监理、进度监理、费用监理和合同管理的实施情况；

⑤工程计量支付结果；

⑥单位工程、分部、分项工程质量评估；

⑦监理工作经验与教训以及对工程项目存在问题的处理意见和建议。

二、缺陷责任期的监理

1. 缺陷责任期

从工程获得交工证书之日起，开始进入为期两年的缺陷责任期，缺陷责任时间应符合合同规定。

2. 缺陷责任期监理的工作内容

检查交工验收时尚未完成的附属工程的施工质量；对工程进行巡视；检查已完工程的质量缺陷并记录，分析缺陷发生的原因和责任，核实修复费用；督促施工单位对工程质量缺陷进行修复,对修复质量进行检验;督促施工单位完成竣工资料等。

3. 缺陷责任期监理工作程序

施工单位在交工验收之前,应提交一份缺陷责任期间的工程巡视、缺陷检查和修复方案,报监理工程师审查,由建设单位审批。同时,监理单位也应上报一份缺陷责任期的监理工作计划,由建设单位审批。

施工单位应按规定频率进行工程巡视,检查结果和修复方案应及时向监理工程师报告,监理工程师应对修复方案进行审查(必要时,监理工程师应进行复查或旁站),并立即指令施工单位在规定时间内进行修复。

监理工程师应定期向建设单位报告质量缺陷及修复情况。

4. 缺陷责任期施工单位的责任

缺陷责任期内,施工单位应定期对已交工路段的工程质量进行检查,并及时向监理工程师报告。对出现的质量缺陷应及时进行修复。

缺陷责任期内出现的质量缺陷,经返工处理后的质量应不低于原质量检验标准和验收标准。

5. 缺陷责任期监理单位的责任

施工单位应及时向监理工程师报告工程巡视和缺陷修复结果,监理工程师应定期进行巡视复查,并定期向建设单位报告。对较严重的缺陷修复时,监理工程师应进行全过程旁站,并责令施工单位对质量进行分析,同时,监理工程师也应对缺陷原因和责任进行分析,并核实修复费用。

6. 缺陷责任期的终止

缺陷责任期满后,施工单位应提交一份竣工验收申请报告,监理工程师应在合同规定时间内对已交工工程质量和交工时未完的剩余施工内容进行检查验收,认为质量符合合同和规范要求时,批复竣工验收意见并提交建设单位,由建设单位组织竣工验收,并成立由建设单位、设计单位、监理单位和质量监督机构参加的竣工验收检查小组,对工程进行最终的整体检验,对缺陷责任期的工作进行评价,以确定是否签发缺陷责任终止证书。

三、竣工验收

1. 竣工验收的条件

(1)经过交工验收达到合格的工程,且缺陷责任期两年已满。

(2)交工验收时剩余工程施工已全部结束,并且提出的所有遗留问题已处理完毕,并经监理工程师、建设单位、质量监督机构检验合格和符合要求。

(3)施工竣工文件和监理竣工文件已按《公路工程竣工文件编制办法》的相关规定编制完成。

(4)已按相关规定编制完成工程竣工决算并通过财务审计,并经交通主管部门或其授权单位认定。

(5)建设单位、设计单位、监理单位、施工单位等已按相关规定编写完成工作总结报告。

(6)质量监督机构已按国家交通主管部门规定的公路工程质量鉴定办法对工程质量检测

鉴定合格,并形成质量鉴定报告。

(7)对需要进行环境保护、水土保持、档案等专项验收的项目,已经有关部门验收合格。

2. 竣工验收的依据

(1)批准的工程计划;

(2)批准的工程设计文件、图纸;

(3)批准的工程变更文件;

(4)合同文件;

(5)国家及交通主管部门颁布的公路工程技术标准、规范及有关规定等;

(6)建设单位制定的有关规定。

3. 竣工验收的程序

1)申请竣工验收

公路工程符合竣工验收条件后,建设单位应按照项目管理权限及时向交通主管部门申请竣工验收。交通主管部门在收到申请之日起30日内,对申请材料进行审查,对不符合竣工验收条件的,及时予以退回并告之理由;对于符合竣工验收条件的,应当在收到申请之日起3个月内组织竣工验收。

由交通主管部门、公路管理机构、质量监督机构和造价管理机构组成竣工验收委员会,建设单位、设计单位、监理单位、施工单位和接管养护单位参加竣工验收。

竣工验收委员会负责对工程实体质量及建设情况进行全面检查,按交通运输部规定的办法对工程质量进行评分,对参建单位进行综合评价,确定工程质量等级,对工程建设项目进行综合评价,形成工程竣工验收鉴定书。

2)工程质量评定

(1)竣工验收工程质量评分采取加权平均法计算。

(2)工程质量评定分三部分:一是交工验收时的质量评分;二是质量监督机构工程质量评分;三是竣工验收委员会对工程质量评分。三者权重分别为0.2、0.6、0.2,最后进行综合评定,得出工程最终评分。

(3)竣工验收前,应对部分实测项目进行检测,其他抽检项目可采用交工验收时的检测结果或结合施工过程中的检查结果。外观质量验收时应步行检查。内业资料应检查资料齐全性、完整性、真实性,并重点检查竣工图纸和工程决算等。

(4)按照交通运输部规定的办法对各参建单位的工作进行综合评价。

(5)对工程建设项目进行综合评价。综合工程质量评定和对各参建单位综合评价的结果,采取加权平均法对工程建设项目进行综合评分,其中竣工验收工程质量得分权值为0.7,参建单位工作评价得分权值为0.3(建设单位占0.15,设计、施工、监理各占0.05)。

3)召开竣工验收会议

会议由交通主管部门组织并主持,参加会议的单位有:公路管理机构、质量监督机构和造价管理机构、建设单位、设计单位、监理单位、施工单位、接管养护单位代表。

会议首先应宣布竣工验收委员会的组织情况和人员;第二是听取建设单位项目执行报告和设计、施工、监理等各参建单位的工作总结报告;第三是听取质量监督机构的工作报告及工程质量鉴定报告或质量检查小组通报质量验收检查情况和结果;第四是听取审计部门对工程费用的审查意见;第五是竣工验收委员会进行讨论,对参建单位进行综合评价,确定工程质量等级,以及遗留问题的处理方案,并形成一致的验收意见;第六是宣读竣工验收鉴定意见。

4)签发竣工验收鉴定书、工作综合评价等级证书和缺陷责任终止证书

工程竣工验收通过后,由交通主管部门签发竣工验收鉴定书,质量监督机构对各参建单位签发工作综合评价等级证书,最后由总监理工程师签发缺陷责任终止证书,并报建设单位批准。

5)签发最终支付证书

工程竣工验收通过后,由施工单位向监理工程师递交最后结账单及所附资料,监理工程师在规定的时间内核实无误后签发最终支付证书并报建设单位审批,建设单位在收到最终支付证书后规定的时间内支付应付的款额。

6)移交竣工验收档案

工程竣工验收通过后,所有资料应及时移交建设单位或管养单位保存。

第三章 质量监理

第一节 基本知识与要求

一、四级质量保证体系

交通部 2004 年颁布的《公路建设市场管理办法》中规定了公路工程实行"政府监督、法人管理、社会监理、企业自检"的四级质量保证体系,并明确了各自的职责,即:交通主管部门及其所属的质量监督机构对工程质量负监督责任,项目法人对工程质量负管理责任,勘察设计单位对勘察设计质量负责,施工单位对施工质量负责,监理单位对工程质量负现场管理责任,试验检测单位对试验检测结果负责,其他从业单位和从业人员按照有关规定对其产品或者服务质量负相应责任。在四级质量保证体系中,社会监理是保证工程质量的不可或缺的重要环节,对保证工程质量发挥着积极的作用。监理工程师必须牢固树立"百年大计,质量第一"的思想,牢固树立"精品工程"的意识,牢固树立"细节决定成败,质量决定品牌"的理念,忠实履行法律和合同赋予的监理职责。

监理单位的工程质量监理具有以下特点:

(1)质量监理是监理工作的重点。在监理工作中,要正确处理好质量与进度、质量与费用、质量与安全的关系。

(2)建设单位根据合同条款授予监理工程师的质量监理权受法律的保护。这与过去的施工单位内部质量管理和行政监督有显著区别。

(3)质量监理是监理人员对工程项目建设进行全过程、全方位的质量管理。这与施工单位内部质量管理、建设单位督查以及质量监督机构的抽查完全不同。

(4)质量监理强调事前监理和主动监理,防患于未然。

(5)质量监理与工程支付挂钩,质量的好坏直接关系到施工单位的经济效益。这是工程监理制的最大特点。未经监理工程师验收并签字认可的工程项目或部位,一律不予支付费用。

二、质量监理的依据

质量监理的依据包括：
(1) 建设单位与监理单位签订的监理服务合同。
(2) 施工招投标文件以及建设单位与施工单位签订的施工合同。
(3) 设计文件。包括由设计单位签字、盖章，经相关交通主管部门批复和建设单位同意的施工图纸及说明；设计变更文件(重大工程变更须经初步设计批准部门批复)。
(4) 技术标准。包括交通运输部(原交通部)发布的公路工程有关设计规范、施工规范、试验规程、评定标准、规范性文件等。
(5) 法律法规。包括国家和省、市交通主管部门颁布的有关法律法规和规定，如《建设工程质量管理条例》、《公路工程质量管理办法》(交公路发[1999]90号)、《公路建设市场管理办法》(交通部令2004年第14号)等。
(6) 本工程的《监理计划》与《监理细则》等。
(7) 在工程实施过程中，经参建单位各方签认的有关会议记录，以及建设单位依据合同所签发的通知、指令、通报等文件。

三、质量监理的目标

质量监理的目标是：对施工全过程进行巡视、检查和旁站监理，杜绝质量事故的发生，使受监工程项目的质量符合合同文件、设计图纸、技术规范、使用要求和验收标准。

四、质量监理的内容

质量监理工作的内容主要有：
(1) 检验、检查施工进场材料、机械和设备。
(2) 审批施工组织设计和施工单位的质量保证体系。
(3) 审批施工单位的标准试验报告。
(4) 检查施工定线，验收原始地面线。
(5) 审批工程开工报告，发布开工令。
(6) 检验用于工程的原材料、混合料是否符合要求。
(7) 对每道工序、每个部位进行质量检查和现场检验；对施工中的关键部位、关键工序和隐蔽工程实施旁站监理。
(8) 对施工中产生的质量缺陷或质量事故进行调查处理，返工处理后，其质量应不低于原质量检验指标和验收标准。
(9) 对施工单位的试验检测工作进行全面监理，并独立进行监理抽检，依据检测数据对工程质量进行评定。
(10) 交工后，检查已完工程的质量缺陷并记录，核实修复费用，监督施工单位进行缺陷修复，督促施工单位完成竣工资料。

五、质量监理的方法

1. 质量监理的方法

1）审批开工报告

监理工程师收到施工单位递交的分项开工报告后,应在规定的时间内对开工准备情况进行检查。开工准备工作检查的内容包括:施工营地建设、施工管理人员到位情况、拌和站、预制场等临时工程建设、到场的施工设备数量和状况、试验室建设及进场的试验仪器数量和标定、进场材料的数量以及抽样检验和标准试验等情况。

监理工程师应认真审查开工报告中涉及的内容,包括:质量保证体系和安全、环保管理体系建立健全情况;主要施工管理人员到位情况;主要施工机械设备到场情况;安全生产规程和环保措施是否齐全、可靠;施工方案(含工艺试验)是否可行;质量保证措施是否可靠;进度计划是否合理;施工营地及临时工程(含借地)建设情况;主要原材料采购意向及原材料备料是否满足施工需要;工地试验室建立及临时资质报批情况;标准试验及各项原材料检测是否已完成并满足要求;原始地面线复测情况及其关情况。审查的重点是质量保证体系和安全管理体系、施工工艺和施工方案、标准试验、进度计划及安全技术措施等。

2）巡视检查

巡视检查是指各级监理人员对施工现场非旁站项目进行的经常性巡回检查。在巡查过程中,监理人员应该保持高度的责任心,凭借丰富的专业知识和管理经验,用敏锐的眼光检查工程施工情况,发现施工中存在的问题要立即指令施工单位限期整改,并对整改结果进行追踪验证。监理人员均应按要求将巡视检查情况记入监理日志。

3）旁站监理

旁站是监理人员在施工现场对某一具体的工序、工艺或部位施工全过程进行的现场监理。对重要、隐蔽、关键工程的施工,监理人员必须进行全过程旁站监理。

（1）旁站监理的主要内容:

①检查确认施工单位的施工和试验检测准备工作是否完成,到场施工设备、试验仪器是否齐备,使用的原材料是否经检验合格;

②确认质检员、试验人员、特殊工种人员是否持证上岗;检查施工质检员是否在岗,若施工质检员未在岗旁站,监理人员应责令施工班组停止施工;

③检查施工或试验全过程是否按照技术标准规范、规程和已批准的施工图纸、施工组织设计进行,有否出现质量或安全问题等异常情况;

④检查集料的级配、配合比与批准的设计配合比是否一致;

⑤检查施工方法和操作工艺,及时发现和处理旁站过程中出现的质量问题;

⑥进行每道工序的检查验收;

⑦对隐蔽工程进行覆盖前的检查;

⑧监督施工人员抽取试样,进行控制参数的测定及记录;

⑨观察了解影响工程质量、安全和进度的因素及外部干扰的信息并报告专业监理工程师;

⑩如实做好旁站监理记录。

(2)旁站过程中出现下列情况的,旁站监理人员应及时作出相应处理:

①当施工或操作过程出现异常情况时,应及时予以纠正或暂停作业,查明原因后再继续施工;若异常情况仍未消失,则应及时报告专业监理工程师并采取适当的应急措施;

②当发现施工单位在施工及试验检测过程中有违反技术标准规范、规程的行为时,旁站监理人员有权责令施工单位立即整改;

③当发现存在重大工程质量或安全隐患时,应及时予以制止,并监督施工单位立即纠正,情况严重的应及时报告专业监理工程师或总监理工程师;

④当发生工程质量事故或安全事故时,必须立即报告监理办。

(3)旁站结束后旁站监理人员应及时、准确、完整地做好旁站监理记录并签字。施工质检员也应在旁站监理记录上签字认可。旁站监理记录的内容应包括:旁站监理项目名称、时间、施工地点(部位)、气象、旁站开始(结束)时间、施工人员、原材料情况、设备状况、旁站经过、发现的有关问题及处理措施。旁站监理记录资料包括照片、录像等。

旁站监理记录是专业监理工程师和总监理工程师行使有关签字权的重要依据,因此,旁站监理各种原始资料必须妥善保存,按规定要求整理、归档。在工程竣工验收后,将监理旁站记录交建设单位存档备案。

总监理工程师和专业监理工程师应经常检查旁站记录情况,督促落实处理有关问题,指导旁站监理人员提高工作质量。宜每周检查一次旁站监理记录,应在旁站监理记录上提出改进意见并签字。

监理人员必须明确哪些项目需要旁站。监理人员对应该旁站的工序或部位未进行旁站,工程出现严重质量问题时,交通主管部门将对负直接责任的监理单位和监理人员进行处罚。

旁站监理项目详见《公路工程施工监理规范》附录A"监理旁站工序/部位表"及监理服务合同特殊指定的施工内容。

4)测量

测量工作是监理人员对工程几何尺寸、线形以及高程进行检查的重要手段,是结构物施工质量控制的基础,测量数据还是工序或单项工程质量验收以及工程量计量的主要依据之一。监理人员应注意测量方法的科学性,保证测量数据的准确性、真实性,并满足工程质量检验测和评定所需的频率要求。

5)试验检测

试验检测是监理人员确认工程各种原材料和实体质量的主要依据,试验数据是工程能否通过验收和进行支付的证据,也是监理人员对工程实施质量控制的重要手段之一。监理人员应保证试验方法的科学性、试验数据的真实性以及试验计算的正确性,试验频率应满足工程质量检验和评定所需要求。

6)指令文件

监理指令文件是指监理人员在施工监理过程中印发的各种书面通知(指令),也是实施工程质量监理必不可少的一种手段。各种监理指令都应该有台账记载,并作为主要技术资料存档,使各项问题的处理有据可查。

7)计量

计量支付权是监理人员在质量管理中行使的最关键的权力之一,也是监理人员进行质量管理的重要方法和手段。当出现不合格工程或施工单位不遵守监理程序的行为时,监理人员应积极与建设单位沟通协调以取得建设单位的支持,及时、有效地利用工程计量支付审核的权利对施工单位进行有效监管。

2. 质量监理方法要点提示

1) 检查施工单位的质量保证体系

监理工程师通过检查抓施工单位质量保证体系中的组织机构、规章制度及执行情况,督促施工单位切实履行"四级质保体系"中"企业自检"的工作职责。监理工程师按表3-1每月对施工单位的质保体系进行检查、考核、评分。

施工单位质量保证体系检查评分表　　表3-1

项目	考核内容	具体要求	规定分
组织机构 18分	1.质保体系的组织机构设置	健全、岗位设置合理	3
	2.项目经理、质检负责人	人员到位,资质符合要求,具有相应的管理能力	3
	3.现场质检人员数量	保证各工区至少1人,视实际需要增加人员（工地现场必须保证有足够的质量管理人员,重要工程、关键工序施工时如没有施工单位项目质量管理人员在现场,则禁止施工）	3
	4.质检人员岗位能力	必须具有工程类相关专业初级职称,并有一定的施工经验	3
	5.质检人员劳动合同关系	在编人员,具有正规的劳动合同	3
	6.质检人员隶属关系	由质检负责人直接管理现场质检人员	3
规章制度 18分	1.质检人员的责任	明确并签订责任书	3
	2.质检人员的日常工作内容	具体、明确	3
	3.质检人员的权利	明确、有保障	3
	4.质量管理学习、培训制度	明确	3
	5.工程质量问题处理程序	明确	3
	6.工程管理质量考核办法	明确并签订责任书	3
执行情况 64分	1.质量控制指标与评定标准	经常学习并有记录,人人皆知	7
	2.质检人员日常工地检查	勤于工地巡查	7
		管理有力度	5
		对重要工程、关键工序、隐蔽工程严格监控	5
		及时发现问题并及时处理	5
		记录真实、齐全	5
	3.对监理办指令的处理	及时处理并有记录	5
	4.对建设单位督查指令的处理	及时处理并有记录	5
	5.对质监部门行政执法的处理	及时处理并有记录	5
	6.考核制度的贯彻落实	落实到位并有记录	5
	7.工程质量保证资料	真实、及时、规范、齐全	10
合计			100

注:①总得分不少于90分为优良,总得分75~90分为合格,75分以下为不合格;
②监理办每月对项目经理部进行考核打分,并在《监理月报》中向监理单位、建设单位及主管质量监督机构汇报;
③施工单位质保体系连续2个月考核不合格的,可要求施工企业相关负责人到工地蹲点整顿。

2)现场监理过程做到"事先提醒、过程控制、事后检验"

(1)事先提醒。监理人员应凭借自身良好的工程施工管理经验,提前对施工过程中可能出现的各类质量、安全、进度等方面的问题进行分析和评估,并提醒施工单位事先制订和落实各种防范措施,以避免不良后果的发生。

(2)过程控制。监理人员采取巡视、旁站、测量、试验以及签发书面指令等方式对工程质量进行控制时,特别强调"五勤监理":

一是"腿勤"。要求监理人员勤跑工地,应在工程一线施工现场对工程质量进行监理。

二是"眼勤"。监理人员应勤看规范、合同、图纸及上级管理部门的有关规定,及时发现施工现场的施工行为和实体质量存在的问题。

三是"嘴勤"。监理人员在施工现场发现施工违规行为或实体质量存在的问题时,应及时发出口头指令予以指出和纠正,并及时向上级监理负责人、建设单位、质量监督机构汇报。

四是"手勤"。监理人员在现场进行测量、试验和记录,在办公室对施工单位违规行为发书面通知、对施工质量保证资料的审签、完成监理质量保证资料时手要勤。

五是"脑勤"。对工程建设和监理工作情况勤思考、勤分析、勤总结,善于发现问题,主动研究问题,积极解决问题,勇于纠正问题,有效防范出现类似问题。

(3)事后检验。监理人员对工程实体质量进行检验时,特别强调注意以下几点:

①要本着仔细、认真、严格的工作态度进行检验;

②检验时间要及时、内容要全面、操作程序要规范;

③检验发现的质量问题要客观对待,对符合质量标准的工程应及时同意进入下一道工序施工或交验;对不符合质量标准的工程应及时要求施工单位进行整改或返工;对没有把握的问题应及时向上级监理人员、建设单位及质量监督机构汇报,待上级管理人员进行具体检查后再采取进一步措施。

3)试验检测监理

试验检测数据是监理工程师判断工程实体质量是否符合规范和设计要求的最主要依据。试验检测监理工作是监理工程师质量监理的关键环节和重要手段之一,因此,必须予以充分重视。

(1)施工单位试验检测

①施工单位应使用自己的仪器、设备和人员,在试验监理工程师及现场监理人员的监督或旁站下进行合同规定项目的试验检测工作,以保证其提供的材料、施工工艺、工程质量达到合同要求的标准并使监理工程师满意;

②施工单位必须在进行取样和试验之前的合理时间内通知试验监理工程师,试验结果须经双方人员签字方可有效;

③施工单位必须在分项开工之前的规定时间内将原材料抽检试验结果报试验监理工程师批准认可,作为开工应具备的条件之一,在试验结果被认可之前不得开工。

(2)监理试验检测

①负责对施工单位各个试验检测项目的监督与工艺试验(如试验段)的旁站监理,使其各项试验符合试验规程要求,试验结果准确、真实、可靠;

②负责对施工单位的标准试验(如击实试验、配合比等)的旁站监理以及平行复核验证,

并与施工单位共同取样,使其样品具有代表性;

③施工过程中,应对原材料、混合料及现场各个工序的试验检测项目进行不定期的随机抽查,发现问题及时责令施工单位进行试验检测并督促整改;当出现工程质量有疑问或不稳定时,试验监理工程师应加大抽检力度,以确保工程质量指标符合规定要求;

④按有关规范和监理合同规定的频率对进场原材料、混合料和现场检测项目进行监理独立抽检。

第二节 质量监理要点

监理工程师在质量监理过程中,为确保工程质量符合设计及规范要求,在分项工程开工前,一般应制订详细的《监理细则》,明确相关的监理程序、监理工作要点、检验频率与方法等,并在监理工作中认真落实。结合实际情况,除应按照编制的本工程项目《监理细则》、相应的设计图纸、有关技术规范进行监理外,有关分项工程现场质量监理过程控制中,尚应注意以下几点。

一、路基工程

1. 挖方路基

(1)路基挖方施工前,监理工程师应要求施工单位必须先做好截水沟和临时排水设施。路基开挖后,如发现有地下渗水,监理工程师应要求施工单位加深边沟并及时设置盲沟,将地下水引出路基范围。

(2)挖方路基有不同土石分层时,监理工程师应要求施工单位尽可能按土石分类进行开挖,并应将挖出的适用材料与非适用材料严格分开。

(3)深挖地段的土质路基、工程地质不良路段应尽可能避开雨季施工。

(4)雨季开挖土路堑时,宜分层开挖,挖方边沟宜沿边坡预留30cm厚,待雨季后再修整到设计坡线;开挖路堑宜于距路床顶30cm时停止开挖,并在两侧挖排水沟,待雨季后再挖到设计高程。

(5)注意爆破安全,应以小型及松动爆破为主,严禁过量爆破。

(6)路堑边坡不允许留有松动危石,并应及时整修好上边坡。路堑开挖时,应尽量避免超挖,超挖部分应在防护工程施工时用浆砌片石填实。

(7)施工单位在路堑挖方施工过程中,如发现软弱夹层及断裂层或实际地质与设计有出入时,应及时报告监理工程师及设计代表,以便及时变更,加强防护,防止滑坡。

2. 填方路基(宕渣)

1)填料要求

(1)弃渣材料的最大粒径不得大于压实层厚度的2/3,且最大粒径不得超过15cm,路床顶面以下0~80cm范围内不得用粒径大于10cm的材料填筑。

(2)填料粒径要严格控制,解小工作必须在料场用碎石机进行,不允许在摊铺现场采用人工敲碎方法解小,现场监理应严格控制粒径的大小及解小的方法。

(3)弃渣填料应有一定的级配,避免出现粗粒或细粒过于集中的现象。当石块含量较大时,石块间空隙应以石屑或经监理工程师批准的其他材料铺撒嵌填密实,且层厚应相应减小。

(4)上路床填料要求采用强度高、水稳性好的材料填筑,不得使用含泥量过高的材料,并严格按照规范分层填筑,避免薄层贴补现象的发生。

2)施工准备

(1)填筑路基前,监理工程师应要求施工单位先挖好临时排水沟,并保持畅通。路基填筑前一般应先疏干积水、降低地下水位,再进行清表、碾压,原地面压实度达到要求后方可进行路基填筑。

(2)路基施工前,施工单位应在监理工程师批准的路段修筑长度不小于100m(全幅路基)的试验路段,以确定不同材料在不同的压实机械下的松铺厚度、碾压遍数、碾压速度、工序及组合方式、最佳含水率等。试验结果经监理工程师批准、报建设单位备案后方可进行大面积路基填筑。

3)施工工艺监理控制要点

(1)松铺厚度采用试验路段松铺层厚的90%,并应控制在30cm以内,压实以后最大层厚一般控制在25cm以下。

(2)拉线、打方格摊铺。根据不同运输车辆的容积和控制松铺层厚,画好方格线,并做到每格内只卸料一车;摊铺时应每隔20m纵(横)向拉线整平,每层路基面应设2%~4%的横坡后再碾压(第一、第二层松铺时应进行横坡调整)。为便于削坡,路基边缘外侧1m范围内,宜用较细材料填筑。

(3)纵留台阶。纵向施工段落处必须留台阶,每级台阶宽度不得小于2m,所留台阶也应碾压密实。

(4)刷坡同步。每层路基填筑后应立即进行刷坡(≥30cm的预留超宽仍应保留),做到边坡稳定、坡面平整、密实;并每隔20m在路基边坡上用砂浆立模砌筑一道临时流水槽,路基边缘设置挡水埂,防止雨水冲刷边坡。

(5)立百米标尺。整百米处必须在左(右)侧打设有明显桩号的百米桩,并应设公里桩标尺及合同段间交界牌。

(6)沉降板四周0.5m范围内,必须先用细集料填筑、人工夯实,再进行其他路段摊铺。

(7)填石或土石路堤宜选用自重不小于18T的振动压路机。弃渣路基压实度(固体体积率)检测,应在层厚和碾压遍数符合要求、振压两遍无明显轮迹后进行。

(8)挂牌施工。每个路基施工段落(超过1km时,以1km作一个施工段落)必须设施工标示牌,标示的内容应包括:起讫桩号、工程质量责任人、自检人员、现场监理人员等。

3.软土地基处理

1)砂(砾)垫层

(1)砂(砾)材料性能应满足技术规范和施工图的要求。

(2)砂(砾)垫层要宽出坡脚外1m(并应考虑路基加宽),且无明显的粗细料离析现象。两侧应按图纸要求设置干砌片石反滤层,以免砂料流失。

(3)砂(砾)垫层施工前,必须先开挖排水边沟,以降低地下水位,地基表面应干燥无淤泥,并应具有适当的承载力。

(4)砂(砾)垫层与排水边沟间应保证排水畅通,排水边沟在施工期必须保证流水通畅,如发现排水沟淤积,应及时清淤疏通。

(5)砂(砾)垫层施工时,应采用人工或轻型机械铺设,避免对软土表层的过大扰动和造成砂与淤泥混合,影响垫层的排水效果。

(6)砂(砾)垫层有污染的,应及时处理。

2)塑料排水板

(1)塑料排水板由施工单位采购,采购时应严格按照技术规范和施工图的要求,并检测其性能是否能达到设计要求。第一批塑料排水板到达施工现场后,由监理工程师与施工单位共同按规定频率取样,送至有资质的检测单位检测,检测合格后方可使用。严禁采用由再生塑料生产的塑料排水板。一般要求采用带刻度可测深的塑料排水板。塑料排水板应由专人负责保管,要求堆放整齐,盖上油布以避雨淋、日晒,对有撕裂、剥离、变质老化等现象的塑料排水板应作报废处理。

(2)插板机或导管上应做好明显标记,以便控制打设深度。打设过程中,要确保竖直度,应用吊锤、水平尺等进行检测。

(3)塑料排水板的打设深度不得小于设计深度(打设深度=设计深度+回带长度),回带长度应在试打时确定,并应在施工过程中经常抽查,尽最大可能减少回带长度。

(4)导管管靴与桩尖应结合紧密,防止淤泥进入导管内部,增大对塑料板的阻力,造成跟带。进入导管中的淤泥要及时清除。

(5)打设至设计深度后,可采取在导管上方开口处倒水及拉紧塑料板的方法减少塑料板与导管及与导管中淤泥的摩擦,减少跟带。

(6)打设塑料排水板时,不允许搭接。

(7)拔管带出的淤泥(包括管内清理出来的淤泥)要及时清除,保持砂砾垫层的清洁。

(8)塑料排水板顶部预留长度不小于50cm(砂砾垫层以上),打设完成后应及时弯贴埋设在砂砾垫层中,并采取保护措施。

(9)对已打设好的塑料排水板路段严禁跑车,防止塑料排水板破损。

(10)带刻度可测深式塑料排水板打设时,在板体剪断下套管之前,应连接板体中的两根金属丝,使其充分接触,形成回路。金属丝连接一般应采用焊接等方式,以确保连接质量;不得采用手工拧接方式。板体剪断后,应立即在板体外露端头标注施工流水号,及时记录刻度及流水号,根据前后流水号刻度计算板体长度。塑料排水板打设完成后,应立即用塑料排水板测深仪检测打设深度,施工单位应100%检查,监理单位随机抽检,抽检率为10%。可测深率必须保证达到85%以上。

(11)在施工现场每台塑料插板机必须有专人负责记录及管理,自检人员必须挂牌上岗。现场监理人员必须全过程旁站,专人负责,每位现场监理人员最多负责3台塑料插板机,且不应超过1km。塑料排水板施工记录应在施工当天由现场监理签字认可。

(12)现场监理应将每日施工米数、施工前塑料排水板卷数、施工完成后剩余卷数、进场卷数等予以记录,并每天进行总量校核。

3)水泥浆喷搅拌桩

(1)材料要求。浆喷桩所用水泥必须由施工单位采购,不得由施工班组自行采购。水泥的堆放必须符合防雨、防潮的要求,严禁使用过期、受潮、结块、变质的水泥。

(2)机械审批要求。浆喷桩施工机械必须配有可以控制桩身每米喷浆量的记录器,并能打印出每根桩每米的喷浆量记录,所有计量设备应为经省、市计量局鉴定合格的产品,以便使桩身每米喷浆量在施工过程中得到保证。记录器上的任何一个可操作的按钮和开关不得用于设定或操作时间、深度、喷浆量、桩位编号、复搅深度、复搅次数等参数,防止伪造施工记录。浆喷桩机机架或钻杆应做好明显标记,画上钻进刻度线,标写醒目的深度。钻头的磨损量不得大于1cm。

(3)浆喷桩施工前,监理工程师应先查看设计单位提供的地质资料,摸清软土的性质和深度。对不明地质或对设计地质资料有疑问时,应要求施工单位采用静力触探补探查明软土层的深度变化情况,使浆喷桩打设在相对硬层上。同时对含水率特别大、黏性重、含有机质的软土,应通过室内试验或试桩确定合理掺灰量。

(4)浆喷桩施工前,监理工程师应要求施工单位进行成桩工艺试验,试验结果经监理工程师批准同意后,方可进行大面积施工。试桩的目的如下:

①掌握满足设计喷浆量的各种技术参数,包括:输浆量、输浆速度、走浆时间、来浆时间、停浆时间、总的喷浆时间、钻进速度、转速、喷浆压力、搅拌轴提升速度;

②了解下钻及提升的阻力情况,并采取相应的措施;

③确定该地质条件下,符合质量要求的合理掺灰量(土质差、黏性重、含水率大时一般按两至三组掺灰量试桩,每组比设计掺灰量增加5kg,每组试桩一般为3根)。

(5)打设过程中,要确保竖直度,应用吊锤、水平尺等方法检测。

(6)浆喷桩开钻前,应用水清洗整个管道并检验管道中有无堵塞现象,待水排尽后方可下钻。

(7)储浆罐内的储浆量应不小于一根桩的用量加50kg,若储浆量小于上述重量时,不得进行下一根桩的施工。水泥浆水灰比应适中,一般为0.4~0.6,水灰比越小对桩身强度的形成越有利,但过小会使压浆泵压力过大,导致压浆管爆裂,必要时应掺加外加剂。压浆压力一般不得小于0.4MPa。

(8)浆喷桩机钻至设计桩底高程后,必须在桩底连续喷浆停留超过1min后,方可提钻喷浆上升。

(9)水泥与土搅拌均匀是影响浆喷桩加固效果的关键因素,施工时要严格掌握钻机提升速度、搅拌叶片旋转速度等。要求采用二喷四搅一停工艺,即:钻进、钻至桩底后慢档提升、喷浆(设计掺灰量的一半)、提升至停浆面、钻进(复搅)喷浆至桩底、停留喷浆1min、提升、搅拌至停浆面、移位。

(10)在现场每台钻机都必须设专人负责记录与管理,自检人员必须挂牌上岗。现场监理人员必须全过程旁站,专人负责,每位现场监理人员最多只可负责3台钻机,且距离不应超过1km。旁站过程中,应随时抽查钻机的水平度和垂直度、钻机的钻进深度、钻机的喷浆深度、停浆高程、重复搅拌深度、水灰比、泥浆相对密度、灰罐内的水泥加入量、剩余水泥量等,并做好相应检查记录。现场监理应及时收取电脑记录,并校核时间的连续性等。每天施工结束后,记录必须经现场监理检查合格后签字认可。

(11) 现场监理人员,应在每天施工结束后对施工现场水泥用量和电脑记录中的水泥用量加以统计、对比,并记录在当天的监理日志中。当两者误差大于5%时,必须查明原因后方可在电脑记录上签字认可。

(12) 现场监理人员,应核对前后左右的桩的深度和成桩时间,如果深度相差较大或相同深度的桩成桩时间相差很大,且无正当理由说明,则可认为是搅拌不匀或弄虚作假,并应立即指令施工单位采取补桩处理。

(13) 现场监理人员,应根据钻杆的提升速度、每台桩机的日工作数等,确定每日完成延米数和每根桩的施工时间。如果某台桩机完成的延米数超过规定值较多或某根桩记录器打印记录显示时间少于规定值较多,且无正当理由说明,则可认为是搅拌不匀或弄虚作假,应立即指令施工单位采取补桩处理。

(14) 浆喷桩取芯时,现场监理人员应全过程旁站。对取芯的桩,原则上做到按规定频率随机取样,分布均匀。取芯后发现问题(如未穿透软土层、部分断灰、喷浆不均匀等)应及时汇报处理。

(15) 浆喷桩施工完成,经检测合格后,桩头必须先用水泥土回填,养护一个月后方可进行路基填筑。桩顶60cm范围内应用含泥量不大于15%的宕渣填筑。

4) 粉体喷射搅拌桩

(1) 粉喷桩所用水泥必须由施工单位采购,不得由施工班组自行采购。水泥的堆放必须符合防雨、防潮的要求,严禁使用过期、受潮、结块、变质的水泥。

(2) 粉喷桩施工机械必须配有可以控制桩身每米喷粉量的记录器,并能打印出每根桩每米的喷粉量记录,所有计量设备应为经省、市计量局鉴定合格的产品,以便使桩身每米喷粉量在施工过程中得到保证。记录器上的任何一个可操作的按钮和开关不得用于设定或操作时间、深度、喷粉重量、桩位编号、复搅深度、复搅次数等参数,防止伪造施工记录。钻头的磨损量不得大于1cm。粉喷桩机机架或钻杆应做好明显标记,画上钻进刻度线,标写醒目的深度。

(3) 粉喷桩施工前,监理工程师应先查看设计单位提供的地质资料,摸清软土的性质和深度。对不明地质或对设计地质资料有疑问时,应要求施工单位采用静力触探补探查明软土层的深度变化情况,使粉喷桩打设在相对硬层上。同时对含水率特别大、黏性重、含有机质的软土应通过室内试验或试桩确定合理掺灰量。

(4) 粉喷桩施工前,监理工程师应要求施工单位进行成桩工艺试验,试验结果经监理工程师批准同意后,方可进行大面积的施工。试桩的目的如下。

① 提供满足设计喷粉量的各种操作参数,例如管道压力、灰罐压力、钻机提升速度、喷粉机转速等;

② 验证搅拌均匀程度及成桩直径;

③ 了解下钻及提升的阻力情况,并采取相应的措施;

④ 确定该地质条件下,符合质量要求的合理掺灰量(土质差、黏性重、含水率大时一般按两至三组掺灰量试桩,每组比设计掺灰量增加5kg,每组试桩一般为3根);

⑤ 确定进入持力层的判别方法。

(5) 打设过程中,要确保竖直度,应用吊锤、水平尺等方法检测。

(6) 粉喷桩应尽量打设至持力层,并进入持力层50cm左右。判别是否进入持力层的方法可由钻机钻到最深时的下钻速度和电流表的读数来判定,这两个参数在工艺试桩时由监理工程师确定。

(7)粉喷桩机钻至设计桩底高程后,必须在桩底预喷停留超过20s后,方可提钻喷粉。

(8)水泥与土搅拌均匀是影响粉喷桩加固效果的关键因素,施工时要严格掌握钻机提升速度、搅拌叶片旋转速度等。要求采用二次喷灰、二次复搅工艺,即:钻进、钻至桩底后慢速提升、喷灰(设计掺灰量的一半)、提升至停灰面、钻进(复搅)喷灰至桩底、提升、搅拌至停灰、移位。

(9)在现场每台钻机都必须设专人负责记录及管理,作为自检人员必须挂牌上岗。现场监理人员必须全过程旁站,专人负责,每位现场监理人员最多只可负责3台钻机,且距离不应超过1km。旁站过程中,应随时抽查钻机的水平度和垂直度、钻机的钻进深度、钻机的喷灰深度、停灰高程、重复搅拌深度、喷灰机的管道压力、灰罐压力、灰罐内的水泥加入量、剩余水泥量等,并做好相应检查记录。现场监理人员应及时收取电脑记录,并校核时间的连续性等,每天施工结束后,记录必须经现场监理检查合格后签字认可。

(10)现场监理人员应在每天施工结束后对施工现场水泥用量和电脑记录中的水泥用量加以统计、对比,并记录在当天的监理日志中。当两者误差大于5%时,必须查明原因后方可在电脑记录上签字认可。

(11)现场监理人员应核对前后左右的桩的深度和成桩时间,如果深度相差较大或相同深度的桩成桩时间相差很大,且无正当理由说明,则可认为是搅拌不匀或弄虚作假,应立即指令施工单位采取补桩处理。

(12)现场监理应根据钻杆的提升速度、每台桩机的日工作量等,确定每日完成延米数和每根桩的施工时间。如果某台桩机完成的延米数超过规定值较多或某根桩记录器打印记录显示时间少于规定值较多,且无正当理由说明,则可认为是搅拌不匀或弄虚作假,并应立即指令施工单位采取补桩处理。

(13)粉喷桩取芯时,现场监理人员应全过程旁站,对取芯的桩,原则上做到按规定频率随机取样,分布均匀。取芯后发现问题(如未穿透软土层、部分断灰、喷灰不均匀等)应及时要求处理。

(14)粉喷桩施工完成,经检测合格后,桩头必须先用水泥土回填,养护一个月后方可进行路基填筑。桩顶60cm范围内应用含泥量不大于15%的弃渣填筑。

5)真空预压

(1)密封膜宜为聚氯乙烯薄膜,厚度为0.12~0.17mm,其加工后形状必须与加固区一致,加工后的薄膜面积不得小于设计面积,密封膜每边长度应大于加固区相应边3~4m。薄膜加工可采用热合法,严禁有热穿、热合不紧等现象,不宜有交叉热合缝。在气温高的季节,加工完毕的密封膜应堆放在阴凉通风处,膜间适当撒放滑石粉,且堆放时间不宜过长,防止互相粘连。

(2)过滤管应埋于砂垫层中间,距泥面与砂垫层顶面的距离均应大于5cm。滤管周围必须用砂填实,严禁架空漏填。滤管埋设完毕后,应平整砂面,清除石块、瓦砾等杂物。铺设滤管的位置应按设计图纸放线定位。滤管可使用长约30~40cm的胶管连接,胶管套入滤管长度不得小于10cm,然后用铅丝绑紧,铅丝接头严禁朝上。滤管应用合适的滤水层包裹严实,避免抽气后杂物进入射流装置。

(3)监理工程师应分别测量塑料排水板打设前后以及真空预压前的地面高程,以确定预压前后发生的沉降量。

(4)密封沟的开挖应沿加固边界进行,其深度应低于地下水位,并切断透水层,内外坡应平滑无砂料存在。沟底宽度应在40cm以上,以保证密封膜与沟底黏土充分接触,满足密封要求。如果密封沟底或两侧有碎石或砂层等渗透性较好的夹层存在,应将夹层挖除干净,回填黏土,厚度与宽度不得小于40cm。密封沟回填料应为纯黏土,不含杂质,回填时应避免回填料直接撞击密封膜,以免击破漏气。筑堰的位置应跨密封沟的外沟沿,其土料应分层夯实或采用草袋装土搭垒。

(5)在铺膜前,应把出膜弯道与滤管连接好,并培实砂子,出口压盘与砂垫层表面应齐平,并放好下橡胶垫圈,铺膜完毕后,应沿出膜弯道口把膜剪开,然后放好橡胶垫圈及上压盘,其间抹匀黄油,最后应把两个螺母上紧。橡胶垫圈与膜间严禁有砂料存在。

(6)密封膜铺设时,应从上风向向下风向伸展,加固区四周余留量应基本一致。施工人员应穿软底鞋上膜,严禁穿钉鞋上膜。每铺一层,现场监理人员均应进行检查,若有孔洞,应要求施工单位及时黏补。在密封沟内侧应把膜铺平,薄膜过长时,可将其折于沟底,不可外铺于外侧坡上。

(7)射流泵在安装前应试运转一次,如果真空压力达不到0.09MPa,则应维修,直至达到要求。

(8)在覆水前,应进行试抽真空,同时现场监理人员应仔细检查每台射流泵的运转情况及薄膜的密封性,发现问题及时要求施工单位处理。试抽真空宜为7~10d,膜下真空压力应该达到0.08MPa,若低于此值即属不正常,应要求施工单位立即查找原因及时处理。

(9)试抽开始,监理工程师应进行真空压力、沉降量等参数观测。

(10)试抽达到要求后,可覆水转入正常抽真空阶段,持续时间应满足设计要求,设计无规定时可持续2~5个月。覆水厚度宜为20~40cm。覆水后,膜下真空压力应逐渐稳定,且应在0.08MPa以上。射流箱内应保持满水和低温,确保真空压力。冬季抽气应避免长时间停泵,防止管路因冰冻而阻塞。

(11)监理工程师应经常检查各项记录,发现异常情况,如膜内真空度小于0.08MPa等,应尽快分析原因并要求施工单位采取措施补救。

(12)当连续四昼夜实测地面沉降小于2mm/d,或地基固结度已达到设计要求85%时,经监理工程师验收,即可终止预压、停泵、卸载。卸载24小时后测量地表回弹。

6)薄壁筒桩

(1)施工前监理工程师应复核测量基线、水准基点及桩位。桩基轴线的定位点及施工地区附近所设的水准点应设置在不受桩基施工影响处。

(2)施工前监理工程师应要求施工单位进行沉孔、成桩试验(数量不得小于两根),以检验设备和工艺是否符合要求。试验结果经监理工程师批准同意后,方可进行大面积的施工。

(3)沉桩设备就位后,必须平整、稳固,确保在施工中不发生倾斜、移动。为准确控制沉桩深度,应在机架或桩管上标志醒目的深度标记。桩身必须垂直。

(4)打桩时,如邻近有建筑物或构造物,监理工程师应要求施工单位采取适当的隔振措施,如开挖减振沟等,或采用预钻进取土、高频振动锤。在邻近河岸或斜坡上打桩时,应观测对边坡的影响。

（5）一般情况下打桩顺序应按由中间向两边对称进行，并先施工长桩，后施工短桩。

（6）附近有桥梁桩基时，监理工程师应要求施工单位先施工薄壁筒桩，后施工桥梁钻孔桩。如桥梁钻孔桩已施工，则薄壁筒桩施工时，应由桥梁处向另一方向进行，且应采用跳排打和控制打桩速度等方法，并在桥梁桩基与薄壁筒桩间设置释放孔，防止振动与土体挤压影响钻孔桩。

（7）成孔器安装上端法兰或缩压夹持器时，必须控制底部套筒的环形空隙，要求精确测量内外套筒间的空隙并达到精度要求时（偏差小于5mm），才能固定上端法兰或缩压夹持器，确保壁厚的均匀性。

（8）桩管下端与预制桩尖接触处，应垫置缓冲、止水材料，如麻布、棉布等。浇筑混凝土前，应测量孔底有无渗水和淤泥挤入，当淤泥厚度大于20cm时，应拔出成孔器，重新下桩尖成孔；当渗水较多时，应用气泵抽吸；渗水较少时，可投入干水泥，再用空气吹混成浆；若遇桩端为渗透性较大的非黏性土层，桩尖沉入到该层前应预灌高度不小于1m的混凝土，以阻止渗水。

（9）沉孔时，如遇桩尖损坏或地下障碍物时，应及时将桩管拔出，待处理后，方可继续施工。

（10）应保证浇筑混凝土的质量，灌注时桩管内混凝土灌满后，先振动5~10s，再边振边拔，控制拔管速度均匀，桩管内应保持不小于2m高度的混凝土。最后出土的6m，拔管要求一次性连续拔出，中途不得停顿，拔管速度应适当放慢，采用微振动或不振动。一般拔管速度应为1.2~1.5m/min，不宜大于2m/min；遇特别软弱土层时，宜控制在1.0~1.2m/min。

（11）浇筑后的桩顶高程应高出设计高程至少50cm，多余部分应在盖板混凝土浇筑前凿除，桩头应无松散层。

（12）桩顶50cm范围内应用含泥量不大于15%的宕渣填筑。

7）Y形沉管灌注桩

（1）施工前，监理工程师应复核测量基线、水准基点及桩位。桩基轴线的定位点及施工地区附近所设的水准点应设置在不受桩基施工影响处。

（2）施工前，监理工程师应要求施工单位进行试桩（数量不得小于两根），以检验设备和工艺是否符合要求。试验结果经监理工程师批准同意后，方可进行大面积施工。

（3）沉桩设备就位后，必须平整、稳固，确保在施工中不发生倾斜、移动。为准确控制沉桩深度，应在机架或桩管上标志醒目的深度标记。桩身必须垂直。

（4）附近有桥梁桩基时，监理工程师应要求施工单位先施工沉管灌注桩，后施工桥梁钻孔桩。如桥梁钻孔桩已施工，则沉管灌注桩施工时，应由桥梁处向另一方向进行，且应采用跳排打、控制打桩速度等方法，并在桥梁桩基与沉管灌注桩间设置释放孔，防止振动与土体挤压影响钻孔桩。

（5）在沉管过程中，水或淤泥有可能进入桩管时，应在桩管内先灌入1.5m左右高度的封底混凝土，然后开始沉管。

（6）沉桩的控制深度应符合下列要求：对于摩擦桩，必须保证设计桩长，桩管入土深度的控制以高程为主，以贯入度为辅；对于端承桩，桩管入土深度的控制以贯入度为主，与设计提供的持力层高程相对照为辅。

(7)检查成孔质量合格后,应尽快灌注混凝土。在灌注过程中应用测锤测定混凝土的灌注高度,以检查灌注质量,灌注充盈系数不得小于1。

(8)拔管和灌注混凝土时,每次向桩管内灌注混凝土时应尽量多灌。用长桩管打短桩时,混凝土可一次灌足;打长桩时第一次灌入桩管的混凝土应尽量灌满。第一次拔管高度应控制在能容纳第二次所需要灌入的混凝土量为限,不宜拔得太高。在拔管过程中应设专人用测锤检查管内混凝土面的下降情况。

(9)桩管内灌入混凝土后,先振动5~10s,再开始拔管。应边振边拔,每拔0.5~1m,停拔振动5~10s。应控制拔管速度保持在1.0~1.2m/min,桩管埋入混凝土深度应大于1m。

(10)桩顶50cm范围内应用含泥量不大于15%的宕渣填筑。

8)预应力管桩

(1)管桩可以用锤击、静压等沉桩方式,不论采用何种方式,桩架均应平衡,桩身必须垂直。竖直度偏差不得超过1%。

(2)锤击沉桩应选用合适的桩锤,宜重锤轻击。应根据土质情况及单桩承载力、桩径、壁厚、打入深度等条件选用,并采用适当的桩垫等措施,以降低桩身的锤击应力。

(3)桩身、桩帽、送桩和锤击的桩锤应在同一中心线上,且桩锤与桩帽、桩帽与桩之间的弹性衬垫应及时检查、及时更换。

(4)每根桩应一次性连续沉至设计高程,停歇时间不宜过长。

(5)桩端头距地面1m左右,可进行接桩。接桩时,需用定位板将上下桩接直。焊接前,上下桩因施工误差等因素而出现的间隙应用厚薄适当的楔形铁片填实焊牢。

(6)焊接时,焊接钢板表面应保持清洁。

(7)接桩时上下节桩的中心线偏差不得大于5mm,节点弯曲失高不得大于桩段的0.1%。

(8)焊接时应采取措施,减少焊接变形,焊缝要求连续饱满,焊接后,应清除焊渣并检查焊缝的饱满程度。

(9)沉桩过程中遇到较难穿透的土层时,接桩应在桩尖穿过该层土后进行。

(10)对于满足沉入控制高程而不需要截桩的,可将托板连接筋与钢筋板圈焊接后,将桩顶直接埋入托板内。需要截桩的,在管桩截断后,将垫块下入管内,并把连接用钢筋笼插入桩内,用与托板同等级的混凝土浇筑。

(11)附近有桥梁桩基时,监理工程师应要求施工单位先施工管桩,后施工桥梁钻孔桩。如桥梁钻孔桩已施工,则管桩施工时,应由桥梁处向另一方向进行,且应采用跳排打、控制打桩速度等方法,并在桥梁桩基与管桩间设置释放孔,防止振动与土体挤压影响钻孔桩。

(12)桩顶50cm范围内应用含泥量不大于15%的弃渣填筑。

(13)管桩施工完成后,监理工程师应采用在管内吊锤检验深度是否符合要求,如达不到要求,应要求返工处理。

9)预压期及沉降与稳定观测

(1)软基路段路堤完工到路面铺筑之前,应有路基预压期,路基预压应按设计图纸规定进行。

(2)预压期内,施工单位应按要求进行沉降及稳定观测,路基沉降变形达到设计要求后,经监理工程师批准,方可卸载进行路面工程施工。

(3)施工单位应根据设计图纸和技术规范的要求埋设沉降板和位移边桩。位移边桩桩顶应预埋不易磨损且带有十字花的测头;位移边桩埋设的位置应符合设计图纸要求(根据经验,一般在距坡脚 3~5m 处位移最大)。测量时可测相对坐标。填土高度较高的沿河、沿塘的有滑移可能的危险路段,因沿河、塘侧无法埋设位移边桩,可在沿河、塘侧增设测斜管。

(4)沉降板应在地基处理完毕后埋置于基底原地面上。沉降板埋设时,现场监理人员应到现场查看并做好原始测量记录。

(5)沉降板应尽量保持竖直,倾斜度不应大于 1°。

(6)在施工过程中,对沉降板要采取标志醒目的标记等可靠的保护措施,不使其损坏和变形。沉降板四周 50cm 范围内必须采用细料填筑,并人工分层夯实。沉降板四周填筑应在此层弃渣摊铺前进行。

(7)应及时整理、分析沉降与稳定观测资料,用以指导施工。软土地基塑排板桩处理路段当路基填筑高度超过 2.5m 以上,浆喷桩、粉喷桩处理路段路堤填筑至 3.0m 以上时,应严格控制填筑速率,加强沉降与位移的观测。对观测资料及时整理与分析,当发现沉降或水平位移骤增或超过标准时,应加密观测次数,实行动态跟踪,及时报告有关部门,必要时采取有效的措施防止路基失稳。

(8)测量专业监理工程师应定期对施工单位的沉降与稳定观测进行复核。对主要路段或危险路段,要专人负责,及时复核施工单位的测量及上报的观测资料,分析原因,以指导施工。

(9)路基加载速度应控制为:路堤中心线地面沉降速率每昼夜不大于 10mm,坡脚水平位移速率每昼夜不大于 5mm。施工单位应将观测结果结合沉降和位移发展趋势进行综合分析,如超过此限应立即停止填筑。

4.路基排水工程

1)浆砌片石边沟、截水沟、排水沟

(1)石料应采用石质坚固、结构紧密、色泽均匀、不易风化、无裂纹的坚石或次坚石,不得用风化石和软石,强度等级不应低于 25MPa,厚度不得小于 15cm;卵形和薄片者不得使用。

(2)砂浆必须用砂浆搅拌机搅拌,且拌和时间不得少于 3min。不得采用人工拌和的方式。经拌和的砂浆应具有良好的和易性和流动性。砂浆应随拌随用,中途不得加水改变稠度。砂浆的种类和强度等级应符合设计要求,配合比应经过试验确定,并应经常根据集料含水率调整施工配合比;拌和机前必须挂黑板注明砂浆强度等级、理论配合比和施工配合比。砂浆所用砂,宜选用中砂或粗砂。砂的最大粒径,当砌筑片石时,不应超过 5mm;当砌筑块石、料石、混凝土预制块时,不应超过 2.5mm。拌和砂浆所用水应符合技术规范的有关要求,不得采用泥浆水、浅沟里的水和其他不符合要求的水。

(3)严禁在泥水中砌筑;石料表面应清洁,无泥土、水锈。

(4)严禁采用干砌勾缝形式砌筑,应采用坐浆砌筑。

(5)砌块应安放稳固,砌块间砂浆应饱满,黏结牢固,不得直接贴靠或脱空。砌筑时,底浆应铺满,竖缝砂浆应先在已砌石块侧面铺放一部分,然后于石块放好后铺满捣实。不得采用先铺一层石块再倒一层砂浆的方式砌筑。

(6)砌筑上层砌块时,应避免振动下层砌块。

(7)砌块之间缝宽不得大于 3cm。

(8) 砌体外露面应进行勾缝,并应在砌筑时靠外露面预留深约2cm的空缝备作勾缝之用。勾缝要求统一为3cm宽的凸缝。

(9) 压顶前应先精测高程,清除砌块上的灰尘及其他杂物;压顶时应拉线、立模。压顶应做到直线顺直,曲线圆滑,表面平整。

(10) 有预压要求路段,预压期未结束前不得进行边沟砌筑。

(11) 截水沟施工时,沟顶不能超过原地面。

(12) 设置施工便道时,应充分考虑到临时排水沟,特别是塑排板处理路段的临时排水沟应保持畅通。

(13) 沉降缝应上下贯通、整齐垂直、缝宽一致。

2) 混凝土预制块边沟、排水沟、截水沟

(1) 混凝土预制块应集中预制。预制时,应严格控制水灰比等,确保预制块颜色一致。预制块预制后,应及时养护,待强度达到设计要求时方可运输、铺砌,并要保证预制块运输、铺砌过程中不得破损。

(2) 预制块应无蜂窝,表面光洁、平整,棱角分明,尺寸、厚度与设计一致。

(3) 同一段落内颜色不一致的预制块必须调换。

(4) 砂浆必须用砂浆搅拌机搅拌,且拌和时间不得少于3min;不得采用人工拌和的方式。经拌和的砂浆应具有良好的和易性和流动性。砂浆应随拌随用,中途不得加水改变稠度。

(5) 砂浆所用砂,宜选用中砂或粗砂,砂的最大粒径,不应超过2.5mm。

(6) 拌和砂浆所用水应符合技术规范的有关要求,不得采用泥浆水、浅沟里的水和其他不符合要求的水。

(7) 严禁在泥水中砌筑预制块和浇筑砂浆或混凝土。

(8) 预制块砌筑时,应采用坐浆方式,并应拉线,确保边沟内、外侧表面平整。勾缝要求勾平缝,缝宽不得大于1cm。

(9) 压顶前应先精测高程,清除砌块上的灰尘及其他杂物;压顶时应拉线、立模。压顶应做到直线顺直,曲线圆滑,表面平整。

(10) 有预压要求路段,预压期未结束前不得进行边沟砌筑。

(11) 截水沟施工时,沟顶不能超过原地面。

(12) 沉降缝应上下贯通、整齐垂直、缝宽一致。

5. 防护工程

1) 浆砌片石、块石护面墙、锥坡、挡土墙、护坡

(1) 石料应采用石质坚固、结构紧密、色泽均匀、不易风化、无裂缝的坚石或次坚石,不得采用风化或软石,强度等级不应低于25MPa。片石:最小边应不小于15cm,次边应大于1.5倍最小边,大边应大于1.5倍次边。并应尽量采用较大石块,卵形和薄片者不得使用。块石:应尽量方正,最小厚度不应小于20cm,宽度不应小于厚度,长度不应小于宽度的1.5倍。用作镶面时,表面应加工修凿,外露面四周向内亦应稍加修凿。石料表面应清洁、无泥土、水锈。

(2) 砂浆必须用砂浆搅拌机搅拌,且拌和时间不得少于3min,并不得采用人工拌和。经拌和的砂浆应具有良好的和易性和流动性。砂浆应随拌随用,中途不得加水改变稠度。砂浆的种类和强度等级应符合设计要求,配合比应经过试验确定,并应经常根据集料含水量调整施工

配合比，拌和机前必须挂黑板注明砂浆强度等级、理论配合比和施工配合比。砂浆所用砂，宜用中砂或粗砂。砂的最大粒径，当砌筑片石时，不应超过5mm；当砌筑块石、料石、混凝土预制块时，不应超过2.5mm。拌和砂浆所用水，应符合技术规范的有关要求，不得采用泥浆水、浅沟里的水和其他不符合要求的水。

(3) 浆砌片(块)石应采用坐浆砌筑。各砌层的砌块应安放稳固，砌块间应砂浆饱满、黏结牢固，不得直接贴靠或脱空。砌筑时，底浆应铺满，竖缝砂浆应先在已砌石块侧面铺放一部分，然后于石块放好后填满捣实。严禁采用干砌勾缝形式砌筑，也不得采用先铺一层石块再倒一层砂浆方式砌筑。

(4) 砌筑时严禁二层皮，当中填石。

(5) 每一砌块至少有3个坚实支点，砌缝宽度不应大于3cm。

(6) 砌筑上层砌块时，应避免振动下层砌块。

(7) 各砌层应先砌外圈定位行列，然后砌筑里层，并应丁顺相间或二顺一丁排列，外层砌块与里层砌块交错连成一体。

(8) 砌体的外露面应进行勾缝，并应在砌筑时靠外露面预留深约2cm的空缝备作勾缝之用。勾缝要求统一为3cm宽的凸缝。

(9) 泄水孔一律采用ϕ60mm的PVC管，泄水孔外露面应凸出砌体外露面2cm，并用M7.5砂浆抹成直径16cm的圆形。泄水孔应穿透砌体，后面应设置反滤层；泄水孔应设置4%的纵坡以保证排出砌体后积水，不得出现外高里低的现象。外露泄水孔尺寸应符合图纸要求，不得出现泄水孔高低不一、间距不匀的现象。

(10) 沉降缝应做到缝宽一致、整齐垂直、上下贯通，特别是上下级防护工程沉降缝必须在一条线上。

(11) 护面墙施工时，必须按从下到上的顺序进行施工，防止出现滑坡。

(12) 路堑开挖时，应尽量避免超挖，超挖部分应在防护工程施工时用浆砌片石填实。

(13) 砌体必须达到砌体直顺，砌筑面平整美观，石块嵌挤紧密、牢固、无松动现象。

2) 框格防护

(1) 框格防护，规则部分可采用预制块，接头及不规则部分，可采用现浇混凝土。

(2) 混凝土预制块应集中预制。预制时，应严格控制水灰比等，确保预制块颜色一致。预制块预制后，应及时养护，待强度达到设计要求时方可运输、铺砌，并要保证预制块运输、铺砌过程中不得破损。

(3) 预制块应无蜂窝，表面光洁、平整，棱角分明，尺寸、厚度与设计一致。

(4) 现浇部分混凝土施工时必须立模，与预制块接头应平顺。

(5) 预制块施工时，应拉线，确保表面平整，坡率符合设计。

(6) 预制块之间应用砂浆填充，缝宽不得超过1cm。

(7) 襟边现浇施工时，应拉线、立模，做到曲线平滑、直线顺直、表面平整。

3) 喷射混凝土防护、喷浆防护、锚杆挂网喷射混凝土防护

(1) 在边坡进行喷射混凝土前，应清理防护岩面杂物，清除浮石及松动的岩石，并用高压水冲洗坡面，使岩面保持一定湿度。

(2) 喷射混凝土施工前，应埋设控制喷射混凝土厚度的标志，铺设钢筋网和铁丝网或土工

格栅。钢筋网和土工格栅应与锚杆联结牢固,其与岩面的间隙宜为30mm。

(3)喷射混凝土施工前应先确定喷射混凝土的施工工艺(干式、湿式)及混凝土的配合比、选择使用的喷射机具,报监理工程师批准。喷射混凝土前应先进行试喷、调整回弹量、确定混凝土的配合比及施工操作程序,经监理工程师认可后方可大面积施工。

(4)大面积喷浆,应沿路线方向每隔20~25m设置一道伸缩缝,缝宽20mm。

(5)喷射混凝土应分段、分片由下而上进行。作业开始时,应先送风,后开机,再给料;结束时,应待料喷完后,再关机。向喷射机供料时应连续均匀,机器正常运转时,料斗内应保持足够的存料。喷层厚度应均匀,符合图纸要求的厚度。

(6)喷射开始时,应减小喷头至受喷坡面的距离,并调节喷射角度,以保证铁丝网与岩面间混凝土的密实性。

(7)喷射时,应保持混凝土表面平整,呈湿润光泽,无干斑现象。

(8)喷射后,当采用普通硅酸盐水泥时,养护应不少于10天;当采用矿渣硅酸盐水泥或火山灰硅酸盐水泥时,养护不得少于14天,喷层周边与未防护坡面的衔接处应做好封闭处理。

(9)喷射混凝土的回弹物,不能收集起来放入下批配料中,以免影响喷射混凝土质量。

(10)下列情况应暂停喷射施工:

①雨天冲刷新喷射面上的水泥,造成混凝土脱落;

②气温低于+5℃;

③大风妨碍喷射手进行工作。

(11)锚杆施工中严格按照如下顺序进行:清理边坡、设置锚杆孔、清孔、注浆(深度大于3m锚杆,宜先插入锚杆然后注浆)、放入锚杆、安装端头垫板、进行其他坡面施工。

(12)锚杆注浆开始或中途停止超过30min时,应用水或稀水泥浆润滑注浆管。

(13)注浆时,注浆管应插入至距孔底50~100mm,随砂浆的注入缓慢匀速拔出。杆体插入后,若孔口无砂溢出,应及时补注。

(14)锚杆杆体插入孔内长度不应小于设计图纸规定95%,锚杆安装后,不得随意敲击,3天内不得悬挂重物。

(15)锚杆挂网防护每段工程应取代表性段落对锚杆进行抗拔试验,要求锚杆抗拔大于设计图纸规定,通过试验修正施工参数,指导大面积施工。

6. 台背回填

(1)桥台台背、箱涵、通道两侧、管涵、拱涵两侧及涵顶必须采用设计规定的砂砾、级配碎石或二灰填筑。

(2)每层层厚不得大于15cm,监理工程师应要求施工单位在台背后用醒目颜色画好线,注明层次,以便随时抽查。

(3)砂砾、级配碎石填料要有级配,不能用级配不佳、孔隙较多的弃渣代替砂砾等透水性材料回填。

(4)压路机压不到处必须采用小型机械夯压密实。

(5)二灰、级配碎石要求采用拌和机拌和。渗沟和泄水管应按设计图纸要求设置。

(6)台背回填应两侧对称进行,桥梁应先安装梁板,以避免台后填土产生不对称压力。

(7)采用肋式桥台时,应先施工桥头软基处理,经检验合格后,可进行桥台桩基、承台及台身施工,再填筑桥头路基及台后填筑,预压期结束后进行台帽施工;采用柱式桥台时,应先施工桥头软基处理,经检验合格后,对桥头路基进行填筑到位,待预压期结束后,再进行桥台桩基、台帽施工,最后二次开挖,进行台背回填。

(8)回填压实度或固体体积率要求达到:压实度97%以上,固体体积率88%以上。

二、路面工程

1. 路基交验

1)交验前基本要求

(1)上路床填料和挖方换填料必须采用透水性材料,最大粒径应小于10cm,且具有良好的级配,分层填筑厚度不大于20cm,路基顶层厚度不得小于10cm,严禁贴薄层施工。

(2)软土地基路段的月沉降量必须符合设计和规范要求(应保证连续2个月的月沉降量小于5mm,软基沉降必须由第三方进行监测),否则不得进行路基交验。

2)交验程序

(1)路基施工单位在自检合格的基础上,及时将复测结果上报监理单位,监理单位复核无误后,组织路基、路面施工单位进行路基交验工作。

(2)要求用自重18t以上的重型振动压路机或拖碾在路基上慢速全幅(振动)碾压一遍后方可进行路基交验。

(3)路基交验时,监理单位、路基和路面施工单位的技术负责人及设计代表必须同时参加。复测过程中发现的问题,应按规范要求处理到位。路基交验合格资料必须经路基施工单位、路面施工单位、监理单位三方当场书面确认,并及时归档。

(4)若路基、路面为同一施工单位,路基交验仍需按规定程序进行。施工单位在自检合格的基础上,将复测结果上报监理单位,由监理单位逐一检测,在检测结果符合设计及规范要求后,经双方书面确认,并将资料及时归档。

(5)路基交验完成后,必须报经市质监站抽检并认可合格后,方可开始路面施工。

3)交验内容及要求

路基交验分为两部分,第一部分为挖方和填方路基的交验,第二部分为桥梁(含通道等)的交验。

填、挖路基交验:

(1)线形和外形尺寸。线形控制应根据设计提供的导线点,在加密后用全站仪检测路基中桩是否偏位;对主线及主线渐变段、互通区匝道按每10m一处检测几何尺寸是否合格。

(2)纵面高程。严格控制路基顶面高程,水准点高程应闭合,精度必须满足规范要求。单幅路基每20m检测一个断面,每个断面每5m检测一处,主线渐变段、互通区匝道高程检测频率应加密。

(3)平整度、横坡。平整度用3m直尺按规范要求逐段检测;对填方路基、主线弯道路段、互通区匝道的横坡及边坡坡率应重点检测。

(4)弯沉值。弯沉检测前,应对全线路基进行一次全面检查,"弹簧"路段必须进行换填。凡是路基弯沉值超标的路段,必须由路基施工单位进行处理,经重新检测合格后方可交验。

(5)压实度。路面施工单位在检测路基压实度之前,要求独立做标准密度试验,并按规范及设计要求进行压实度检测。对压实度达不到要求的路段,要求路基施工单位进一步碾压,直至达到要求。质监机构在对路基进行交工检测时,也应独立做标准密度试验,以切实加强对路基压实度的控制。

(6)路基排水。要对路基排水系统设置情况进行检查,特别是对挖方路段及隧道进出口边沟深度、超高路段横向排水及中央分隔带排水情况进行重点检查,确保排水通畅。

(7)桥台台背填筑。台背填筑应采用透水性材料填筑,填筑与碾压要求同上路床。对于缺少透水性材料、压实困难的台背,应采用固化结合料进行填筑、碾压。

路面施工单位在填挖路基交验完成后,要对路基、路面排水系统的衔接进行检查,并提出建议,确保路面层间水顺利排除。

桥梁(含通道)交验:

桥梁(含通道)交验时,总体质量应符合设计及规范要求,并重点检查桥面系质量。

(1)平整度。用3m直尺检测,平整度达不到要求的部位,必须进行抛丸或打磨至合格为止。

(2)纵面高程。主要检测搭板及桥面的纵断高程。

(3)横坡。对水泥混凝土桥面的横坡,主线弯桥、互通区匝道桥应重点检测。

(4)水泥混凝土铺装层。铺装层厚度及混凝土强度应满足规范及设计要求。监理单位必须对桥面铺装裂缝情况进行逐跨步行检查,对长度超过50cm或宽度超过0.2mm的裂缝应进行取芯分析原因并进行相应处理(对浅表性的收缩裂缝,应进行环氧树脂灌缝处理,裂缝情况严重路段要求返工处理),对进行过返工处理的桥梁必须重新进行交验工作。桥面连续设置应满足规范和设计要求。

对铺装层混凝土表面要求进行抛丸处理,以确保与沥青面层联结成整体。

对不设水泥混凝土桥面铺装层的整体式连续箱梁,交验时应对桥面平整度、横坡、排水系统进行重点检查,达不到设计要求的需制订专题处理方案进行处理。顶板混凝土表面同样要求进行抛丸处理,以确保与沥青面层联结成整体。

(5)桥面排水。桥面排水系统应完善,铸铁管泄水孔顶高程应略低于水泥混凝土铺装层,超高路段中分带泄水孔应考虑排除沥青路面层间水,并注意靠近伸缩缝处的排水情况,不符合要求的应进行处理。交验过程中应加强桥面积水情况的检查。

(6)伸缩缝预留槽。应对伸缩缝预埋钢筋位置、间距、高度、数量、规格进行全面检查,及时将伸缩缝槽区部位及板缝内的杂物清理干净,在板缝内填塞泡沫板,铺垫1~2层土工布,以防止混凝土浆液渗入板缝。为防止因梁板伸缩造成混凝土起拱,槽区两侧也应垫泡沫板。泄水孔用土工布包裹碎石进行填实,伸缩缝预留槽及时用低等级的混凝土浇筑至水泥桥面同样高程,浇筑前原则上不得压弯预埋钢筋。

2. 底基层、基层

1)原材料要求

(1)水泥。普通硅酸盐水泥、矿渣硅酸盐水泥、火山灰质硅酸盐水泥都可用于拌制水泥稳定碎石混合料,宜采用R32.5的强度等级,快硬、早强和受潮变质水泥不得使用,水泥指标应符合要求,其中初凝时间不得小于3小时、终凝时间宜在6小时以上。

(2)碎石。宜采用反击式破碎机轧制的碎石,进场后按标化工地的要求分档堆放,并满足规范规定质量要求。

2)混合料组成设计审批监理要点

(1)为减少基(底)层裂缝,应做到三个限制:在满足设计强度的基础上限制水泥用量;在合成级配满足要求的同时限制细料、粉料用量(合成级配中小于0.075mm颗粒含量宜不大于3%);根据施工时气候条件限制用水量。

(2)在规定的水泥剂量范围内,强度如达不到设计要求,应采取调整级配和更换料源等措施,不得单纯采用提高水泥剂量的方法。设计水泥剂量如超出规定范围,必须报建设单位审批,并报备省交通运输厅路面督查组。

(3)生产配合比调试时,应根据施工时的气候条件,通过试验确定混合料拌制用水量。

3)施工一般要求

(1)底基层施工前,应进行路基质量检查,其质量应符合规范要求。

(2)为保证水泥稳定碎石基层边缘压实度,要求在基层边缘采用型钢模板支撑,且应有一定超宽(碾压到边缘30cm范围,以10cm/次向外推进)。

(3)下层基层施工结束至少7天并达到设计强度后,方可进行上层基层的施工。两层基层施工间隔不宜长于30天。

(4)施工时,应合理安排施工顺序和计划,同一路段路面左右幅施工时间尽可能错开,养生期间禁止通行车辆。养生完成的路段也应对施工车辆的通行进行控制。

(5)正常路段的底基层、基层每天应连接施工,尽量减少施工接缝,桥头施工要求一次成型。

(6)底基层表面高出设计高程部分应予刮除并将刮下的稳定碎石扫出路外;局部低于设计高程之处,不能进行贴补,必须将其挖除重铺。

4)下承层处理的监理要点

(1)每一层基层施工前,现场监理应检查下一结构层施工质量(高程、中线偏位、宽度、横坡度、平整度、反射裂缝、压实度、月沉降速率等),外观检查中,有松散、严重离析等路段,应要求施工单位进行返工处理。对于一般裂缝应要求施工单位作相应封闭处理,裂缝严重路段应要求施工单位作返工处理。

(2)清除下一结构层表面浮土、积水等,摊铺前将下承层表面洒水(或水泥浆)湿润。

(3)摊铺前要进行测量放样,根据松铺系数算出松铺厚度,决定控制线高度,挂好控制线。用于摊铺机摊铺厚度控制线钢丝的拉力应不小于800N。

5)混合料拌和的监理要点

(1)开始拌和前,拌和场的备料应至少能满足3~5天的摊铺用料。

(2)每天开始搅拌前,监理工程师应检查场内各处集料的含水量,并复核当天的施工配合比,外加水与天然含水量的总和宜比最佳含水量高1%左右。监理工程师应随时在线检查配比、含水量是否变化。高温季节作业时,早晚与中午的含水量会有区别,要按温度变化及时调整。

(3)每天开始搅拌之后,监理工程师应按规定取混合料试样检查级配和水泥剂量。

(4)拌和楼应配备带活门漏斗的料仓,成品混合料先装入料仓内,由漏斗出料装车运输。

装车时车辆应前后移动，分三次装料，避免混合料离析。出料不得采取自由跌落式的落地成堆、装载机装料运输的办法。

6) 混合料运输的监理要点

(1) 运输车辆在每天开工前，现场监理应检验其完好情况，装料前应将车厢清洗干净。运输车辆数量应满足拌和出料与摊铺需要，并略有富余。

(2) 应尽快将拌成的混合料运送到铺筑现场。车上的混合料应覆盖，减少水分损失。如运输车辆中途出现故障，必须立即以最短时间排除；当车内水泥稳定碎石混合料不能在水泥初凝时间内运到工地摊铺压实，必须予以废弃。

7) 混合料摊铺的监理要点

(1) 摊铺前现场监理应检查摊铺机各部分运转情况。

(2) 严格控制基层厚度和高程。基层最大压实度不宜大于25cm，当压实厚度大于25cm时应分二层摊铺。

(3) 摊铺机应连续摊铺。如拌和楼生产能力较小，宜采用最低速度摊铺，摊铺机不得停机待料。摊铺机的摊铺速度宜控制在2～3m/min。

(4) 基层路幅较宽时，应采用两台摊铺机梯队作业，并保证其速度、摊铺厚度、路拱厚度、振动频率等一致，两机摊铺接缝平整。

(5) 摊铺机的螺旋布料至少应有三分之二埋入混合料中。

(6) 摊铺机在安装、操作时应采取如降低布料器前挡板的离地高度等混合料防离析措施，摊铺机后应设专人消除离析现象，铲除局部粗集料"窝"，并用新拌混合料填补。

8) 混合料碾压的监理要点

(1) 每台摊铺机后面应紧跟双钢轮压路机、振动压路机和轮胎压路机进行碾压，一次碾压长度宜为50～80m。碾压段落应层次分明，设置明显的分界标志，有专人指挥。

(2) 碾压程序和碾压遍数应通过试验路段确定。碾压必须遵循试验路段确定的程序与工艺，驱动朝向摊铺方向，由路边向路中、先轻后重、低速行驶碾压的原则，避免出现推移、起皮和漏压的现象。压实时，遵循初压（遍数适中，压实度达到90%）→轻振动碾压→重振动碾压→终压的程序，压至无轮迹为止。注意初压要充分，振压不起浪、不推移。

(3) 压路机倒车应自然停车，无特殊情况，不许刹车；换挡要轻且平顺，不要拉到基层。在第一遍初步稳压时，倒车后应原路返回，换挡位置应在已压好的段落上，在未碾压的一头换挡倒车位置错开，要呈齿状；出现个别壅包时，应进行铲平处理。

(4) 压路机碾压时的速度，第1～2遍为1.5～1.7km/h，以后各遍应为1.8～2.2km/h。压路机需增设限速装置。

(5) 压路机停车要错开，相隔间距不小于3m，应停在已碾压好的路段上。

(6) 严禁压路机在刚完成的或正在碾压的路段上掉头和急刹车。

(7) 碾压宜在水泥初凝前及试验确定的延迟时间内完成，达到要求的压实度，同时没有明显的轮迹。

9) 横缝设置。水泥稳定碎石混合料摊铺时，应连续作业，如因故中断时间超过2小时，则应设横缝；每天收工之后，第二天开工的接头断面也要设置横缝；应特别注意桥头搭板前基层的碾压质量。

横缝应与路面车道中心线垂直设置,接缝断面应是竖向平面。其设置方法为:
(1)压路机碾压完毕,沿端头斜面开到下承层上停机。
(2)下一段落施工前应将压路机沿斜面开到已经施工的基层上,用3m直尺的点作为接缝处,定出基层,而离开3m直尺的点作为接缝位置,沿横向断面垂直挖除坡下部分混合料,清理干净后,摊铺机从接缝处起步碾压。
(3)压路机沿接缝横向碾压,由前一天压实层上逐渐推向新铺层,碾压完毕再纵向正常碾压。
碾压完毕,接缝处纵向平整度应符合规范规定。

10)养生及交通管制
(1)每一段碾压完成以后应立即进行质量检查,并开始养生。
(2)养生方法:是将透水无纺土工布湿润,然后人工覆盖在碾压完成的基层顶面,覆盖2h后,再用洒水车洒水。在养生期内应保持基层处于湿润状态。养生结束后,应将覆盖物清除干净。
(3)用洒水车洒水养生时,洒水车的喷头要用喷雾式,不得用高压式喷管,以免破坏基层结构。每天洒水次数应视气候而定,整个养生期间应始终保持基层表面湿润。
(4)半刚性基层(底基层)养生期不应少于7天。
(5)在养生期间应采取硬隔离措施封闭交通,严格禁止施工车辆通行。
(6)养护完成的半刚性基层(底基层)上禁止一切超载车辆通行,同时应采取措施避免车辆集中快速行驶,以保护基层(底基层)骨料不受破坏。

11)振动成型法
振动成型法是指采用振动成型压实机进行水泥稳定碎石基层铺筑,采用振动压实成型试件确定材料组成比例、最大干密度及最佳含水量,以及进行各项性能检测的水泥稳定碎石基层混合料设计施工方法。其原理是通过高频振动作用使材料产生液化达到压实的效果。振动成型法的主要特点如下:
(1)在保证强度的前提下,可降低水泥用量,既满足强度设计要求,又降低了工程造价。
(2)提高水泥稳定碎石基层的压实度,减少离析。
(3)显著减少水泥稳定碎石基层的裂缝。
振动成型法试验配合比步骤如下:
(1)包括水泥、碎石等原材料检测。各种碎石应分别进行分档筛分,集料一般应按5档堆放,碎石的组成比例和级配范围应满足表3-2的要求。

碎石的级配范围　　　　　表3-2

筛孔尺寸(mm)		31.5	19	9.5	4.75	2.36	0.6	0.075
通过率(%)	上限	100	85	54	35	26	15	5
	下限	100	75	42	25	16	8	0

(2)骨架密实级配的确定。根据原材料筛分结果,确定骨架密实结构级配范围,并确定目标级配。
(3)根据确定的振动参数,应用振动试验法分别确定半刚性材料的最佳含水率及最大干

密度。以振动压实试验确定的最大干密度作为现场压实度检测的标准。

（4）采用振动成型方法制备规定数量半刚性材料试件，在标准条件下养生6d，浸水24h后取出，测定无侧限抗压强度，确定最佳水泥剂量。采用振动试验成型的水泥稳定碎石混合料其技术性能应满足表3-3的要求。

混合料技术性能　　　　　　表3-3

项 目	设计强度（MPa）	设计水泥剂量（%）	
		最大	最小
底基层	≥4.0	3.5	2.5
基层	5.0~6.5	4.0	3.0

应按照浙江省《水泥稳定碎石基层振动成型法施工技术指南》进行水泥稳定碎石基层振动成型法施工。施工监理需在以下几方面加强控制：

（1）有效控制原材料的含水率才能有效控制混合料的含水率，施工控制时宜比最佳含水率大1%左右，效果最佳。为了控制拌和站混合料的含水率，在雨季施工时，拌和厂的细集料进行覆盖防雨，并及时检测原材料中的含水率，及时调整生产配合比。

（2）水泥稳定级配碎石施工从拌和开始至碾压结束的时间不允许超过水泥的初凝时间，所以拌和、运输、摊铺和碾压要紧密衔接。一旦发生机械故障，超过初凝时间的混合料要坚决弃除。

（3）在施工过程中及时检测压实度，压实度不足要及时进行补压，碾压完成后对压实度进行检测。

3. 下封层、黏层、桥面防水黏结层

1）下封层

（1）用自行式强力清刷机在基层养生期结束后即对基层顶面进行全面清扫。清扫后的基层顶面必须确保浮浆清除干净、集料外露。

（2）用强力清刷机清扫完成后，组织专人清扫表面的碎石，用空压机（或大功率森林灭火器）将基层表面浮灰吹净，必要时可采用高压水枪冲洗。

（3）现场监理应检查基层表面裂缝情况，裂缝严重的路段应要求施工单位对基层进行返工处理。裂缝不严重的路段，按下列原则处理：

①缝宽超过5mm的裂缝，应先用空压机吹净裂缝中的浮灰，再用改性乳化沥青进行灌注，最后粘贴专用防裂膜或贴铺玻纤土工格栅（或聚酯玻纤布）；

②缝宽小于5mm的裂缝可直接粘贴专用防裂膜或铺设玻纤土工格栅（或聚酯玻纤布）；

③玻纤土工格栅（或聚酯玻纤布）的铺设宽度应不小于1m，铺设前应先在基层表面喷洒改性乳化沥青，以保证黏结牢固，铺设后应采用U形钉加以固定。

（4）沥青表面处治：

①在保证基层表面洁净、裂缝处理完毕后，用智能型沥青洒布车喷洒改性乳化沥青，洒布行驶速度不宜过快，宜控制在2.5km/h之内。一般采用单层施工，纯沥青用量应采用0.9~1.0kg/m²，改性乳化沥青用量按所检测的沥青含量比例进行折算。在保证沥青洒布的均匀性，起步及终止时必须采取措施，避免喷量过多或过少，横向搭接处应调整好宽度，避免搭接处

喷量过多或漏洒现象。若局部过多或漏喷则应采用人工进行适当清除或补洒。

②每段改性乳化沥青喷洒后，立即用集料撒布机撒布集料，数量宜为 5~8m³/1000m²。撒布车应倒车撒布，车速不宜过快，在接头处撒布时宜提前开启撒布车，在改性乳化沥青未喷洒的接头处应提前关闭。对撒布不到位的区域应及时处理，确保撒布均匀。集料撒布全部在改性乳化沥青破乳之前完成。

③集料撒布后，应立即用轮胎压路机进行碾压 2~4 遍，碾压速度宜控制在 2.5km/h 左右，整个碾压过程应在改性乳化沥青破乳之前完成。

④洒布沥青和撒布集料应做到均匀，并用总量校核施工用量。

⑤碾压结束后应采取硬隔离封闭交通，7 天后方可允许车辆慢速通行（不得超过 20km/h），严禁在下封层上进行急制动或停车掉头。

(5)预拌沥青下封层施工

①在保证基层表面洁净、裂缝已处理完毕后，用智能型沥青洒布车喷洒道路石油沥青，洒布行驶速度不宜过快，宜控制在 2.5km/h 之内。应保证沥青洒布的均匀性和连续性，起步及终止时必须采取措施，避免喷量过多或过少，横向搭接处应调整好宽度，避免搭接处喷量过多或漏洒现象。若局部过多或漏喷则应采用人工进行适当清除或补洒。沥青喷洒以横向不流淌、有一定的厚度和油膜均匀为标准，不得出现空白、缺边现象，热沥青洒布量控制 0.7~1.0kg/m²，热沥青洒布温度宜为 135~165℃。如存在泛油现象，则必须进行返工处理。

②碎石的撒布是为了保护下封层的沥青膜免受临时交通的破坏，同时也为下步工艺提供很好的施工平台。碎石的粒径采用 4.75~9.5mm，预拌碎石的沥青用量控制在 0.4%~0.6%，预拌碎石出料温度宜为 160~170℃，碎石撒布温度不得低于 150℃。沥青洒布车与集料洒布车应联合作业，二者速度应相协调，均应洒布均匀，局部可用人工扫匀集料和嵌缝料。

③碎石撒布一段后，使用 6~8t 轻型胶轮压路机趁热将预拌碎石压入沥青层，从低往高进行，碾压速度不超过 2km/h，碾压 2~4 遍，并扫除多余松散颗粒。

2）黏层

(1)沥青路面下面层与中面层之间、中面层与上面层之间均应喷洒黏层沥青。

(2)喷洒黏层沥青前，应将下承层表面清扫干净，用空压机吹净浮灰。经雨后或用水清洗的下承层，水分必须蒸发干净、晒干，严禁在下承层未干透前施工。

(3)各面层之间黏层沥青喷洒数量折算成纯沥青为 0.2~0.3kg/m²，对于隔年施工的面层应取高限；不设防水层的桥面、通道表面和搭板的表面喷洒数量折算成纯沥青为 0.4~0.5kg/m²。

(4)应用智能型沥青洒布车喷洒改性乳化沥青，洒布车应有良好的计量设施，确保均匀地按规定数量实施喷洒。

(5)为防止黏层沥青发生粘轮现象，沥青面层上的黏层沥青应在面层施工 2~4 天前洒布，确保改性乳化沥青破乳完成后再行施工。在此期间应做好交通管制，禁止任何车辆行驶。

3）桥面防水黏结层

(1)在防水层施工前必须对桥面进行抛丸处理，抛丸施工后桥面应做到集料外露，有较好的粗糙度。

(2)改性乳化沥青防水黏结层

①改性乳化沥青的用量为包括稀释剂和水分在内的乳化沥青总量。表面喷洒数量折算成

纯沥青用量按 0.4~0.5kg/m² 进行控制（改性乳化沥青中的蒸发残留物含量以50%为基准，施工时应根据所检测的蒸发残留物含量进行调整）。

②桥面防水黏结层应采用智能型沥青洒布车喷洒，选择适宜的喷嘴，保持洒布速度和喷洒量的稳定。喷洒的改性乳化沥青必须呈均匀雾状，喷洒后不能有漏洒和堆积现象。喷洒时应做好对桥梁内外侧护栏的保护工作，避免污染桥梁结构。

③严禁运料车以外的其他车辆和行人通行，确保桥面防水黏结层不受污染。

(3) 聚合物改性沥青防水黏结层

①对桥梁泄水孔及阴角位置进行人工喷涂处理，然后用智能型沥青洒布车喷涂第一遍防水涂料，第一遍喷涂用量应大于总用量的一半。

②检查第一遍喷涂质量，如发现有流淌堆积情况的应用人工处理，待第一遍涂料干燥后（聚合物改性沥青需8小时以上），用沥青智能洒布车进行第二遍喷涂，要求做到喷涂均匀，表面不流淌，无堆积现象。

③及时做好交通管制工作，喷涂结束24h以上并经检查防水层完全干燥后，方可进行沥青混凝土施工，禁止车辆在已施工好的防水层上掉头和急制动。在沥青混凝土面层施工之前，防水层如有破损情况应及时修复。

4. 沥青混凝土面层

1) 材料要求

(1) 沥青。沥青下面层采用优质道路70号A级道路石油进口沥青，中上面层采用优质SBS改性沥青。

(2) 面层集料必须遵照省厅《关于加强我省高速公路沥青路面面层石料质量管理的通知》（浙交〔2006〕54号）精神，即外购面层集料时，必须到已通过省厅考核合格的石料生产企业处购买。施工单位自行加工集料也必须符合有关规定。

(3) 粗集料。应采用石质坚硬、清洁、不含风化颗粒、近立方体颗粒的碎石。中下面层宜采用石灰岩等碱性石料，上面层采用玄武岩、辉绿岩等满足上面层指标要求的碎石。面层碎石必须采用反击式破碎机，以及规定的除尘、整形加工工艺进行轧制，以严格控制细长扁平颗粒含量和含泥量，确保粗集料的质量。集料与沥青的黏附性必须满足规范要求，未掺加抗剥落剂之前粗集料与沥青的黏附性应原则上不低于4级，黏附性低于4级时必须经过省厅路面督查组批准。

(4) 细集料。采用坚硬、清洁、干燥、无风化、无杂质并有适当级配的0~2.36mm机制砂，优先选用石灰岩石质，当条件限制时可选玄武岩、辉绿岩等其他基性岩质，不得选用酸性岩质，也不能采用山场的下脚料。

(5) 填料。宜采用石灰岩等碱性石料经磨细得到的矿粉。矿粉必须干燥、清洁，质量应满足规范及设计要求。进场填料按要求进行检验。拌和楼回收的粉料不能用于拌制沥青混合料。

(6) 面层集料建议进行如下分档：

①面层（五档）：0~2.36mm、2.36~4.75mm、4.75~13.2mm、13.2~26.5mm、26.5~31.5mm。

②面层（四档）：0~2.36mm、2.36~4.75mm、4.75~13.2mm、13.2~26.5mm。

③面层(四档):0~2.36mm、2.36~4.75mm、4.75~9.5mm、9.5~16mm。
2)拌和

(1)拌和前应根据目标配合比的用量来控制冷料仓的转速比,并进行试拌,保证冷热料供料平衡、溢料少、不混仓。

(2)沥青混合料的矿料级配应符合生产配合比的要求。

(3)混合料沥青用量。控制在生产配合比油石比±0.3%。

(4)严格掌握沥青和集料的加热温度以及沥青混合料的出厂温度。每天最初几盘集料应提高加热温度,并干拌几锅集料废弃,再正式加沥青拌和混合料。拌和时集料温度应比沥青温度高10~15℃,热混合料成品在储料仓储存后,其温度下降不应超过10℃。沥青混合料的施工温度通过试验和参照表3-4、表3-5确定。

普通沥青混合料的施工温度   表3-4

沥青加热温度(℃)		160~170
混合料出厂温度(℃)		正常范围150~165 超过190者废弃
混合料运输到现场温度(℃)		不低于145
摊铺温度(℃)	正常施工	不低于135
	低温施工	不低于150
开始碾压混合料内部温度(℃)	正常施工	不低于130
	低温施工	不低于145
碾压终了表面温度(℃)	钢轮压路机	不低于70

改性沥青混合料的施工温度   表3-5

改性沥青加热温度(℃)	165~175
混合料出厂温度(℃)	正常范围170~185 超过190者废弃
混合料运输到现场温度(℃)	不低于165
摊铺温度(℃)	不低于160
初压开始温度(℃)	不低于150
复压最低温度(℃)	不低于130
碾压终了表面温度(℃)	不低于90

(5)拌和楼控制室要逐盘打印沥青及各种矿料的用量和拌和温度,监理工程师应定期对拌和楼的计量和测温进行校核(沥青计量设备的标定每月不少于两次)。没有材料用量和温度自动记录装置的拌和楼不得使用。

(6)拌和时间由试拌确定。间歇式拌和楼每盘的生产周期普通沥青混合料不宜少于45s(其中干拌时间不少于5~10s),改性沥青混合料的拌和时间不宜少于60s(其中干拌不少于10s)。沥青混合料拌和应调整沥青、矿料添加的延迟时间,确保沥青先与集料接触,添加沥青中途才开始添加矿粉,使所有集料颗粒全部裹覆沥青结合料,并确保沥青混合料的拌和均匀。

(7)拌和场拌制的混合料应均匀一致、无花白料、无结团块或严重的粗细料分离现象,不符合要求不得使用。

(8)每台拌和楼每天上午、下午监理工程师应各取一组混合料试样做压实试验(Superpave混合料做旋转压实试验)、马歇尔试验和抽提筛分试验,检验油石比、矿料级配和沥青混凝土的物理力学性质。每周应检验1~2次残留稳定度。

油石比与设计值的允许误差为 -0.1% ~ +0.2%。

矿料级配与生产设计标准级配的允许差值:

0.075mm　　±2%
≤2.36mm　　±4%
≥4.75mm　　±5%

(9)混合料不得在储料仓中长时间储存,以不发生沥青析漏为度。普通沥青混合料的储存时间不得超过10h,改性沥青混合料不得超过5h。SMA混合料只限当天使用。储存过程中混合料温降不得大于10℃。

(10)每天结束后,监理工程师应用拌和楼打印的各料数量,进行总量控制。以各仓用量及各仓筛分结果,在线抽查矿料级配;计算平均施工级配和油石比,与设计结果进行校核;以每天产量计算平均厚度,与路面设计厚度进行校核。根据上述检测数据和混合料马歇尔试验及抽提筛分试验结果,及时进行合理调整。

3)运输

(1)采用插入式数字显示热电偶温度计检测沥青混合料的出厂温度和运到现场的温度,插入深度要大于150mm。在运料车侧面中部设专用检测孔,孔口距车厢底面约300mm。

(2)拌和楼向运料车放料时,汽车应前后移动进行分层装料,移动次数尽可能多,并至少移动3次,以减少粗集料的分离现象。

(3)应采取在摊铺机输送螺旋的前挡板下部加设柔性挡板;运料车增加尾侧挡板,并多级顶升卸料;摊铺机喂料斗翼板慢速合拢等措施,以有效减少离析,确保摊铺均匀性。

(4)沥青混合料运输车的运量应较拌和能力和摊铺速度有所富余,摊铺机前方应有5辆运料车等候卸料。运料车尾部应加焊侧板,减少卸料时离析现象发生。运料车每次卸料必须倒净,尤其对改性沥青或SMA混合料,如有剩余,应及时清除,防止硬结。

(5)运料车应有良好的篷布覆盖设施,卸料过程中继续覆盖直到卸料结束取走篷布,以便保温或避免污染环境。

(6)连续摊铺过程中,运料车在摊铺机前10~30cm处停住,不得撞击摊铺机。卸料过程中运料车应挂空挡,靠摊铺机推动前进。

4)摊铺

(1)摊铺前必须将工作面清扫干净,如用水冲,必须晒干后才能进行摊铺作业。

(2)混合料必须采用机械摊铺机,在摊铺前现场监理应检查确认下层的质量,质量不合格时,不得进行铺筑作业。摊铺机应调整到最佳状态,使铺面均匀一致,尽量减少离析现象。

(3)摊铺机的摊铺速度应调节至与供料、压实速度相平衡,保证连续不断地均衡摊铺,中间尽量不停顿。摊铺速度按2~4m/min予以调整,做到缓慢、均匀、不间断地摊铺。切忌以快速摊铺几分钟,再停下来等下一车料。

(4)重交通AH-70沥青混合料摊铺温度宜大于140℃,混合料温度在运料车卸料到摊铺机上时测量。

(5)用机械摊铺的混合料,未压实前施工人员不得进入踩踏。如局部离析,需在现场质检人员指导下,允许用人工补料或更换混合料;缺陷较严重时应予铲除,并调整摊铺机或改进摊铺工艺。

(6)进行作业的摊铺机必须具有自动调节厚度及找平的装置,必须具有振动熨平板或振动夯等初步压实装置。下面层摊铺厚度采用钢丝引导的高程控制方式,中面层采用移动式自动找平基准装置控制摊铺厚度。

(7)摊铺机应调整到最佳工作状态,调好螺旋布料器两端的自动料位器,并使料门开度、链板送料器的速度和螺旋布料器的转速相匹配。螺旋布料器的料置以略高于螺旋布料器 2/3 为度,使熨平板的挡板前混合料的高度在全宽范围内保持一致,避免摊铺层出现离析现象。

(8)检测松铺厚度是否符合规定,以便随时进行调整。摊前熨平板应预热至规定温度。摊铺机熨平板必须拼接紧密,不许存有缝隙,防止卡入粒料将铺面拉出条痕。

(9)摊铺遇雨时,立即停止施工,并清除未压实成型的混合料。遭受雨淋的混合料应废弃,不得卸入摊铺机摊铺。

5)碾压

(1)沥青混合料的压实是保证沥青面层质量的重要环节,应通过试验段选择合理的压路机组合及碾压步骤。

(2)混合料的压实按初压、复压和终压三阶段进行。为保证压实度和平整度,初压应在混合料不产生推移、开裂等情况下尽量在摊铺后较高温度下进行。改性沥青 SMA 混合料的初压、复压宜用钢轮振动压路机碾压,碾压应遵循紧跟、慢压、高频、低幅、少水的原则进行;混合料摊铺后必须紧跟着在尽可能高温状态下开始碾压,不得等候;不得在低温状态下反复碾压,防止磨掉石料棱角、压碎石料,破坏石料嵌挤。碾压温度应符合规范要求。必须有足够数量的压路机,初压和复压均不宜少于两台。碾压段的长度初压控制在 20~30m,复压及终压为 50~80m 为宜。

(3)SMA 混合料严禁使用轮胎式压路机进行碾压。

(4)压路机应以缓慢而均匀的速度碾压,压路机的适宜碾压速度随初压、复压、终压及压路机的类型而别,并应做到和摊铺速度协调。

(5)为了防止混合料粘轮,可在钢轮表面均匀洒水使轮子保持潮湿,水中掺少量的清洗剂或其他隔离材料,对胶轮可采用菜油用毛刷刷胶轮,严禁过量洒水引起混合料温度骤降。

(6)压路机静压时相邻碾压带应重叠 1/3~1/2 轮宽,要将驱动轮面对摊铺机方向,防止混合料产生推移。

(7)SMA 混合料路面应严格控制碾压遍数,在压实度达到马歇尔密度的 98% 以上,或者路面现场空隙率不大于 6% 后,不再作过度碾压;如碾压过程中发现有玛蹄脂上浮或石料压碎、棱角明显磨损等过碾压的现象,应停止碾压。

(8)为避免碾压时混合料推挤产生壅包现象,碾压时应将驱动轮朝向摊铺机;碾压路线及方向不应突然改变;压路机起动、停止必须减速缓行,不准制动。

(9)在当天碾压的尚未冷却的沥青混凝土层面上,不得停放压路机或其他车辆,并防止矿料、油料和杂物散落在沥青层面上。

(10) 现场监理应对松铺厚度、碾压顺序、压路机组合、碾压遍数、碾压速度及碾压温度等经常检查，使面层做到既不漏压也不超压。

(11) 压实完成 12h 后，方能允许施工车辆通行。

6) 接缝处理

(1) 纵向施工缝。采用两台摊铺机呈梯队联合摊铺方式的纵向接缝，应采用斜接缝。在前部已摊铺混合料部分留下 10~20cm 宽暂不碾压作为后高程基准面，并有 5~10cm 左右的摊铺层重叠，以热接缝形式在最后作跨接缝碾压以消缝迹。如果两台摊铺机相隔距离较短，也可做一次碾压。上下层纵缝应错开 15cm 以上，且应尽量避开车道轮迹带。

(2) 横向施工缝。全部采用平接缝，用 3m 直尺沿纵向位置，在摊铺段端部的直尺呈悬臂状，以摊铺层与直尺脱离接触处定出接缝位置，用锯缝机割齐后铲除；继续摊铺时，应将摊铺层锯切时留下的灰浆擦洗干净，涂上少量黏层沥青，摊铺机熨平板从接缝处起步摊铺，摊铺前熨平板应提前 0.5~1h 预热至不低于 100℃，并将原压实部位进行预热甚至软化；碾压时用钢筒式压路机进行横向压实，从先铺路面上跨缝逐渐移向新铺面层，以每次 20cm 宽度为宜，直至全部在新铺面上为止。改为纵向碾压时，不要在横接缝上垂直碾压，以免引起新旧层错台。碾压完毕后要对平整度作专门测量，如不符合及时处理，确保接缝平整。相邻两幅及上下层的横向接缝均宜错位 1m 以上。

(3) 路面表面层横向施工缝应远离桥梁伸缩缝 20m 以上，不许设在伸缩缝处，以确保伸缩缝两边路面表面的平顺。

7) 养护及交通管制

(1) 路面面层施工完成，应等路面温度下降到 50℃ 后方可开放交通，改性沥青路面要求施工 2~3 天后才能开放交通。

(2) 对已完成的沥青路面，路面施工单位应经常进行巡查，雨后要求对各参建单位上高速公路的施工车辆，必须进行轮胎干净程度的检查，发现问题应进行清洗后才允许上路。

(3) 建设单位和监理单位要督促绿化、机电、交通安全设施等单位合理安排工序，尽可能避免与路面特别是面层交叉施工，并采取积极有效措施，避免在施工过程中对沥青路面产生柴油污染、水泥浆污染、黄泥污染等。路面层间污染是沥青路面施工的大忌，各参建单位对此都要引起高度重视，加强协调，严格管理，杜绝污染。

(4) 已施作的沥青面层上禁止一切超载车辆通行，以保护面层不出现早期破损。

5. 伸缩缝

(1) 伸缩装置产品必须有产品合格证，并经监理工程师验收合格后才能安装。

(2) 伸缩装置必须锚固牢靠，不能松动，伸缩性能必须有效。

(3) 所有产品在任何时候都应按照生产厂家推荐的方法装卸、放置、装配和安装。

(4) 当气温在 5℃ 以下时，不得进行橡胶伸缩装置的施工。

(5) 沥青混凝土铺装应在伸缩装置安装前完成，且不为伸缩装置预留位置，而在安装伸缩装置前，切割先前铺设的沥青混凝土铺装所占的伸缩装置的位置。

(6) 伸缩装置的牌号、型号应符合图纸规定。安装伸缩装置时，上部构造端部的空隙宽度及伸缩装置的安装预定宽度，均应与安装温度相适应，并应遵照图纸规定。伸缩装置的安装，应在伸缩装置制造商提供的夹具控制(将伸缩装置预制)下进行。伸缩装置一般应在 5~20℃

的温度范围内安装。当伸缩装置的安装温度不同于图纸规定时,各项安装参数应予调整。

(7)伸缩装置的安装需满足制造商的有关要求。伸缩装置下面或背面的混凝土应密实,不留气泡,预埋件位置应准确。安装完成后的伸缩装置应与桥面铺装接合平整。

(8)伸缩缝必须伸出防撞护栏外侧至少2cm。

(9)标线施工中,应采取措施,避免热熔涂料滴在橡胶密封条上。

三、桥涵工程

1. 一般要求

1)标化工地要求

(1)预制场内主要作业区、场内道路等应做硬化处理,排水设施完善。场内管线应统一敷设,严禁乱拉乱设。处于软基地区的预制场,构件预制区、构件存放区应对软基进行有效处理,避免出现不均匀沉降。

(2)砂石等材料堆放场地需作硬化处理,不同规格的砂石材料应分隔堆放,钢材、波纹管、水泥不得露天堆放。材料堆放处应设置标识牌,注明材料的品名、规格、产地、自检人员、自检时间、自检结果、监理抽检人员、抽检时间、监理工程师是否同意使用等内容。

(3)钢筋加工区应搭设防雨棚,避免露天施工。

(4)钢筋骨架应在专用的钢筋骨架定位架上进行加工,确保骨架定位准确。

(5)保护层垫块应进行专项配合比设计,并用专用的模具进行加工,确保垫块的尺寸和强度。使用塑料垫块时,应按有关要求进行检验并经监理批准。

(6)预制场建设完成后,施工、检测设施标定合格后,由监理单位组织审查验收。

2)模板

(1)所有外露结构物均应采用大块整体钢模(或复合材料整体模板),钢板厚度不小于5mm,不得使用木模板和小块模板,确保混凝土构件外表平整、光洁,轮廓线条直顺清晰。

(2)模板的接缝应进行严格的处理,要保证做到结合紧密,模板板面平整,不漏浆,保证混凝土外露面美观、线条流畅。立柱模板横缝焊接后要打磨光洁,混凝土立柱面只能有两条竖缝痕迹;盖梁侧面不允许有横向缝痕迹。

(3)模板必须具有足够的强度、刚度和稳定性,能可靠地承受施工过程中可能产生的各项负荷,保证结构物各部位形状、尺寸准确。模板安装时应尽量少用对拉螺栓,使结构物表面无孔洞。如用对拉螺栓时,应外套塑料管,以便脱模后即可抽拔出螺栓,及时修补孔洞,保证混凝土外观。

(4)模板安装完毕后,监理工程师应对平面位置、顶部高程、接缝等进行仔细检查。

(5)浇筑混凝土时,应有专人看管检查模板,发现模板变形有超过允许偏差的可能性时,应及时纠正。

(6)模板不能与脚手架发生联系,以免脚手架的振动和摇动引起模板变形移位。

(7)模板应经常进行整修,模板使用后应去除表面黏附的水泥浆等。模板使用前应进行除锈处理,立模时间较长时,混凝土浇筑前应进行再次除锈工作。

(8)脱模剂应由专人负责涂刷,用量应少,现油光即可,以免油多下流,造成下层混凝土局部颜色较黑,并应注意不能污染钢筋和混凝土的施工缝处。擦油后,应注意保持模板干净,防止灰尘等黏附在表面使混凝土外观变黑和表面不光滑。

(9)严禁使用废机油、塑料薄膜、油毛毡等材料代替脱模剂,以免影响混凝土构件的外表质量。脱模剂最好采用食用色拉油。

(10)混凝土构件的拆模时间必须严格按规范要求执行,不得提早拆模,拆模时密切注意不要损伤混凝土构件的外观。

(11)不承重的侧模,应在混凝土强度能保证混凝土表面及棱角不损坏的情况下(一般在混凝土抗压强度达到2.5MPa时)方可拆除。

(12)承重模板,应在混凝土强度能承受自重时方可拆除。

3)钢筋堆放

(1)钢筋必须按不同钢种、等级、牌号、规格及生产厂家分批验收,分别堆存,不得混杂,并应设立标牌标示,以利于检查和使用。

(2)钢筋应存放于棚中,垫高并加盖,不得直接堆放在地上。应尽量避免钢筋锈蚀和遭泥浆污染。

4)钢筋焊接

(1)焊条的性能应符合低碳钢和低合金钢电焊条标准的有关规定。

(2)焊接或绑扎接头应设置在内力较小处,并错开布置。

(3)钢筋接头采用搭接电弧焊时,两钢筋搭接端部应预先折向一侧,使两接合钢筋轴线一致。

(4)钢筋焊接药皮应随焊随敲。电弧焊焊缝表面应平整,不得有较大凹陷、焊瘤,接头处不得有裂纹、气孔,夹渣的数量和大小不得超过规范要求。

(5)电焊工必须有上岗证书或考试合格证书。

5)混凝土拌制

(1)所有结构混凝土必须在集中拌和场采用有自动计量设备的拌和站拌和,用混凝土搅拌输送车运至工地现场,泵送入模。

(2)拌和场内砂石料堆放场地应用混凝土硬化,不同规格料应用砖墙等严格分开,并标明材料规格与产地等。

(3)水泥混凝土开始拌和前,监理工程师应检测砂石料的含水率,并复核签认施工配合比。要求在拌和机前挂一黑板,上面注明:拌制混凝土名称和等级、砂和石料含水率、理论配合比、施工配合比(即每拌各种材料用量)、日期。集料含水率应经常检测,雨天施工时应增加检测次数,以保证水灰比和砂石料用量的精确度。

(4)严格控制混凝土的施工配合比,砂石料必须严格过磅,不得用体积法计量。

(5)已初凝的混凝土不得使用。

(6)严禁中途加水或用其他办法改变混凝土的稠度。

(7)浇注时应检查混凝土的坍落度,坍落度不在规定范围内的混凝土不得使用。

(8)混凝土拌和机的生产能力必须与相应混凝土构件的数量相符,以免因拌和设备生产能力不足、混凝土浇筑时间过长,造成上下层混凝土工作缝明显,影响混凝土外观。

6)混凝土浇捣

(1)混凝土自高处落下的高度不得超过2m,超过2m时应采用导管或溜槽,以防止混凝土离析。

(2)模板内混凝土应用人工扒平,厚度控制为30cm一层,并把滚到模板边的粗颗粒扒到中间,严禁用振动棒振动拖平。

(3)振捣时间不宜过长,以防离析。对每一振动部位,必须振到该部位混凝土密实为止。密实的标志是混凝土停止下沉,不再冒出气泡、表面平坦、呈现薄层水泥浆。振捣时间宜控制在20s内。

(4)插入式振捣器应尽量避免碰撞钢筋、模板或预埋件,更不得放在钢筋上。

(5)模板角落及振捣器不能达到的地方,应辅以插钎插捣,以保证混凝土表面平滑和密实。

(6)振捣时要加强控制,一层振实后再进行第二层混凝土施工,不得漏振,以免产生蜂窝、麻面和气泡。为使上下层混凝土成为整体,避免形成接缝,浇筑上层时插入式振捣器应伸入到下层一定深度(5~10cm)。

(7)精心组织、合理安排分层浇筑的顺序,严格控制混凝土分层振捣浇筑的间隔时间不大于混凝土的初凝时间,以消除混凝土分层明显和色泽不一的外观质量问题。

(8)混凝土构件浇筑完成,待表面定浆后必须进行第二次抹浆(即收浆抹面),以防表面出现裂缝。

7)养护

(1)养护的开始时间,对于一般塑性混凝土,应在浇筑后12h以内,对于干硬性混凝土,应在浇筑在1~2h以内。养护持续时间不得少于14昼夜。

(2)养护期间,前24h内每隔2h洒水养护一次,24h后每隔4h洒水养护一次,同时要注意天气情况,始终保持混凝土构件呈湿润状态。

(3)养护时一般要求覆盖,但应注意避免覆盖物褪色污染混凝土构件表面,同时还应注意养护用水,不能用泥浆水或有颜色的水进行养护,以免影响混凝土的外观色泽。

(4)当气温低于5℃时,应覆盖保温,不得向混凝土表面洒水。

(5)梁板等要求采用自动喷淋养护,立柱、盖梁等要求在最高点设置水桶滴水养生。

2. 钻孔灌注桩

(1)护筒内的泥浆顶面应始终高出筒外水面或地下水位至少1.0m。

(2)泥浆池应有足够的容量,并应尽量增加泥浆流经的长度,确保钻渣充分沉淀。

(3)钻孔时,施工人员应详细做好地质情况变化记录,并根据不同地质情况,采用相应对策,避免出现缩颈、坍孔等现象。

(4)应尽量采用抽浆法清孔,提高清孔质量,减少孔底沉淀厚度,摩擦桩孔底沉淀厚度不得大于20cm,支承桩孔底沉淀厚度不得大于3cm。

(5)清孔完成后现场监理应检测泥浆性能指标。

(6)灌注混凝土时,导管应有足够的密封性和坚固性,底节长不得小于4.0m,不得设法兰等。

(7)首批混凝土灌注量必须满足导管埋深不小于1.0m的要求。开始浇灌后应连续不断地进行,并尽量缩短灌注时间,使整个灌注工作在首批混凝土仍具有塑性的时间内完成。

(8)导管在混凝土内的埋置深度应控制在2.0~4.0m,最大埋深一般不大于6m,最小埋深不得小于2m。

(9) 钻孔桩最后10m混凝土浇筑时,应保证导管顶端比孔内水位至少高出4~6m以上。

(10) 不得用升降导管的方法使混凝土下落。

(11) 探测钻孔深度和混凝土面的测锤宜为平底、圆锥形,重量不小于4kg。钻孔桩孔底高程检测时,测锤应置于1/4桩径处。

(12) 成孔后必须采用检孔器、径检仪等方式进行检测。

(13) 有预压要求的柱式桥台钻孔桩,必须采用不卸载挖孔与钻孔相配合的方法施工,以尽可能延长预压时间,消除桥头跳车的现象。

3. 预制混凝土梁(小箱梁、空心板梁)

(1) 空心板(小箱梁)底模与侧模必须采用整体钢模,并注意钢板拼接缝处的打光,不得在水泥混凝土底模或砂浆底模上直接浇筑板梁(小箱梁)。底模钢板厚度不得小于5mm,并应铺设固定在混凝土底模上,不得搁置在按一定间距设置的枕木上。非预应力梁板应按设计要求在底模上设置预拱,预应力梁板(小箱梁)应按设计要求在底模上设置反拱,以避免出现板梁板中部下沉现象和保证混凝土铺装层的厚度。

(2) 端模应与侧模、底模紧密贴合,并与孔道轴线垂直,特别是预埋的锚垫板一定要与孔道轴线垂直。

(3) 模板应安装顺直、稳固,浇筑过程中,应有专人看管、检查模板,防止出现模板位移变形而使板梁(小箱梁)出现波浪形。

(4) 空心板梁(小箱梁)的芯模要有一定的刚度,且定位要准确、牢固,确保空心板梁(小箱梁)顶板、底板和侧板的厚度。为防止漏浆,可在芯模接缝处钉铁皮或用厚塑料膜包裹。一般要求采用钢芯模。

(5) 对未设底模附着式振动器的空心板梁(小箱梁)预制,必须先浇筑底板混凝土,后放芯模,同时应加快立芯模和浇筑速度,以免底板与腹板工作缝明显,确保底板混凝土内在质量和外观质量。

(6) 锚垫板后应按设计要求设置螺旋筋和网片,必要时应加密增设局部防裂钢筋。螺旋筋应与锚垫板(焊)连接。

(7) 预应力梁板锚固处钢筋密集,局部应力较大,可用细集料混凝土浇筑。施工时,可用附着振动器和插钎插捣配合插入式振捣器,保证锚下混凝土振捣密实。

(8) 混凝土浇筑完成后应立即用木抹子将顶面抹平并把表面泌水排除,待表面定浆后再抹第二遍(即收浆抹面),以防表面出现裂缝。最后顶面应进行拉毛处理。

(9) 空心板(小箱梁)施工时,伸缩缝预埋筋、支座预埋筋、泄水管(孔)、护栏、铰缝预埋筋等预埋件不得遗漏,并应埋设准确。

(10) 桥面连续范围内空心板顶面必须压平、抹光。

(11) 预应力空心板(小箱梁)张拉时按龄期不少于15天、强度不小于90%设计强度双控(或按设计图纸要求)。张拉必须在与空心板同条件养护下的试压块强度符合要求后方可进行,即预应力空心板(小箱梁)应比规定要求多做一组试压块。张拉应对称、均匀进行,要求两边张拉,采用"双控"标准控制。

(12) 对于预应力混凝土板梁,张拉时为了防止因板梁起拱致使梁端底局部受压使混凝土破裂,在变截面处可用软式底模代替,或在施加预应力前将变截面处的底模抽除。对于预应力混凝土斜板梁,为了防止钢束张拉致使板端底部锐角处混凝土局部破裂,斜板端底模可用软式底模代替,或在施加预应力前将斜板端的底模抽除。

(13)张拉机具应由专人使用和管理,使用前应先对千斤顶进行标定,并应经常维护,按规定进行定期校验(一般为使用不超过6个月或200次,校验标定必须由有资质的单位进行)。

(14)钢绞线应在张拉前穿入预应力孔道,不可在浇筑混凝土时即穿入预应力孔道而致钢绞线生锈。

(15)钢绞线的切割必须用高速研磨切割轮、摩擦锯,不得用火焰、电弧焊切割。锚固后的截留长度不得小于3cm。

(16)预应力孔道压浆时,先用水将孔道冲洗干净,并检查压浆孔和出气孔是否有堵塞现象。压浆顺序应为先压下孔道,后压上孔道,并将比较集中和邻近的孔道一次压完,以免孔道串浆。压浆端的水泥浆压力不得小于0.7MPa,出气孔应待水泥浆外溢且无气泡时堵塞。要求采用二次压浆,两次压浆时间间隔宜为30~45min。

(17)封端混凝土浇筑必须做到形状规则、尺寸精确,严格控制垂直度、板长及斜交桥梁的交角。

(18)每块梁板板端应用红漆书写:①梁板号;②浇筑日期;③张拉日期;④压浆日期;⑤板长、宽、高(实测值);⑥上拱度。

(19)预应力筋理论伸长量一般由施工单位计算,监理工程师、设计代表认可(预应力筋的弹性模量应由试验确定)。张拉时,实际伸长值与理论伸长值差应控制在6%以内,否则应暂停张拉,待查明原因并采取措施加以调整后,方可继续张拉。

(20)后张法预应力钢绞线的张拉步骤如表3-6。

表3-6

钢绞线束	对于夹片式等具有自锚性能的锚具	普通松弛力筋 $0\to$初应力$\to 1.03\sigma_{con}$(锚固) 低松弛力筋 $0\to$初应力$\to\sigma_{con}$(持荷2mim 锚固)
	其他锚具	$0\to$初应力$\to 1.05\sigma_{con}$(持荷2mim)$\to\sigma_{con}$(锚固)

注:σ_0 值应根据设计图纸的要求采用10%σ_{con}。σ_{con}为张拉时的控制应力,控制应力应加上锚圈口预应力损失(其值应在施工时测定或由厂家提供,约为3%σ_{con})。张拉时,应即时做好各阶段的检查、量测与记录。

(21)预应力板梁(小箱梁)张拉完成后,应测量上拱度值,并要求在张拉后第二天日出前再测一次上拱度值。为控制每一孔预应力板梁(小箱梁)上拱度基本一致,要求每一孔板梁(小箱梁)张拉的时间每天基本一致。

(22)为有效控制梁板(小箱梁)的上拱度差异,减小梁板安装后的相邻板间高差,在施工时应加强对梁板施工工艺的控制。要求严格控制好每拌混凝土的配合比,减少混凝土的离散性;严格控制预应力张拉时间,实行强度和龄期双控;严格控制预应力孔道坐标及张拉工艺。

(23)空心板先简支后连续现浇混凝土强度达到100%设计强度后,才能张拉预应力连续束。

(24)小箱梁各现浇连续接头的浇筑气温应基本相同,温差应控制在5℃以内,并宜在一天气温最低时施工。

(25)小箱梁正弯矩区预应力张拉按龄期不少于20天、强度不小于90%设计强度双控(或按设计图纸要求)。

(26)在日气温最低时,浇筑小箱梁连续接头、中横梁及其两侧与负弯矩束同长度范围内的桥面板,混凝土强度达到设计强度的95%后(或按设计图纸要求),张拉负弯矩预应力束。

(27)从箱梁预制到浇筑完横向湿接缝的时间不宜超过3个月(或按设计图纸要求),所有新、老混凝土接合面均应严格凿毛处理。

(28)预制场内板梁预制区内应用混凝土硬化,并设置合理的排水设施,确保场地内不积水。各区域划分要合理,主要道路应用混凝土硬化。

4. 下部结构(墩、台身、立柱、盖梁)

(1)立柱模板横缝焊接后要打磨光洁,立柱表面只能有两条竖缝痕迹。

(2)桩与立柱、立柱与盖梁及系梁的接缝必须平顺光洁,立柱模板分块接缝和分节接缝处要确保不漏浆,不出现错台。

(3)浇筑立柱混凝土时,如混凝土下落高度超过2m,必须使用串筒、溜槽等设备,防止混凝土发生离析现象。

(4)一根立柱原则上要求一次浇筑完成。当立柱较高、不能一次浇完时,可以分两次浇筑,但必须严格按工作缝处理,且工作缝应设置在距地高6m以上。

(5)盖梁模板必须使用大块整体钢模板,侧面不允许有横向缝痕迹(即不允许因模板高度不够而在上部加高)。挡块模板应和盖梁模板连成一体。

(6)立柱、盖梁应振捣密实,表面应平整光滑,纹理、颜色一致,无气泡、蜂窝、麻面现象。

(7)立柱施工时应重点注意混凝土的坍落度,避免发生漏振和过振,造成立柱表面气孔较多或酥皮现象。盖梁施工应重点注意分层浇筑的顺序和分层时间间隔,防止上下层混凝土工作缝明显。

(8)设置止挡块必须与边梁有一定间隙,间隙大小应符合设计要求。

5. 预制混凝土梁(小箱梁、空心板梁)安装

(1)要求采用专用架桥机或贝雷片导梁安装预制梁,小桥、通道桥可用汽吊,严禁采用滚垫子绞运等土办法。

(2)在梁板安装时,为减小相邻梁板间的相对高差,应对梁板的上拱度作出统计,并对每块梁板的安装位置作出具体规划。

(3)板梁安装时,应避免碰撞损坏,如破损严重,应作报废处理。

(4)板端伸缩(连续)缝严禁出现过宽或顶牢(即无缝)现象,如出现上述现象,必须重新吊出返工(即重新封头),斜交板应保证板端斜交交角与设计一致。

(5)板梁安装前应先在墩、台帽上标出支座位置,并复测4个支座的高程是否符合设计要求,如高程有差异,应先处理好后再安装。

(6)支座处混凝土表面应平整、清洁,以保证支座整个面积上的压力均匀。

(7)四氟板支座四氟板面应朝上,上盖不锈钢板,再与板底预埋钢板黏结。不按上述要求安装,需经监理工程师书面批准。

(8)所有橡胶支座和四氟板支座底部必须按施工图的要求与墩台顶面黏结。

(9)如安装时个别支座处高程偏低,允许采用钢板衬垫,但有如下要求:

①钢板每边尺寸需大于支座尺寸3cm以上;

②每个支座下钢板只允许垫一块钢板,不允许用两块以上钢板叠加调整,严禁使用油毛

毡、橡胶板、木板等材料垫高支座;

③钢板应作防锈处理,并应用环氧树脂与盖梁顶面和支座底面黏结。

(10)一块板梁安装好后,施工单位自检人员和现场监理人员必须对每块支座进行勾拉检查,防止出现支座脱空现象,确保支座安装密贴。

(11)支座顶面的杂物(包括下落的铰缝砂浆等)必须及时清理。

(12)梁板安装完毕并整体化后,在尚未浇筑桥面混凝土前,汽车和筑路机械不得通过。

6. 悬臂浇筑连续箱梁

(1)悬臂浇筑所用挂篮到场组装完毕后,监理工程师应进行全面检查,并要求施工单位进行预压,以实测挂篮受施工荷载引起的弹性变形和检验挂篮的承载力和稳定性。

(2)挂篮悬浇前,测量专业监理工程师应对梁段的中线、高程、节段设计高度和挂篮各部位变形量进行仔细检查与复核。待浇节段挂篮模板的施工高程,应根据已浇筑节段的高程调整值、待浇节段的设计高程及计划施工预拱度、挂篮预计变形值等因素计算确定或由设计单位提供。

(3)挂篮悬浇施工过程中,监理工程师应严格督促作业人员遵守平衡对称的原则,悬臂浇筑节段应对称、平衡施工,实际不平衡偏差不得大于设计允许值,挂篮移动也应对称进行,移动到位后,应及时锚固,前吊杆、后锚杆的锚固力应调试均匀。前端限位装置应设置牢固,挂篮尾部必须设置制动装置。

(4)混凝土浇筑时,监理工程师应进行旁站监理,检查已浇筑节段接茬面是否进行了凿毛、清理、充分湿润;节段是否在最初浇筑的混凝土初凝前一次全断面浇筑完成;检查振捣工艺是否规范,不得有漏振现象(振捣棒应每层标记插入长度等);监督施工单位监测挂篮的高程变化情况,发现超出允许偏差及时进行调整。

(5)箱梁混凝土强度达到80%设计强度后才能张拉预应力束。张拉采用张拉力和伸长量双控制,并以张拉力控制为主。中跨连续束和全桥通长束要纵横向对称张拉,先长束后短束。

(6)施工过程中,当钢筋与管道相碰时,或预埋件与管道位置相矛盾时,必须保证管道和预埋件位置的正确。位置相矛盾时,只能移动钢筋,不得切断钢筋;若挂篮下限位器、斜拉杆等部件位置影响下一步操作,必须切断钢筋时,应待该工序完工后,将切断的钢筋连接好再补孔。

(7)如竖向预应力钢筋张拉端在桥面板上,埋置张拉用锚杯(锚垫板)时,必须严格按设计高程埋设,原则是宁低勿高。张拉完毕螺母后截留长度不得小于2.5cm,且不得伸入桥面铺装层中。

(8)纵向预应力管道随着箱梁施工进展将逐节加长,管道定位要准确牢固,接头处不得有毛刺、卷边、折角等现象。接口要封严,不得漏浆。浇筑混凝土时,管道可内衬硬塑料管(外径略小于波纹管道),以防管道被压瘪,混凝土浇筑完成后拔出。管道的定位钢筋应用短钢筋做成井字形,并与箱梁钢筋网架固定牢固,间距应为0.5~0.8m,以防混凝土振捣过程中管道上浮。混凝土浇筑后应及时通孔、清孔,发现阻塞及时处理。

(9)竖向预应力管道下端要封严,防止漏浆,上端应封闭,防止水和杂物进入管道。

(10)合龙段混凝土浇筑时间应选在日温差较小的阴天或一天中温度最低的时候,最好在凌晨前完成,但气温不宜低于0℃。

(11)为使合龙段高程符合设计要求,并能使相邻节段顺接,合龙前应对相邻两个节段的中线及各节段的高程进行测量,调整中线,并视高程情况,通过在适当位置采用压重或千斤顶顶升的办法,将高程调整到符合设计要求。

(12)合龙段应采用微膨胀混凝土浇筑,强度宜较主体提高一个等级。合龙段混凝土浇筑完成后应加强保湿养生,并应将合龙段及两悬臂部进行覆盖,降低日照温差的影响。

(13)施工时应在挂篮上设风雨篷,避免混凝土因日晒雨淋而影响质量。冬季施工应备保温设施。

(14)施工结束后,箱梁内应清理干净。

7. 桥面系

1)桥面铺装

(1)梁板安装完成后,桥面铺装施工前,监理工程师应对板顶高程进行测量,如不能保证铺装层厚度的,应要求施工单位进行调整。如系梁板上拱度的原因,铺装层厚度小于8cm时,应提请设计单位进行钢筋网加密加粗处理。

(2)桥面铺装施工前,现场监理人员应对桥面进行检查,梁板顶面的浮浆等凿除干净,必要时应对板顶进行凿毛处理,尽量露出石子,确保混凝土结合良好;负弯矩段、齿板、湿接头处的振捣不密实及破损处应凿除,如齿板过高的,应凿除表面混凝土。

(3)负弯矩段齿板应在凿毛清洗后先于桥面铺装施工前用C50混凝土填平。

(4)桥面铺装施工前,应将桥面彻底冲洗干净,要求人工结合高压水枪冲洗,确保表面无浮浆、杂物、油污等。混凝土施工前应对梁板进行充分的湿润。

(5)铰缝钢筋搭接后要求点焊。钢筋弯折时,要求在下面衬垫厚度不小于4.5cm的方木,确保各弯起筋距板顶高度一致。

(6)桥面铺装钢筋网(非焊接网),要求点焊固定点不少于2/3,并保证在浇筑过程中不松散、移位。

(7)钢筋网保护层厚度的控制主要由在板中增植短钢筋来控制。

(8)为严格控制桥面铺装的平整度与高程,建议在桥面两侧铺设临时滑道控制(滑道宜采用槽钢,沿桥梁纵向按一定间隔用膨胀螺栓将槽钢与桥面固定,高度利用螺栓来调整)。

(9)两侧及端部模板处可采用外堵水泥砂浆的办法,但砂浆不得侵占桥面混凝土截面。

(10)混凝土施工时,上料要求采用泵车或输送泵或吊车。

(11)大桥宜使用三辊轴提浆机组等大型设备,中小桥可使用振捣梁配合滚杠的方式。

(12)施工时要注意混凝土卸落方式,防止影响钢筋网;严禁扬锹摊铺,严禁机械直接在钢筋网上行走,人员应在工作平台上作业,不得直接踩踏钢筋网。

(13)抹面时,人员不得站在混凝土面上,要求在抹面机后人工用木抹子找平2~3遍,边抹边用3m直尺纵横向校核平整度,在混凝土初凝前20min左右用铁抹子压实抹光。

(14)收浆抹面完成后,混凝土表面要拉毛,尽量将表面的浮浆全部刷去。

(15)特大桥、大桥桥面铺装应整幅施工,中小桥桥面铺装原则上应整幅施工,如不得不分两幅浇筑时,纵缝宜留在梁板的中心线上,并且不得留在车道轮迹带处。第二幅施工时,应将纵接缝处砂浆、杂物等凿除,将接缝凿成垂直面,凿毛并洒水充分湿润,混凝土浇筑后,接缝处要两次抹面、收浆,精心施工,加强两次浇筑混凝土的有效结合。

(16)施工时间上要错开大风、雨天的天气,夏季要错开中午炎热时间;拉毛后要立即覆盖养生,养生期7天,期间要做到全覆盖、全湿润。

(17)桥面铺装施工完成14天之内,必须进行交通管制,不得在上面行驶任何机械。

(18)伸缩缝处应清理干净,并用泡沫板填塞密实,待桥面铺装达到一定强度后在伸缩缝范围内用低强度素混凝土浇封,待沥青混凝土桥面铺装完成后再切割、开挖安装伸缩缝。

(19)严禁在已浇筑的桥面上拌制砂浆、混凝土。

(20)加强原材料控制,尤其要注意控制集料的含泥量。

2)混凝土防撞护栏

(1)为防止混凝土护栏不规则裂缝产生,应每隔约5m左右割一假缝,缝宽约3mm,深约3cm,要求上下顺直、贯通。

(2)护栏顶面、边线应顺直、圆滑,立模时应严格控制好尺寸与高程。

(3)应做到精心施工,防止混凝土外观缺陷,如泄水管处漏浆造成蜂窝,斜面上气泡较多,模板接缝、护栏与板接缝明显等。

(4)伸缩缝应上下垂直贯通,并与桥面伸缩缝对齐。

(5)护栏钢管预埋件位置应准确,确保护栏钢管顶面、侧面平顺,与线形保持一致。

(6)挡板埋设位置应准确,上下垂直,并应避免此处混凝土出现不规则破裂。

(7)混凝土护栏一般要求在混凝土桥面铺装层完成后浇筑。

3)铰缝

(1)浇筑铰缝混凝土前,必须清除结合面上的浮皮,表面凿毛并用水冲洗干净。

(2)铰缝施工时,应先灌注砂浆填密板缝,严禁用水泥袋等杂物填塞,砂浆必须进行插捣,保证填缝密实,再浇筑小石子混凝土,并用振捣器振捣密实。砂浆灌缝后,应在铰缝中灌水养护。灌缝应保证密实、不漏水,如板底铰缝处有漏水现象,应及时用压注水泥浆等办法处理。

(3)板底一律勾3cm宽凸缝。

(4)预应力空心板板端铰缝必须用砂浆灌实。

(5)灌缝后,墩、台顶面的砂浆必须及时清理干净。

(6)铰缝钢筋必须按设计图纸要求进行施工,不允许采取在混凝土浇筑后再插入钢筋的施工方式;钢筋的搭接长度等必须满足设计的要求。

4)泄水管

(1)泄水管底面应比桥面水泥混凝土铺装层低3~5mm,不得高出混凝土铺装层,以便排除沥青铺装层下积水。设置纵向盲沟的,泄水管底面应比盲沟底面低3~5mm。

(2)边板梁预制时应根据设计要求预留泄水孔。

(3)曲线超高段一侧泄水管设置在内侧护栏处。

(4)一座桥泄水管外露长度、倾斜角度应一致,并保持和路线线形一致。

(5)上跨航道、主线上跨或上跨主线桥泄水管流水应集中用管路接引至被交路外。

8. 涵洞工程

(1)涵洞施工放样后,监理工程师与施工单位应结合实地对涵洞的功能进行确认,对于过水涵洞要实测进出口原地面高程,与设计涵洞进出口高程进行比较,确保流水顺畅;对于通道,应确保涵洞与既有道路中心要一致。

(2)基础开挖较深时(≥2m),要考虑基坑的放坡,必要时进行支护。开挖过程中,基坑有水的,要设置积水坑及时将渗水排除。基坑开挖后监理工程师应及时进行基底承载力的检查与确认,并及时请设计代表确认,合格后尽快进入下一工序,防止基坑暴露时间过长。

(3)基础与涵身必须按设计分段长度设置沉降缝,并按要求填塞填充物。沉降缝勾缝采用平凹缝。为确保沉降缝的位置准确,跨度大于等于3m的涵洞分节间隔浇注混凝土。涵洞的沉降缝必须垂直于结构中线。

(4)箱形通道(涵洞)分底板、墙身顶板两次浇筑完成,施工时应注意钢筋搭接焊质量;混凝土浇筑时,要注意保护钢筋,防止钢筋骨架发生位移及变形;施工缝要凿毛清理干净,在下次混凝土浇注前铺一层厚10~20mm水胶比为1∶2的水泥砂浆。

(5)箱形通道(涵洞)涵身浇筑时,要水平分层对称施工,每层厚度不大于30cm,防止对内模造成偏压;浇筑过程中要有施工质检人员负责振捣作业,杜绝漏捣、过捣情况发生。

(6)过水的圆管涵要严格控制管节接头质量,严格按设计要求进行接头的封闭。

(7)斜交涵洞要注意洞口的放样。

(8)拆模后的混凝土要安排专人采取覆盖保湿养护方式进行养护。

(9)防水层要铺设平整、顺畅,沥青涂刷饱满、均匀。进行涵背过渡段填筑时,按照涵路过渡段填料要求施工,施工时要注意保护防水层。

(10)基坑和涵背填筑级配碎石,施工时画线分层对称进行夯填,涵身两侧1m范围内的填筑不得用大型机械施工,宜采用人工配合小型机械的方法夯填密实;填筑过程中及时进行试验检测,确保填筑压实度。

(11)涵顶填土超过0.5m后方可通行大型机械。

(12)涵洞施工完成后,进出口的改沟、改渠、改路要根据实地情况与既有沟、渠、路接顺。

四、隧道工程(新奥法)

1. 洞口

(1)隧道进洞尽量不要破坏和扰动原始边仰坡,严禁对边坡进行大开挖。

(2)监理工程师应要求施工单位先期处治不良地质边坡,排除边坡危险源。

(3)监理工程师应要求施工单位先期完成洞口排水(截水沟)工程施工。

(4)开工前监理工程师应对隧道导线及高程控制点进行复核测量,要求施工单位对洞口等浅埋地段(覆盖层厚度<毛洞2倍净跨)的地表进行布点监控量测,其布点范围应满足监控要求。

(5)监理工程师应加强隧道进洞超前支护(大管棚、超前小导管)旁站与检查,重点检查钢管壁厚、放样(注意沉降量的预留)、间距、角度、浆液配比、注浆压力、注浆设施。

(6)监理工程师应检查开挖是否符合"超前支护、台阶开挖、短进尺、弱爆破、强支护、勤量测"的原则,检查初期支护施工质量,检查地表下沉、收敛、拱顶下沉量数据是否异常,随时检查地表变形、开裂情况。

2. 洞身开挖

(1)测量专业监理工程师应监督检查洞内控制网的定期复核,对成果进行认可。

(2)监理工程师应检查施工单位是否按照相应围岩级别的爆破设计参数进行施工。

(3)隧道掘进应视实际地质条件选择适宜的开挖方式,浅埋地段、Ⅴ级围岩地段及需强支护的Ⅳ级围岩地段严禁全断面开挖。监理工程师应检查不同围岩级别、不同断面的开挖是否按施工方案实施,开挖是否安全;检查施工单位在出渣前是否清理了松动的危石。

(4)隧道地质围岩类别与设计不符时应及时与地质勘察部门和设计单位联系,围岩类别的变更应经地质勘察部门和设计单位认可。

(5)隧道开挖后,施工单位应采用全断面仪,对隧道内轮廓进行检测,掌握超欠挖的具体桩号、位置、范围、尺寸,用油漆进行标识,并及时安排处理,监理工程师应进行抽检,督促施工单位及时进行处理。

(6)监理工程师应检查紧急停车带、横通道是否按设计及时开挖。

(7)隧道开挖必须采用机械通风,监理工程师应检查通风方案是否适当。通风机械的功率应满足施工作业面空气内有害气体浓度与粉尘浓度符合有关规范要求。

(8)监理工程师应检查出渣、进料运输是否合理。

(9)监理工程师应要求施工单位安排专人按设计与施工规范要求的频率和项目进行隧道监控量测,及时提交系统、完整、真实的量测数据与图表,并将量测结果及时向有关单位反馈,以便及时评估隧道施工安全性,用以修正设计并指导施工。

3. 初期支护

(1)隧道地质围岩类别与设计不符时应及时与地质勘察部门和设计单位联系,支护方案的变更应经地质勘察部门和设计单位认可。围岩类别变化区段 5~10m 的范围内一般应采用低等级围岩的支护结构形式。

(2)监理工程师应检查围岩渗漏水情况,对集中出水地段,应要求施工单位作堵、排水处置。

(3)出渣完成后,监理工程师应要求施工单位及时进行初喷混凝土作业,以防止围岩发生过多松弛,为隧道内的安全施工提供保障,同时防止洞内粉尘污染岩壁后出现喷射混凝土与岩壁间脱空(空鼓)现象。一般情况下初期支护的施工顺序为:初喷 4~6cm 混凝土→钻眼打锚杆→挂网→复喷混凝土至设计厚度。

(4)监理工程师对喷射混凝土应重点检查原材料及配合比、强度,建议环向开槽检查喷射混凝土厚度。监理工程师应严禁施工单位在钢筋网及钢架支护背后充填片石。

(5)监理工程师应全过程旁站监理施工单位的锚杆施工,重点检查锚杆方位是否垂直于岩面,锚杆注浆是否饱满;注浆时是否按要求设置了排气管和止浆塞;锚杆尾部是否设置了垫板,对注浆配比进行检查并抽检强度。

(6)锚杆施作后按锚杆数量的1%且不少于3根进行随机抽查,并进行抗拔力试验(试验时应避免锚垫板对拉拔应力的影响),每根锚杆抗拔力最低值应大于等于设计值的90%。

(7)监理工程师对钢架应重点检查拱架加工尺寸是否满足设计要求,拼装接口严禁位于拱顶,检查施工单位安装前是否测量定位;安装是否紧贴围岩、安装后是否侵限;检查钢架架设间距、拼装质量、混凝土保护层厚度是否达到设计及规范要求;是否设置了锁脚锚杆、定位锚杆、混凝土垫块及纵向连接。

(8)监理工程师对钢筋网片应重点检查钢筋网片的搭接长度是否符合要求,钢筋网片保护层厚度不得小于 20mm;钢筋网片是否随初喷面的起伏铺设,与受喷面的间隙是否满足要求;是否与锚杆连接牢固,在喷射作业时不发生颤动。

4. 防排水

(1)加强集中出水地段的堵、排水措施,采取堵排相结合的方法。

(2)环向排水管应视实际渗水情况进行设置,以满足该位置在最不利季节的排水要求。环向排水管应有足够的刚度,以防二衬混凝土施工时排水效果达不到设计要求。同时应对环向排水管的数量与准确位置进行详细记录。应严格控制隧道纵向和环向排水之间的衔接和封闭,避免在二衬混凝土浇筑时堵塞排水管道。

(3)挂设防水卷材前,施工单位应用全站仪、水准仪或断面仪对隧道超、欠挖情况进行复查(原始资料备查),以保证二衬混凝土结构层的厚度。检测频率为1个断面/20m。

(4)监理工程师对防水卷材应重点检查材料质量、悬挂松弛度、接缝质量。防水卷材悬挂点布置应保证防水卷材有足够的松弛度,一般要求环纵向松弛率不小于15%,悬挂前应割除初期支护表面坚硬物,防止刺破防水卷材。

(5)防水卷材搭接焊接时焊缝宽度应≥10cm,并保证焊接质量。

(6)挂设时挂钉不得刺破防水卷材,悬挂铁丝应贴近喷射混凝土表面。

监理工程师对排水管应重点检查是否按要求布设、是否通畅,尤其是排水管路的连接部位施工质量应重点检查。

(7)监理工程师对止水条应检查材料质量、安装位置、连接质量是否符合设计要求;止水条表面是否有开裂、缺胶等缺陷;是否有受潮提前膨胀现象;止水条与槽底是否密贴、没有空隙。

5. 二次衬砌

(1)硬质围岩地段二次衬砌应在围岩变形基本稳定后进行,且与开挖掌子面的距离不宜大于200m。在软弱围岩及流变特性围岩内,应加强初期支护,及早施作仰拱及二次衬砌,必要时应加强二次衬砌。大变形地段应在变形受控后及时施作二次衬砌。

(2)二次衬砌混凝土初凝前,严禁在50m范围内放炮作业,防止混凝土离析。

(3)二次衬砌应采用整体模板台车,台车应要求有足够的刚度防止变形,模板钢板厚度应不小于12mm,以防止出现凹凸影响混凝土外观。台车混凝土窗口设置要方便浇筑换管。拱顶注浆孔应设置止漏设备,防止拔管时混凝土泄露使洞顶留下空洞。

(4)台车就位后,监理工程师应检查台车固定质量,量测衬砌厚度。

(5)封顶混凝土浇筑应由低到高,防止出现气囊空洞。

(6)混凝土浇筑应左右基本对称进行,以防止台车偏压变形。

(7)二次衬砌拆模后监理工程师应对外观、平整度、净空断面进行检查。

(8)二次衬砌背后超挖或空洞部位应用与二次衬砌同等级的混凝土回填密实。

(9)二次衬砌应按要求预留注浆孔。

(10)拱部混凝土宜配制流态混凝土灌注,并预留排气孔,确保拱顶混凝土密实。

(11)当二衬混凝土表面出现裂缝时,应及时并定期地对裂缝的长度、宽度和深度进行跟踪观测,并做好观测记录。在裂缝发展稳定后,应及时报告质量监督部门,并委托有资质的检测机构对二衬混凝土裂缝进行检测,出具检测报告。工程交工时,质量监督部门将对有代表性的裂缝再次进行检测,以确认结构的稳定性。

6. 监控量测

监理工程师应要求施工单位按规范及施工方案要求开展监控量测工作,要求施工单位及时将地质素描、地表下沉监测、围岩收敛量测、拱顶下沉量测数据及收敛回归分析资料报监理工程师、设计单位和建设单位。

五、交通安全设施工程

1. 护栏

(1)缆索护栏、波形梁护栏的路基土压实度和混凝土护栏的地基承载力应符合设计要求。

(2)波形梁护栏所有的各种材料的规格、材质除设计另有规定外,应符合现行标准、规范要求。波形护栏及立柱的壁厚应用螺旋测微器检测。所有钢构件均应进行防腐处理。

(3)波形梁护栏立柱放样应以桥梁、通道、涵洞、隧道、中央分隔带开口、紧急电话开口、互通式立体交叉等立柱为控制位置。

(4)波形梁护栏立柱安装应与设计文件相符,并与公路线形相协调,高程应符合设计要求,并不得损坏立柱的端部。

①立柱打入过深时,不得将立柱部分拔出加以矫正,必须将其全部拔出,将基础压实后重新打入。

②立柱无法打入到要求深度时,严禁将立柱的地面以上部分切割锯短。位于石方区和无法打入到要求深度的立柱,应根据设计文件的要求设置混凝土基础。

③位于小桥、通道、明涵等混凝土基础中的立柱,可设置在预埋的套筒内,通过灌注砂浆或混凝土固定,或通过地脚螺栓与桥梁护轮带基础相连。

④波形梁护栏防阻块、托架应通过连接螺栓固定于护栏板和立柱之间,在拧紧连接螺栓前应调整防阻块、托架使其准确就位。

⑤波形梁护栏板拼接方向应与行车方向一致,拼接螺栓必须采用高强螺栓。

⑥波形梁护栏端头必须按规定进行端部处理。

2. 标志

(1)标志基础的地基承载力应满足设计要求。若设计未规定,地基承载力要求应大于等于150kPa。

(2)标志的设置、加工、制作应符合现行标准、规范和设计文件的规定。

(3)标志版面的形状、颜色、文字、箭头、编号、图形、边框及反光膜的逆反射性能应严格按照现行标准、规范和设计文件的规定执行。板面应保持平整,反光膜应尽量减少拼缝,要求平接缝间隙不超过1mm,距标志板边缘50mm范围内不得拼接。

(4)标志立柱必须在基础混凝土强度达到设计强度的80%以上才能安装。标志板安装到位后,应进行板面平整度和安装角度的调整。

(5)标志板下缘至路面的净空高度及标志板内缘距公路边缘线的距离应满足设计要求。

3. 标线

(1)标线应在沥青路面施工完成一周后、水泥混凝土路面养护膜老化起皮并清除后开始施工。凸起路标宜在路面标线施工完成后安装,且不得影响标线质量。

(2)标线涂料的性能、质量除设计另有规定外,应符合现行标准、规范要求。

(3)标线施工时路面应清洁干燥,根据公路横断面的具体尺寸和设计文件的要求确定标线位置和标线宽度、长度。标线正式施作前应进行试画,以检验画线车的行驶速度、线宽、标线厚度、玻璃珠撒布量等能否满足要求。

(4)标线涂料表面不应出现网状裂缝、断裂裂缝、起泡、变色、剥落、纵向有长的起筋或拉槽等现象。

第四章 安全监理

第一节 基本知识与要求

一、安全监理的责任体系

安全生产是国家的一贯方针。2004年2月1日起施行的《建设工程安全生产管理条例》是新中国成立以来我国第一部建设工程安全生产行政法规,它从法律上规定了监理单位的安全监理责任。原交通部2007年3月1日起施行的《公路水运工程安全生产监督管理办法》(交通部令2007年第1号)和2007年4月发出的《关于在公路水运工程建设监理中增加施工安全监理和施工环保监理内容的通知》(交质监发〔2007〕158号),明确了安全监理工作已纳入监理规范,要求在现有公路、水运工程监理管理体制和监理组织体系框架下,将施工安全监管纳入监理职责当中。根据《国务院关于进一步加强安全生产工作的决定》(国发〔2004〕2号)规定,公路工程要构建"政府统一领导、部门依法监管、企业全面负责、群众参与监督、全社会广泛支持"的安全生产工作格局。监理单位作为工程参建单位的主要成员,是"企业全面负责"中的重要一环,对公路工程安全生产管理起着举足轻重的作用。

1. 监理单位的安全监理职责

监理单位应当健全安全监理责任制,按照法律、法规和工程建设强制性标准和监理合同履行监理职责,对工程安全生产承担监理责任。

(1)监理单位法定代表人应对本企业监理项目的安全监理全面负责。总监理工程师对监理项目的施工安全监理负总责,并应根据工程项目特点,明确监理人员的安全监理职责。各专业监理工程师对管辖范围的施工安全监理负责,组织实施管辖范围内的安全监理相关工作,并及时向总监理工程师报告本辖区的施工安全监理情况。

(2)监理单位应当完善安全生产管理制度,健全审查核验制度、检查验收制度、督促整改制度、高危作业关键工序巡视监理制度、安全监理例会制度、监理人员安全生产教育培训制度、安全生产专项费用审查制度和生产安全事故报告制度等。

（3）监理单位应当确保自身条件符合法律法规、监理合同和工程安全监理所需的有关要求：监理单位资质符合规定；总监理工程师、专业监理工程师和专职安全监理人员需经安全监理培训合格并持证上岗；安全监理各项设备、监理人员的安全防护用品应符合要求；安全监理各项措施满足本项目施工安全监理要求。

（4）监理单位应编制包括安全监理内容的项目《监理计划》，明确安全监理的范围、内容、工作程序和制度措施，以及人员职责和配备计划等。对危险性较大的分部分项工程施工，监理单位应当编制《安全监理细则》，《监理细则》应当明确安全监理的方法、措施和控制要点，以及对施工单位安全技术措施的检查方案。

（5）监理单位应当审查施工单位编制的施工组织设计中的安全技术措施和危险性较大的分部分项工程安全专项施工方案，审查后报建设单位审批；审查施工单位在工程项目上的安全生产规章制度和安全生产管理措施，督促施工单位检查落实各项安全生产规章制度；审查施工单位资质和安全生产许可证；审查项目负责人和专职安全员的合法资格；审查特种作业人员的特种作业操作资格证书；审查施工单位应急救援预案和安全技术措施费用使用计划。

（6）监理单位应当督促施工单位按照批准的施工组织设计中的安全技术措施和专项施工方案组织施工，及时制止违规施工作业；核查施工起重机械、整体提升式脚手架、滑模爬模、架桥机等自行式架设设施和安全设施的验收手续及特种设备的监督检验及登记情况；检查施工现场各种安全标志和安全防护措施是否符合法律、法规和工程建设强制性标准等要求；检查特种作业人员的持证情况；督促施工单位进行安全自查工作，并对施工单位自查情况进行抽查，参加建设单位组织的安全生产专项检查；定期巡查危险性较大工程的施工作业情况。

（7）对发现的各类安全隐患，监理单位应书面通知施工单位，并督促其立即整改；情况严重的，应及时下达暂停施工令，指令其停工整改，并同时报告建设单位、公路水运建设工程安全生产监督管理部门和机构；施工单位拒不整改或不按监理指令停工整改的，监理单位应及时报告建设单位、公路水运建设工程安全生产监督管理部门和机构；监理单位应对施工单位的整改落实情况组织复查，并签署复查或复工意见。

（8）监理单位应当定期召开工地安全例会，宣贯最新法律法规、方针政策，传达上级部门有关文件要求，总结安全监理阶段性工作，分析项目安全生产形势、存在问题，部署下一步安全监理工作，开展施工单位之间的安全生产经验交流等。

（9）定期检查施工单位安全生产专项费用的使用情况，严格按规定进行施工安全生产专项费用的计量，并协调安全生产专项费用的支付使用。

（10）严格执行生产安全事故报告制度。事故报告应当及时、准确、完整，严格按照《生产安全事故报告和调查处理条例》、原交通部《关于印发交通部交通行业建设工程安全生产事故统计报表制度的通知》（厅质监字[2006]391号）及浙江省交通运输厅《关于印发浙江省公路水运建设工程生产安全事故应急预案的通知》（浙交【2009】146号）有关要求，不得迟报、漏报、谎报或者瞒报。

（11）监理单位应建立健全施工安全监理台账，按规定填报安全监理日志和《监理月报》；有关安全检查、整改、复查等情况应记载在监理日志、安全监理台账和《监理月报》中；监理单位应完善安全监理资料（台账）归档制度，指定专人负责安全监理台账的整理、分类及立卷归档；工程竣工验收前应将包括《安全监理计划（方案）》、《安全监理细则》、《监理月报》、安全会议纪要、安全生产文件、安全检查记录、安全监理通知单及回复等安全监理台账,按规定立卷归档。

施工安全监理台账的具体内容详见第九章第二节"文件与资料管理要点"。

2. 安全监理违法处理规定

《建设工程安全生产管理条例》有关条款如下:

(1)第五十七条　违反本条例的规定,工程监理单位有下列行为之一的,责令限期改正;逾期未改正的,责令停业整顿,并处10万元以上30万元以下的罚款;情节严重的,降低资质等级,直至吊销资质证书;造成重大安全事故,构成犯罪的,对直接责任人员,依照刑法有关规定追究刑事责任;造成损失的,依法承担赔偿责任:

①未对施工组织设计中的安全技术措施或者专项施工方案进行审查的;

②发现安全事故隐患未及时要求施工单位整改或者暂时停止施工的;

③施工单位拒不整改或者不停止施工,未及时向有关主管部门报告的;

④未依照法律、法规和工程建设强制性标准实施监理的。

(2)第五十八条　注册执业人员未执行法律、法规和工程建设工程强制性标准的,责令停止执业3个月以上1年以下;情节严重的,吊销执业资格证书,5年内不予注册;造成重大安全事故的,终身不予注册;构成犯罪的,依照刑法有关规定追究刑事责任。

二、安全监理工作原则

(1)公路工程安全监理,必须坚持"以人为本"、"安全第一、预防为主、综合治理"的方针;坚持"属地管理、分级负责、行业监管"的安全生产管理工作原则。

(2)实施公路工程安全监理应遵循"管生产必须管安全","谁主管、谁负责"的原则,实行"一票否决"。

(3)以国家现行安全生产法律、法规、规范、工程建设强制性标准及施工承包合同为依据,监理单位必须履行监理服务合同约定的安全监理职责,全面实现工程项目安全生产目标。

(4)公路工程安全监理需遵守"该审的审、该查的查、该管的管、该报的报"的工作原则。

(5)对公路工程项目的施工阶段的"人、机、料、环、法"等因素进行全面的安全监理,实施目标化、动态化监理。

(6)安全生产贯穿工程施工的全过程,安全监理应实行过程监管,采用"事前预控、事中监督、事后总结"的工作方法。

(7)"安全生产、人人有责",监理人员发现现场存在不安全因素或安全事故隐患时,应要求施工单位立即整改或停工整顿。

(8)安全事故处理须遵循"四不放过"原则,即:事故原因分析不清不放过;事故责任者和群众没受到教育不放过;没有采取切实可行的整改预防措施不放过;事故责任者和责任领导没有受到严肃处理不放过。

三、安全生产管理制度

1. 监理单位安全生产管理制度

(1)安全监理责任制度。

(2)安全监理计划(方案)。

(3)安全监理细则。

(4)监理人员安全教育培训及考核制度。

(5)安全施工监理台账制度。

(6)安全监理检查、督促整改与验收制度。

(7)生产安全事故报告与调查处理制度。

(8)安全监理例会制度。

(9)施工组织设计、安全专项施工方案、应急预案审查制度。

(10)施工单位安全生产条件审查核验制度。

(11)施工安全生产费用审核制度。

(12)监理安全技术交底制度等。

2. 施工单位安全生产管理制度

(1)安全生产许可证制度。根据《安全生产许可证条例》第二条规定:"国家对矿山企业、建筑施工企业和危险化学品、烟花爆竹、民用爆破器材生产企业实行安全生产许可制度。企业未取得安全生产许可证的,不得从事生产活动。"

(2)安全生产管理机构和专职人员制度。施工单位应设置专门负责安全生产管理的机构,其人员为专职人员。工程项目安全管理由项目经理负责,并配置若干名专职安全生产管理人员和相应的兼职安全管理人员。

(3)安全生产责任制度。施工单位应建立健全各级领导、各部门、各类人员在各自职责范围内对安全生产应负责任的制度,其内容应充分体现"责权利相统一"、"管生产必须管安全"以及"安全生产人人有责"等原则。

(4)安全生产教育培训制度。为有效提高全体从业人员的安全意识和安全生产管理水平,要求施工单位必须对相关人员进行安全教育和安全生产技能培训。安全教育的内容包括:安全生产思想教育、安全知识教育、安全技能教育、安全法规教育等四方面。其中,对新职工必须实行"三级安全教育",即进公司、进项目部以及进施工班组等三个阶段的安全教育。

(5)三类人员考核任职制度。三类人员是指施工单位主要负责人、项目负责人和专职安全生产管理人员。从事交通建设工程的三类人员必须经交通主管部门对其安全知识和管理能力考核合格后方可任职。

(6)特种作业人员持证上岗制度。施工单位的起重作业人员、施工船舶作业人员、爆破作业人员、电工、焊工等国家规定的特种作业人员必须经有关培训并持特种作业操作资格证后方可上岗作业。

(7)安全技术措施落实检查制度。安全技术措施是指从技术上采取措施,防止工伤事故和职业病的危害。安全技术措施也是工程项目施工组织设计的重要组成部分,施工单位应当严格按照有关要求落实各项安全技术措施,并在施工过程中检查各项措施落实情况。

(8)安全专项施工方案审查制度。对于下列结构复杂、危险性较大、特性较多的分部、分项工程,必须编制专项施工方案,并附具安全验算结果,经施工单位技术负责人签字,必要时还应当组织专家进行审查论证,经监理办审查同意和总监理工程师签字后方可组织施工。

①深基坑支护工程;

②高边坡土方开挖工程；

③模板工程；

④梁板起重吊装工程；

⑤支架工程；

⑥拆除、爆破工程；

⑦边通车边施工工程(公路改建、养护)。

(9)安全生产技术交底制度。安全生产技术交底制度是指在每项工程实施前,施工单位项目管理人员就有关施工作业特点、危险源、相应的安全技术措施、安全操作规程、职业健康与环保要求以及现场处置方案等向施工作业班组、作业人员详细说明并由双方签字确认的制度。

(10)安全防护用品及设备管理制度。防护用品及设备管理制度是指施工单位采购、租赁的安全防护用具、机械设备、施工机具及配件,应当具有生产(制造)许可证、产品合格证,并在进入施工现场前进行查验。同时必须做好防护用品和设备的维修、保养、报废和资料档案管理。

(11)特种设备和大型设备的验收登记制度。施工单位在工程中安装、改造、维修(重大)特种设备,应委托具有相应资质的单位实施,并在事前向当地特种设备安全监督机构办理书面告知手续,委托具有相应资质的检验检测机构进行验收,合格后方可投入使用,并在验收合格后30日内应向当地特种设备安全监督机构办理登记。

施工单位对整体提升式脚手架、滑模爬模、架桥机、门式起重机、悬臂浇筑挂篮等大型设备的安装、拆卸,应当委托具有相应资质的单位实施,安装完成后应组织相关单位进行联合验收,验收合格后30日内应向当地交通主管部门登记。架桥机、门式起重机等特种设备还应符合特种设备的有关要求。

施工单位上述设备验收、登记办理手续、检测报告等资料应向监理单位、建设单位报送核查。

(12)工艺、设备、材料的淘汰制度。在公路建设工程的设计、施工中,不得采用国家有关部门公布的淘汰工艺、设备和材料。各项机械、设备应当建立相应的资料档案,并按国家有关规定及时报废。

(13)安全检查制度。施工单位应建立安全检查制度,对安全检查的形式、方法、时间、内容、组织的管理要求、职责权限,以及对检查中发现的隐患整改、处置和复查的工作程序及要求作出具体规定,形成文件并实施。对生产过程及安全管理中可能存在的隐患、有害与危险因素、缺陷等进行查证,以确定隐患、有害与危险因素、缺陷的存在状态,以及它们转化为事故的条件,以便制订整改措施,消除隐患和有害与危险因素,确保施工生产的安全,包括定期、经常性、季节性及节假日前、专项、综合性检查或不定期的职工代表巡视等形式的安全生产检查。

(14)安全会议制度。安全会议制度应明确会议的时间、范围、程序、内容、形式、召集人、责任者、负责人。其主要目的是:及时了解、掌握各时期的安全生产情况,解决生产活动中出现的安全问题,消除事故隐患;学习安全生产法律法规和方针政策,传达贯彻上级有关部门有关安全生产的文件精神;部署和检查安全生产工作,加强安全生产管理,积极指导、主动地做好预防措施,确保安全生产。

(15)安全事故应急救援制度。施工单位(项目部)和监理办都应当针对工程项目特点,制订本单位的《安全生产事故应急预案》,并定期组织演练。

(16)安全事故报告与调查处理制度。施工现场发生生产安全事故,施工项目负责人和总监理工程师要立即启动相关应急预案,并及时到达现场,了解事故发生经过,组织救援,采取措施防止事故扩大,保护事故现场,如实填写《安全事故记录》,并在规定的时间内向建设单位、监理单位及主管部门报告(特种设备发生事故的,还应当同时向特种设备安全监督管理部门报告)。施工单位和监理办要配合建设工程生产安全事故调查组的调查,如实向调查组反映安全事故发生经过、状况,根据调查组对安全事故的处理结果填写《安全事故处理结果记录》。安全事故处理应坚持"四不放过"的原则,即:事故原因分析不清不放过;事故责任者和群众没有受到教育不放过;没有采取切实可行的整改预防措施不放过;事故责任者和责任领导没有受到严肃处理不放过。

(17)消防安全责任制度。消防安全责任制度是指施工单位确定施工现场的消防安全责任人;制订用火、用电、使用易燃易爆材料等各项消防安全管理制度和操作规程;在施工现场设置消防通道、消防水源,配备消防设施和灭火器材,并在施工现场入口处设置明显标志。

(18)安全生产费用保障制度。施工投标时明确了不低于1%的工程中标价为安全生产专项费用。监理单位应当督促施工单位将此费用专款专用,用于施工防护用具及设备的采购和更新、安全施工措施的落实、安全生产条件的改善等方面。施工单位应当根据招投标文件的要求,编报当月的安全生产费用使用报表(按项目清单编制,附相关凭证)及下月安全生产费用使用计划,经项目负责人签字盖章后连同当月工程计量支付表报送监理工程师审核。施工单位安全生产费用实际使用金额超出合同规定的安全生产费用总额的,经监理工程师审核签字确认后,超出部分的安全生产费用在合同总额的工程费用中给予计量支付。

(19)意外伤害保险制度。施工单位必须为施工现场的人员办理意外伤害保险,保险费用由施工单位支付。

(20)危险岗位告知制度。施工单位应当向作业人员书面告知危险岗位的操作规程并确保其熟悉和掌握有关内容,了解违章操作的危害。

(21)危险源管理制度。施工单位应当对工程中的危险源进行辨识、分级,并针对不同危险等级制定相应的管理措施,开展评价、控制等工作。

(22)其他有必要制订的安全生产管理制度。

四、安全监理的依据

安全监理的依据包括:

1. 有关建设工程安全生产、劳动保护的法律、法规、规章和标准规范

(1)法律:《中华人民共和国安全生产法》、《中华人民共和国公路法》、《中华人民共和国劳动法》、《中华人民共和国环境保护法》、《中华人民共和国消防法》等。

(2)法规:《建设工程安全生产管理条例》、《生产安全事故报告和调查处理条例》、《安全生产许可证条例》、《特种设备安全监察条例》、《浙江省安全生产条例》、《浙江省建设工程监理管理条例》等。

(3)规章:原交通部《公路建设市场管理办法》、《公路建设监督管理办法》、《公路水运工程安全生产监督管理办法》等。

(4)规范:《工程建设标准强制性条文》、《公路工程施工监理规范》(JTG G10—2006)、《公路施工安全技术规程》(JT J076—95)等有关安全技术标准、规范和规程。

(5)规范性文件:各地方法规、规定,如《浙江省公路工程建设安全生产管理暂行规定》(浙交〔2004〕114号)、《浙江省公路水运建设工程安全生产监督管理实施办法(试行)》(浙交监〔2008〕288号)等。

2.《安全监理计划》以及《安全监理细则》

3.由施工单位编制、监理工程师审批通过的施工组织设计、专项施工方案、开工报告中的安全技术措施等

4.监理服务合同及建设工程施工承包合同和补充协议

5.施工过程中的会议纪要、文件

五、安全监理的目标

安全监理目标应由三个部分组成:一是伤亡事故控制目标;二是安全管理达标的工作目标;三是文明施工达标的工作目标。

安全监理目标应在监理服务合同和《安全监理细则》当中予以明确。

六、安全监理的岗位职责

1.总监理工程师

(1)总监理工程师是监理办安全监理工作第一责任人,全面负责监理办的安全监理工作。

(2)落实安全监理责任制,组建监理办安全监理机构,明确各级监理人员的安全监理工作职责,并将其作为年度业绩考核的重要组成部分,开展安全监理工作定期考核。

(3)主持编写《监理计划》中的施工安全监理方案,审批《安全监理细则》,审核签发施工安全监理通知单、《监理月报》和安全专题报告。

(4)组织监理人员认真学习、贯彻执行国家有关安全生产方针、政策、法律、法规及有关规定、《监理计划》、《安全监理细则》和安全监理制度,及时阅批安全文件和通报,提出具体贯彻意见,并组织落实。

(5)审查施工单位的安全生产许可证和施工安全管理体系的建立健全情况,严把《开工令》审批关。

(6)负责审查施工组织设计中的安全技术措施或者危险性较大的分部、分项工程(包括需经专家论证、审查的项目)安全专项施工方案并签认。

(7)定期组织开展安全巡查,发现严重的安全事故隐患及施工单位拒不整改时,签发暂停施工令并报告建设单位和有关主管部门。

(8)定期组织召开工地安全例会,分析安全生产形势,部署安全生产管理相关工作。

(9)配合、参与安全事故调查处理,并协助建设单位审查施工单位提出的事故报告,监督安全技术防范措施的落实。

(10)及时处理安全监理相关问题,督促指导本项目监理人员开展安全监理工作。

(11)组织编制本监理办《安全事故应急预案》,组织建立监理办应急管理体系。

2. 专(兼)职安全监理工程师

(1)配合总监理工程师做好本项目安全生产监理管理工作。

(2)结合项目情况组织编写《监理计划》中施工安全监理方案、《安全监理细则》、安全监理制度以及监理办的《安全事故应急预案》,报总监理工程师审核批准。

(3)负责审查施工组织设计中安全技术措施和危险性较大,工程施工的专项施工方案,并到现场检查安全施工条件,督促安全技术措施的执行。

(4)督促各专业监理工程师开展管辖范围内的安全监理工作。

(5)审核施工单位三类人员安全考核合格证和施工特殊工种人员操作资格证;督查安全教育考核开展情况;督查施工特种设备进场检定验收情况;审查施工单位安全生产费用投入情况;审查施工单位各项安全生产基本条件到位情况。

(6)建立健全监理办安全监理台账,并做到及时、准确、完整。组织开展安全监理台账管理工作。

(7)组织施工安全专项检查,解决存在的安全技术问题。

(8)配合并参加安全事故的调查、分析和处理,督促安全技术防范措施的实施并验收。

(9)认真做好安全监理日志,按时编报《安全监理月报》。

3. 专业监理工程师

(1)参与编写《安全监理细则》。

(2)负责组织实施本专业(标段)施工的安全监理工作,监督本专业各项工程建设规范强制性条文的执行。

(3)督促检查施工单位安全规程和安全技术措施的交底及落实情况。

(4)参与审查施工组织设计中本专业安全技术措施和危险性较大项目或部位施工的专项施工方案,并到现场检查安全施工条件,督促安全技术措施的执行。

(5)组织开展施工现场特殊工种人员特种作业操作资格证的检查工作,严禁无证上岗,开展施工单位机械设备进场验收的检查工作,严禁未经验收设备投入使用。

(6)定期开展安全检查,掌握安全施工的动向,解决施工存在的安全技术问题,如发现安全隐患及时采取有效的措施(包括现场要求暂停施工),并告知施工单位和安全监理工程师,及时督促施工单位消除隐患,要求施工单位制订并实施安全施工措施,重大隐患还应向总监理工程师汇报。

(7)切实履行职责,对施工现场的违章作业、违章指挥,行使"安全施工一票否决权",有权令其暂时停止施工,提出安全防范具体要求,并及时告知安全监理工程师和总监理工程师。

(8)配合并参加安全事故的调查。

(9)认真做好安全监理日志。

4. 监理员

(1)配合安全监理工程师和专业监理工程师进行安全监理工作。

(2)督促检查施工班组的安全交底工作。

(3)每天深入施工现场,检查施工现场的安全文明施工情况,督促检查施工中使用劳动保护用具等,及时掌握安全生产动态情况,发现现场安全问题和安全事故隐患应立即要求施工单位整改,并及时向安全监理工程师和专业监理工程师汇报。

(4)做好现场安全监理原始记录。

七、安全监理的主要内容

1. 施工准备阶段

(1)组织监理人员进场,熟悉工作环境,与建设单位、施工单位人员建立正常的工作程序和联系渠道。

(2)熟悉设计文件,参加设计交底,了解设计文件中提及的有关安全技术要求和注意事项,向建设单位书面提出有关设计文件中涉及质量、安全管理方面的问题和意见。

(3)建立监理办内部安全监理组织机构,制定安全监理管理制度,确定各工作岗位的安全监理职责,明确安全监理内部责任考核制度以及考核要求。

(4)编制《监理计划》中的施工安全监理方案和《安全监理细则》。

(5)组织监理办监理人员开展安全生产思想、安全生产知识、安全生产技能、安全法规等方面的教育培训。

(6)审查施工单位的安全生产条件:

①审查施工单位工程项目安全管理生产组织机构设置的合理性;

②审查施工单位工程项目安全管理制度的齐全性、针对性以及可操作性;

③审查施工单位工程项目"三类人员"是否持证上岗;

④审查各类特种作业人员是否持证上岗及其资格证书是否在有效期内;

⑤审查特种设备的进场报验手续,以及具有资质的检验检测机构进行相关设备安全检定的资料。

(7)审查电工、焊工、架子工、起重工、爆破工、施工船舶作业人员等所有特种作业人员是否按主管部门规定经过专门的安全培训,并已取得特种作业操作资格证书,证书是否真实有效。

(8)督促施工单位建立、健全施工现场安全生产管理体系;督促施工单位检查各分包单位的安全生产制度。

(9)审核施工单位编制的施工组织设计中的安全技术措施和危险性较大的分部、分项工程专项施工方案以及工程项目应急预案的主要内容,重点审查施工组织设计和专项施工方案中的安全技术措施是否符合工程建设强制性标准要求。监理工程师应按下列方法主持审查:

①程序性审查——安全专项施工方案按规定需经专家认证、审查的,是否执行;安全专项施工方案是否经施工单位技术负责人签认,不符合程序的应退回;

②符合性审查——安全专项施工方案必须符合工程建设强制性标准的规定,并附有安全验算的结果;需经专家论证、审查的项目应附有专家审查的书面报告;安全专项施工方案应有紧急救护措施等应急预案;

③针对性审查——安全专项施工方案应针对本工程特点以及所处环境、管理模式,具有可

操作性。

（10）审查施工现场的平面布置、各种安全标志和临时设施的设置是否符合有关安全技术标准规范和文明施工的要求，审查施工临时用电方案及火工等危险物品管理措施是否得当。

（11）审查施工现场的人员意外伤害保险的办理情况。

（12）审查施工单位安全生产专项费用的使用计划。

对于施工单位所提交的施工组织设计或专项施工方案不符合有关安全的工程建设强制性标准的，监理单位不得批准开工，应要求施工单位修改，并将情况书面报告建设单位。

2. 施工阶段

（1）通过巡视、旁站、重点检查等手段对施工阶段各生产过程实施动态安全监管，督促施工单位按规定满足安全生产各项条件，确保施工安全。

（2）督促施工单位有关安全管理人员到位，并实施人员动态管理。

（3）督促施工单位有效开展安全自查，并要求将有关检查和处理情况报监理办。

（4）督促施工单位全面落实安全生产教育培训制度，特别强调应落实对各施工班组人员进行施工前的安全技术交底工作，并要求将有关交底资料和参加交底人员签到单附入分项工程开工报告资料内，否则监理办不予签认同意分项工程开工。

（5）对施工单位特种作业人员持证上岗情况进行动态监督管理。

（6）对于结构复杂、危险性较大的工程，在施工过程中进行重点监控，每天不少于一次定期巡视检查。发现严重违规施工和存在安全事故隐患的，应要求施工单位整改，并检查整改结果，签署复查意见。情况严重的，由监理工程师下达工程暂停施工令并报告建设单位。施工单位拒不整改或不停工的，监理工程师可暂时停止该部位工程款的支付，并应及时向安全生产监督机构和交通行政主管部门报告。

（7）对施工单位重要施工设备的安全运营性能进行检查，并督促施工单位加强相关保养维修工作，要求对相关设备实施定期检验。

（8）对施工人员意外伤害保险办理情况进行动态检查。

（9）对施工单位安全生产专项费用的使用情况进行审核。

（10）对施工单位高空作业、深基坑作业、水上作业、爆破作业、场内车辆驾驶、气割电焊作业、起重作业、钢筋加工作业、混凝土浇筑、预应力张拉作业、模板支架作业、电器安装维修作业以及施工机械作业等方面进行重点巡视检查。

（11）对施工现场安全防护用品的提供及使用情况进行检查。

3. 交工阶段

（1）协助建设单位落实公路工程建设项目安全设施"三同时"（与主体工程同时设计、同时施工、同时投入使用）的规定。其中在工程主体基本完成且初步具备车辆运行条件，但相关配套安全设施尚未完善的阶段，是监理进行安全监理时需特别关注的阶段。

（2）开展交工验收前从业单位安全生产管理行为评价工作。

（3）审查和检验安全设施工程等是否达到设计要求，审查交工验收有关安全生产资料是否完整齐全。

（4）承担缺陷责任期质量缺陷修复施工的安全监理工作。

八、安全监理的方法

1. 安全检查

监理单位应当经常性地检查施工单位人员、设备、安全技术措施、安全防护和安全警示标志、文明施工等落实情况。

2. 安全审查

监理单位应当审查施工单位的安全管理人员资质、安全生产责任制落实、安全生产规章制度、操作规程、施工人员安全教育、特种设备检验、特殊工种人员持证上岗、专项施工方案、安全技术措施、应急管理等各项安全生产条件和措施。

3. 安全巡视

监理人员应当定期巡查施工现场安全生产工作,对高空作业、深基坑作业、水上作业、爆破等危险作业及危险性较大工程施工部位的安全巡查每天不得少于一次。

4. 工序验收复核

监理单位应当在工序验收复核时总结该项工序总体安全生产工作,评定安全生产优劣,以指导、提高下一阶段的安全生产管理工作。

5. 监理通知及复查

监理人员在日常现场巡视、旁站、审查、检查工作中,若发现存在违反安全法律、法规和工程建设强制性标准的现象或存在安全事故隐患,应及时口头通知施工单位,要求立即采取措施整改,同时及时签发有关书面通知书,要求施工单位限时将整改并限时将整改情况书面向监理办反馈。书面通知一般采用"监理通知书"、"监理指令"或"监理办文件"等的形式。

监理单位在发出监理通知后应关注施工单位的隐患整改落实情况,并在收到施工单位整改反馈后及时组织复核,签署复核意见。

6. 责令停工

监理人员在巡视检查中发现有严重安全事故隐患或有严重违反施工方案、法规和工程建设强制性标准的,或施工单位对监理单位的有关安全书面通知要求的内容不予整改、整改不力或拒不整改的,监理工程师应立即签发《工程暂时停工令》,责令施工单位立即停止全部或部分施工,同时将有关情况及时口头和书面报告建设单位。

7. 召开施工安全监理专题会议

当工程存在较严重的安全隐患和较普遍的安全问题,而施工单位在收到监理单位的书面通知、指令后仍未采取有效措施予以整改或整改不力时,监理工程师应及时组织建设单位、施工单位及其他相关单位的代表召开施工安全专题会议,对书面通知、指令中的内容,结合工程建设强制性标准加以强调,要求施工单位说明原因,落实整改措施,明确计划整改完成的时限,同时要求施工单位明确在后序工作中对类似问题的预控措施,并印发《安全会议纪要》抄送建设单位和有关部门。

8. 报告

(1)月度报告——监理办应根据情况将月度施工安全监理工作情况在《监理月报》中向监理单位、建设单位和有关部门报告。

(2)专题报告——针对某项具体安全生产问题,若施工单位拒不整改、整改不力或者不停止施工致使安全威胁进一步扩大的,监理工程师应及时以口头形式向建设单位和有关部门报告,随后立即抄报相关书面资料或报告。

9. 安全生产专项费用计量支付

监理单位应当严格审查施工单位安全生产专项费用使用计划,并严格按有关要求按月计量其投入的安全生产费用,并签署意见报建设单位审核支付。

九、生产安全事故的报告与调查处理

(1)施工单位发生生产安全事故后,相关人员应立即向总监理工程师报告(情况紧急时,相关人员可直接向当地人民政府安全生产监督管理部门和交通主管部门报告)。施工项目负责人和总监理工程师要立即启动相关应急预案,并应及时到达现场,了解事故发生经过,组织、协调、指导事故救援工作。应如实填写"安全事故记录",并在规定时间内向建设单位、监理单位及安全生产监督管理部门、交通行政主管部门报告(特种设备发生事故的,还应当同时向特种设备安全监督管理部门报告)。

(2)监理人员应当监督施工单位妥善保护事故现场和相关证据,因抢救人员、防止事故扩大以及疏通交通等原因,需要移动现场物品时,应当做出标记、绘制现场简图并做出书面记录,妥善保存现场重要痕迹,保管有关证物。任何单位和个人不得破坏事故现场,毁灭相关证据。

(3)监理单位应督促施工单位及时将事故后续情况进行补充报告。

(4)监理办应当配合生产安全事故调查组的调查处理等相关工作,须如实向调查组反映安全事故发生经过及状况。

(5)通过事故处理过程,应该从事故本身吸取教训,总结经验,惩前毖后,防止类似事故的再次发生,起到对所有员工的教育警示作用。因此,在事故处理时,应坚持"四不放过"的原则,即:事故原因分析不清不放过;事故责任者和群众没有受到教育不放过;没有采取切实可行的整改预防措施不放过;事故责任者和责任领导没有受到严肃处理不放过。

第二节　安全监理要点

安全生产管理是一项复杂的工作,安全监理工作要求监理单位各级监理人员各司其职、各尽其能,对工程施工安全生产进行全过程、全方位的监理。其重点内容是督促施工单位严格落实交通建设工程和安全生产的法律法规、规章制度、操作规程及各项安全生产技术保障措施,审核施工单位各项安全生产条件是否落实到位,检查施工现场各项安全事故隐患是否及时整改到位。

一、路基工程

1. 土方开挖

1)重点内容

(1)审查施工方案,确认施工现场土方开挖区域以及开挖影响范围内的地下隐蔽物、相邻

建筑物的保护措施是否齐全完整,对地上影响施工的障碍物的各项安全防护措施是否齐备,各类安全警示标志是否配置完整。

(2)深基坑、深井、深沟必须保持良好的通风条件,并经常检测有毒、有害气体,不得在有毒、有害气体浓度超标的情况下施工作业。

(3)基坑开挖边坡稳定支护措施是否到位,重点检查边坡坡率、支护形式、开挖支护程序、基坑内排水设施,加强边坡及附近建(构)筑物稳定观测。

2)其他内容

(1)检查土方开挖施工机械、施工人员安排是否符合要求,开挖程序、现场操作是否规范,严禁采用挖空底脚的操作方法。

(2)督促施工单位落实场区排水、防洪措施。

(3)检查基坑四周的安全防护措施是否齐全完整。

2. 石方爆破作业

1)重点内容

(1)审查施工单位的爆破方案是否符合相关法律法规、爆破规范和现场安全生产的要求,相关爆破手续是否齐全。爆破方案需经过安全评估,并经当地公安部门审批后方可实施。审查爆破作业是否由专业队伍实施,企业资质是否符合要求,人员是否持证上岗;爆破材料和器材是否具有出厂合格证和有关检验报告。

(2)爆破作业现场,要求施工单位必须指派安全管理人员现场指挥,并检查爆破孔(孔位、方向、数量、深度及堵塞情况)、炸药(品质、装药量、装药深度)以及爆破顺序等是否适合现场实际情况并符合《爆破安全规程》等有关规定。超过5m的深孔,不得使用导火索起爆。

(3)在钻眼、装药、安设导爆线(索)等施工环节,应要求施工单位随时观察周边山体的安全稳定情况。

(4)检查爆破器材的管理、加工、运输、检验和销毁等是否按照有关规定执行。特别强调:爆破器材实行登记台账,实销实报,剩余的爆破材料必须当日退库,严禁私自收藏、乱丢乱放。发现爆破器材丢失、被盗时应立即上报有关单位。

2)其他内容

(1)明令严禁施工单位爆破作业人员在保管、加工、运输爆破器材过程中穿着化纤衣服。

(2)检查施工现场爆破人员紧急撤离的通道是否齐备并保持畅通。

(3)督促施工单位严格执行爆破现场警戒要求,保证警戒区域、警戒时间、警戒信号等按照有关规定执行。其中警戒区域应满足表4-1的要求。

爆破危险范围 表4-1

序号	爆破类型及方法	个别飞散物对人员的安全距离(m)
1	破碎大块岩矿裸露药包爆破法 浅眼爆破法	400 300
2	浅眼爆破法	200(复杂地质条件下未修成台阶工作面时≥300)
3	浅眼药壶爆破	300
4	蛇穴爆破	300

续上表

序 号	爆破类型及方法	个别飞散物对人员的安全距离(m)
5	深孔爆破	按设计,但≥200
6	深孔药壶爆破	按设计,但≥300
7	浅眼眼底扩壶	50
8	深孔孔底扩壶	50
9	洞室爆破	按设计,但≥300

注:沿山坡爆破时,下坡方向的安全距离应比表内数值增大50%。

(4)爆破时,应督促施工单位严格控制爆破参数,妥善处理各种类型的"盲炮"。要确认炮响数量与装炮数量一致,在起爆并过5min后,方准爆破人员进入爆破作业点。经爆破人员对作业面上的悬石进行全面检查和有效处理后,方可允许其他施工人员进入爆破现场。

3. 土石方开挖工程

1)重点内容

施工中如发现山体有滑动、崩塌迹象,危及施工安全时,应立即暂停施工,撤出人员和机具,并报上级处理。

2)其他内容

(1)高陡边坡处作业人员应当正确使用安全防护用品。

(2)开挖工作应与装运作业面相互错开,严禁上下双重作业。

(3)注意对开挖中孤散石块的处理。弃土下方和滚石危及范围内的道路,应设专人指挥和设置警告标志。

(4)在灾害性天气前后,应加强对深挖方地段边坡的重点检查,以便及时排除可能存在的安全隐患。

(5)边施工边通车路段,必须设置齐全、醒目、稳定的各类安全警示标牌;在险要路段、雨雪天气和夜间,必要时派人现场指挥交通。

(6)发现现场地质情况与设计不符时,应及时与建设、勘察、设计等单位联系,以及时调整设计方案,保证现场施工以及以后的运营安全。

4. 土石方填筑

(1)督促施工单位严格按施工方案作业,巡视检查施工方案各项安全生产条件、安全技术措施落实情况。

(2)应督促施工单位检查施工运输道路的路况,确保上下边坡的安全稳定性以及道路的防滑性,在运输道路上设置必要的安全警示标牌。

(3)督促施工单位在施工过程中加强对车况的检查和维修保养。

(4)严令运输车辆必须按规定吨位装载,不得超载、超高,不得人货混装。

(5)要求施工单位在土石方装料、卸料、摊铺、整平和碾压现场安排专人协调指挥,防止机械事故发生。

5. 防护工程

1)重点内容

(1)督促施工单位严格按施工方案作业,巡视检查施工方案各项安全生产条件、安全技术措施落实情况。

(2)督促施工单位加强边坡稳定观测,配置专人现场监控,保证其上坡面土石方的安全稳定性;定期核查监测数据,一旦发现异常情况,应立即进行处理,必要时可要求停止作业,撤离人员设备。

(3)检查防护工程边坡坡率等各项参数是否符合设计要求。

2)其他内容

(1)督促施工单位加强现场安全防护和作业人员安全防护管理。

(2)督促施工单位加强对石料搬运、砌体勾缝抹面、临时用电等现场作业管理。

(3)仰斜式挡土墙等砌体应与路基土石方填筑同步平衡施工(一般两者高差≤1m),一方面保证路基填筑的碾压密实度,另一方面防治挡土墙失稳垮塌。

二、路面工程

1. 基层

1)重点内容

(1)督促施工单位加强现场作业指挥和协调工作,防止机械伤害事故。

(2)督促施工单位加强现场交通维护,设置齐全、醒目、稳定的各类安全警示标牌,必要时指派人员实施现场指挥。

2)其他内容

(1)督促施工单位严格按施工方案作业,巡视检查施工方案各项安全生产条件、安全技术措施落实情况,重点检查各类施工机械安全性能是否符合要求。

(2)检查施工作业人员安全防护用品是否配备整齐,加强现场作业管理,杜绝违章作业。消解石灰时,不得在浸水的同时边投料、边翻拌,人员应远避,以防烫伤。沿路肩堆放石灰消解时,应慢洒水,禁止泼水,操作人员应站在上风侧。

2. 沥青路面

1)重点内容

督促施工单位加强沥青混合料摊铺现场安全管理,在路面施工现场(包括夜间)应设置齐全的各类安全告示牌和警示牌,道路通行繁忙地段应派专人进行现场指挥交通。沥青洒布机(车)工作地段现场应设专人警戒,施工现场的障碍物应清除干净,洒油时作业范围内不得有人,施工现场严禁使用明火。各类碾压机械应有专人指挥,严格控制碾压速度,进行交错、有序碾压,防止碾压机械相互碰撞或伤及现场施工人员。

2)其他内容

(1)督促施工单位严格按施工方案作业,巡视检查施工方案各项安全生产条件、安全技术措施落实情况,沥青操作人员均应进行体检,凡患有结膜炎、皮肤病及对沥青过敏反应者,不宜从事沥青路面施工作业。

(2)检查施工单位沥青拌和场设置是否符合要求,沥青拌和场地应按照消防要求合理布置,留出消防通道,配置数量足够、性能满足要求的消防设施和消防用品。

(3)督促施工单位加强沥青拌和场地内的各种易燃油品的安全防护和管理工作,严格按设备操作规程操作,严禁未经正规培训的施工人员擅自操作拌和机械。

(4)检查各类施工机械安全性能是否符合要求,督促施工单位定期或定(产)量地对拌和机械工作性能进行检查和维修、保养,确保拌和机械使用安全。在拌和机出料仓附近严禁站人,并安排专人指挥装载沥青混合料。

(5)督促施工单位加强沥青运输安全管理,液态沥青宜采用液态沥青车运送,用泵抽送热沥青进出油罐时,工作人员应避让,当储油罐浮标指标达到允许最大容量时,要及时停止注入。运料车应经常检查其工作性能,严禁超载和使用报废车辆运输沥青混合料。运料车在倒车和卸料时,应有专人指挥,注意车后是否有施工人员和作业机械。

(6)督促施工单位落实、完善特殊季节沥青路面施工各项安全管理措施。

3. 水泥混凝土路面

1)重点内容

检查施工单位水泥混凝土拌和场设置及各项安全措施是否落实到位,水泥混凝土拌和楼的架设应保证使用全过程的安全稳定,对水泥储存罐等重型设施基础应进行有效加固处理;水泥混凝土拌和楼出料口严禁站人;拌和楼现场临时用电和各项安全警示标志是否符合要求。

2)其他内容

(1)督促施工单位严格按施工方案作业,巡视检查施工方案各项安全生产条件、安全技术措施落实情况。

(2)督促施工单位加强现场安全生产管理:

①在路面施工现场(包括夜间),应设置齐全的各类安全告示牌和警示牌,道路通行繁忙地段应派专人进行现场指挥交通,确保施工和交通安全;

②加强现场文明施工管理,设备材料堆放整齐,废方弃渣及时清运出场;

③加强现场临时用电管理;

④作业人员正确使用安全防护用品;

⑤加强施工机具设备日常检查、养护、维修管理,确保其安全使用性能;

⑥水泥混凝土摊铺机械必须专人操作,严禁未经培训的人员擅自操作摊铺机械。

4. 其他事项

一般路面工程基本完成时,标志、标线和护栏等交通安全设施工程尚未实施或未完成,此阶段正是施工车辆通行存在最大安全隐患的时候,因此必须加强综合安全管理,及时增设部分临时安全警示标志、临时限速标志、交通指示标志和护栏,必要时进行道路交通管制。

三、桥涵工程

1. 明挖基础

督促施工单位严格按施工方案作业,巡视检查施工方案各项安全生产条件、安全生产措施落实情况。

1)重点内容

(1)要求开挖基坑时,如对邻近建(构)筑物或临时设施有影响,应采取安全防护措施。

(2)要求挖基工程所设置的各种围堰和基坑支撑,其结构必须坚固牢靠,并保证施工过程中的安全,重点关注基坑顶面出现裂缝、坑壁松塌及涌水、涌砂等情况,一旦发现异常情况时应及时加固,危及作业人员安全时应立即撤出。

2)其他内容

(1)督促加强现场作业管理,特别是挖掘机操作安全,人员操作安全等。

(2)要求保持基坑上下通道安全稳固。

(3)要求保持基坑排水畅通。

(4)督促施工单位及时设置施工现场安全警示标志和交通指示标志,便桥应设置限载标志,保证便道、便桥通行顺畅安全。

(5)基坑开挖需要爆破时,应督促施工单位严格执行国家现行《爆破安全规程》。

2. 钻孔灌注桩基础

督促施工单位严格按施工方案作业,巡视检查施工方案各项安全生产条件、各项安全技术措施落实情况。

(1)钻机平台必须设置稳固,且操作平台、人员通道、孔洞口等处安全防护到位。

(2)各类钻机必须由专人操作且不得擅自离岗,非操作人员不得擅自操作。

(3)采用冲击钻孔时,卷扬机钢丝绳的断丝量应≤5%,否则应立即更换。冲击过程中,钢丝绳的松弛度应适宜。

(4)采用冲抓或冲击钻孔时,当钻头提到接近护筒底缘处,应减速、平稳提升,不得碰撞护筒和钩挂护筒底缘。

(5)正、反循环钻机及潜水钻机使用的电缆线要定期严格检查,接头必须绑扎牢固,确保不透水、不漏电;对经常处于水、泥浆浸泡的场合,应架空搭设。挪移钻机时,不得挤压电缆线及风水管路。

(6)潜水钻机钻孔时,由于在潮湿环境作业,电动机绝缘电阻降低,漏电的可能性增大,因此一般在完成一根钻孔桩时要检查一次电机的封闭状况。钻进速度应根据地质变化加以控制,以保证安全运转。

(7)钻机停钻,必须将钻头提出孔外并置于钻架上,不得滞留孔内。

(8)钻孔使用的泥浆池周边应设置明显有效的安全栏护,桩基坑施工完成后应及时清理或回填泥浆池。

(9)注意夜间、雷雨等特殊天气的安全生产措施落实情况。

3. 沉入桩

督促施工单位严格按施工方案作业,巡视检查施工方案各项安全生产条件、安全技术措施落实情况。

(1)施工场地应坚实并保持平整清洁。打桩机移动轨道应铺设平顺、轨距准确、钢轨钉牢,轨道端部应设止轮器。

(2)打桩架应在现场施工负责人指挥下进行移动。桩架移动应平稳,桩锤必须放在最低位置,柴油打桩机后部的配重铁必须齐全。采用滚杠滑移打桩架时,作业人员不得在打桩架内操作。

(3)打桩架及起重工具应经常检查维修。桩锤检查维修时必须将桩锤放落在地面或平台上,严禁在悬挂状态下维修桩锤。

(4)起吊沉桩或桩锤时,严禁作业人员在吊钩下或在桩架龙门口处停留或作业。

(5)水上打桩平台必须搭设牢固,打桩机底座与平台应连接牢靠。

(6)浮式沉桩设备沉桩时,桩架与船体必须连接紧固。船体定位后,应以锚缆加固,并应防止施工中浮船晃动。

(7)采用高压水泵等助沉措施,其高压水泵的压力表、安全阀、水泵、输水管道及水压等应符合安全要求。高压射水辅助沉桩时,应根据地质情况采用相应的压力,并要防止桩体急剧下沉造成桩架倾倒;射水沉桩时,应在桩身入土达到稳定时再射水。

(8)振动打桩机开动后,作业人员应暂离基桩,观察振动打桩机的运转情况,以策安全。振打中如发现桩回跳、打桩机有异声及其他不正常情况时,应立即停振,并在检查处理后再继续作业。所有开、停振必须听从指挥。

(9)振动打桩机在停止作业后,应立即切断电源。

4.挖孔桩

督促施工单位严格按经审批的专项施工方案,巡视检查施工方案中各项安全生产条件、安全技术措施落实情况。

1)重点内容

(1)挖孔灌注桩宜在无水或少水的密实土层或岩层条件下施工。当挖孔较深或有渗水时,应采取孔壁支护(护壁厚度≥10cm)及排水、降水等措施,严防塌孔。

(2)对孔壁的稳定及吊具设备等应经常检查。孔顶出土机具应有专人管理,并设置高出地面的围栏;孔口不得堆积土渣及沉重机具;作业人员的出入应设常备且安全可靠的梯子;采用简易吊篮的要检查吊篮系统是否牢固,并配有刹车系统;夜间作业应悬挂警示灯;挖孔暂停时,孔口应设置罩盖及标志。

(3)凡孔内有人作业时,孔上必须有监护人,并随时与孔下人员保持联系。孔上监护人应随时注意孔壁变化及孔底施工情况,发现异常时应立即协助孔内人员撤离,并向有关人员报告。

(4)经常检查孔内气体成分特别是有害气体的含量,以防中毒。为确保安全,还应遵守下述规定:

①挖孔人员下孔作业前,应先用鼓风机将孔内空气排出更换;

②当二氧化碳含量大于0.3%时,应采取通风措施;对含量虽不超过规定,但作业人员有呼吸不适感觉时,亦应采取通风或换班作业等措施;

③空气污染超过《大气环境质量标准》规定的三级标准浓度值时,如没有安全可靠的措施,不得采取人工挖孔作业。

(5)孔内挖土人员的头顶部位应设置护盖,取土吊斗升降时挖土人员应在护盖下面工作。相邻两孔中,一孔进行浇注混凝土时,另一孔的挖孔人员应停止作业,并撤出井孔。

(6)人工挖孔深度大于10m时(人工挖孔最深不宜大于15m),应采用机械通风。当使用风镐凿岩时,应加大通风量,以吹排凿岩产生的石粉,并采取劳动保护措施保证工人健康。

(7)挖孔桩孔内岩石需要爆破时,应采取浅眼爆破法,严格控制炸药用量,并不得使用有害气体炸药和火雷管起爆,具体按国家《爆破安全规程》中的有关规定办理。

2)其他内容

(1)凡孔内有人作业时,孔顶周边3m范围以内不得有机动车行驶或停放。

(2)采用人工振捣浇筑孔内混凝土时,应避免运送的混凝土伤及施工人员,同时防止振捣设备漏电伤人。

5. 墩台身

督促施工单位严格按施工方案作业,巡视检查施工方案各项安全生产条件、安全技术措施落实情况。

1)重点内容

(1)就地浇筑墩台施工的脚手架及作业平台,在平台外侧应设置可靠的栏杆,并仔细检查,确保稳固可靠。墩高大于10m时,应加设安全网,并作检查,确保其有效可靠性。

(2)墩台盖梁的模板支架及上下梯道应架设牢固,并在高墩台盖梁模板及梯道设置周边安全护栏。

(3)应对高墩台立柱模板刚度及安装紧固性进行仔细检查。

2)其他内容

(1)就地浇筑墩台的混凝土吊斗升降时应设专人指挥。落斗前,下部的作业人员必须躲开,且不得身倚栏杆推动吊斗。严禁吊斗碰撞模板及脚手架。

(2)吊机、桅杆吊运砌筑材料时,应听从指挥信号。砌筑材料吊运到砌筑面时,作业人员应避让,待停稳后方可向前砌筑。

(3)人工、手推车推(抬)运石块或预制块件时,脚手跳板应铺满,其宽度、坡度及强度等应满足安全要求。脚手架和作业平台上堆放的物品不得超过设计荷载。砌筑材料应随运随砌。

(4)人工抬运大块石料时,应捆绑牢靠,抬运动作协调一致,缓慢平放。所用抬杠、绑绳必须仔细检查,以保证符合使用要求。

6. 预制梁板浇筑

督促施工单位严格按施工方案作业,巡视检查施工方案各项安全生产条件和安全技术措施落实情况。

1)重点内容

(1)浇筑梁板的有关拌和、起吊、张拉以及场内运输设备应经检验符合安全要求。

(2)梁板模板基座应牢固、稳定,浇筑梁板所用钢绞线、锚具、夹具等应经检验并符合设计和规范要求。

(3)梁板张拉过程中,禁止人员位于钢绞线张拉方向上(应位于千斤顶的两侧),并在钢绞线张拉方向设置必要的安全栏护挡板。

(4)先张法张拉过程中和未浇筑混凝土前,周围不得站人或进行其他作业。

(5)场内梁板吊运时禁止梁下站人。

2)其他内容

(1)浇筑梁板预制场总体布置应符合有关消防安全要求。

(2)高压油泵与千斤顶之间的连接点各接口必须完好无损,螺母应拧紧。油泵操作人员要戴防护眼镜。

(3)梁板张拉前应确定两端的联络信号。

(4)张拉过程中出现异常情况,如油表剧烈振动、漏油、电机声音异常、断丝、滑丝、钢筋断裂等,应立即停机检查。

(5)管道压浆时,操作人员应戴防护眼罩和其他防护用品。关闭阀门时作业人员应站在侧面。

(6)预应力梁板未经孔道压浆禁止起吊出坑。

(7)梁板堆放时应注意:

①梁板支点位置的地基应进行加固处理,防止地基下沉扭曲损伤梁板或导致梁板倾覆;

②多层梁板叠放时一般不超过3层,并保证上下梁板之间的支垫枕木不发生受压变形、雨水浸泡或腐烂变质。

③禁止使用容易脆性破坏的水泥混凝土试件支垫梁板。

④不得"骑缝"堆放梁板。

(8)应对吊运梁板的钢丝绳经常进行检查和更换。

7. 预制梁板架设

督促施工单位严格执行专项施工方案,巡视检查施工方案各项安全生产条件和安全技术措施落实情况。其重点内容如下:

(1)梁板架设应委托有专业资质和有经验的单位施工。

(2)跨线(公路、铁路)桥梁安装时,除应事先编制专门的安全施工专项方案,还应与有关部门联系以及签订安全协议。在梁板架设施工时,应对下穿道路(或铁路)交通进行临时管制或进行有效遮盖,并在下穿道路两端适当位置派人指挥交通。

(3)预制构件不宜在夜间吊装,禁止在大风、大雾和雨天(雷雨)等恶劣天气下进行吊装架设。

(4)各种吊装工作连续作业一个阶段时,应进行适当休息,避免作业人员长期处于高度紧张状态;禁止作业人员疲劳上岗。同时也应检查、保养、维修吊装设备。

(5)预制场和墩顶装载构件的滑移设备必须具有足够的强度、刚度和稳定性,牵引或推进构件时,施力要均匀。

(6)简支梁起吊安装中,墩顶作业人员要暂时离开,禁止作业人员站在墩台帽顶指挥或平行作业。吊装前应严格检查:

①吊装机具设备的性能是否满足安全要求,构件重量、长度及吊点位置等是否符合设计要求;

②施工所需脚手架、作业平台、防护栏杆、上下梯道、安全网等是否齐备,深水施工时应备救护用船;

③断丝率大于5%的钢丝绳是否已经更换,对大型或重要设备应进行试吊;

④吊钩的中线是否通过吊体的重心,严禁倾斜吊运构件。

(7)单导梁、墩顶龙门架安装构件应按照下列规定执行:

①导梁上的导轨必须平行等距铺设,并妥善处理各接头;

②墩顶龙门架使用托架托运时,应保持托架两端平衡稳定,并缓慢行进,龙门架落位后应立即与墩顶预埋件连接,并系好缆风绳;

③构件在预制场地起吊装车后牵引至导梁时,行进速度不得大于5m/min,到达安装位置后平行车走轮应用木楔锲紧;

④构件起吊横移就位后,应加设支撑、垫木以保持稳定;

⑤龙门架横移轨道两端应设置制动枕木。

(8)顶升T梁、箱梁等大吨位构件时,必须在梁端和中间加设临时支撑。构件两端不得同时起吊或下落,一端起吊(或下落)时,另一端应保持支稳。

8. 支架现浇梁板施工

督促施工单位严格执行专项施工方案,巡视检查施工方案各项安全生产条件和安全技术措施落实情况。其重点内容如下:

(1)检查地基情况,核算地基承载力,确定地基硬化处理措施,加强基础四周排水,确保排水畅通,避免出现不均匀沉降。

(2)支架设备材料进场前必须经必要的检验和验收,并应具备生产许可证、产品合格证。

(3)凡高度超过8m、或跨度超过18m、或施工总荷载大于$10kN/m^2$或集中线荷载大于15kN/m的承重支撑架,严禁使用扣件式钢管支撑体系,应采用钢柱、钢托架或钢管门形架的组合支撑体系,以保证其有足够的强度、刚度和稳定性。

(4)承重支撑架的搭设施工必须由专业施工队伍承担,施工人员必须持有建筑登高架设特种作业上岗证。必须坚持先教育、后培训、再上岗的原则,严禁无证人员上岗操作。作业前,施工单位必须对操作班组及人员就施工专项方案、搭设要求、构造要求和安全质量注意事项等进行书面技术交底,交底双方必须履行签字手续。

(5)承重支撑架的搭设、验收和拆除必须严格按照有关规范、标准和施工专项方案进行。在搭设过程中应随时检查搭设情况,施工现场必须配备力矩扳手等检测工具。承重支撑架使用前施工单位必须组织有关人员进行验收,验收不合格的严禁投入使用。

(6)为减少支架变形及地基沉降对现浇箱梁线形的影响,确保支架体系稳固,必须根据设计方案对支架进行预压;预压程序符合要求,注意加强支架观测,根据实测的预压结果,及时调整模板。

(7)应加强模板、钢筋加工、混凝土浇筑机具设备的日常检查、维修、保养管理;严格控制混凝土浇筑程序。加强临时用电和高空作业管理,防护网等现场安全防护设施必须及时到位。

(8)预应力张拉平台搭设必须稳固,高空作业安全防护到位,严格控制张拉程序,张拉时两端设警戒标志,专人看护,闲杂人员不得靠近,确保张拉安全。张拉过程其他注意事项详见"梁板预制"。

(9)支架卸架时应按先跨中后两边的顺序均匀拆除,严禁野蛮施工,卸架后的支架应堆放整齐,以方便以后的使用。

(10)施工现场要整齐规范,各种安全警示牌和施工铭牌树立齐全。

9. 悬臂浇筑施工

督促施工单位严格执行专项施工方案,巡视检查施工方案各项安全生产条件和安全技术措施落实情况。其重点内容如下:

(1)悬臂浇筑挂篮经验算合格后,应由专业施工单位的专业人员实施安装。

(2)挂篮安装完成,应由施工、监理多方联合验收合格,方可投入使用。

(3)加强挂篮行走管控,行走前放样、配重、轨道等前提条件必须具备,行走时应保持匀速,两端同步,挂篮到位后应立即将相关固定措施如锚杆、吊带等固定牢固。

(4)挂篮体系的搭设、验收和拆除必须严格按照有关标准规范和施工专项方案进行。在安装过程中应随时检查搭设情况,并加强设备的日常检查、维修、保养管理,确保安全使用。

(5)为减少挂篮变形对悬臂浇筑梁板线形的影响,确保挂篮体系稳固,必须对支架进行预压;预压程序符合要求,注意加强观测,根据实测的预压结果,及时调整模板。

(6)加强模板、钢筋加工、混凝土浇筑的机具设备的日常检查、维修、保养管理;严格控制混凝土浇筑程序。加强临时用电和高空作业管理,防护网等现场安全防护设施必须及时到位。

(7)预应力张拉平台搭设必须稳固,高空作业安全防护到位,严格控制张拉程序,张拉时两端设警戒标志,专人看护,闲杂人员不得靠近,确保张拉安全。张拉过程其他注意事项详见"梁板预制"。

(8)施工现场要整齐规范,各种安全警示牌和施工铭牌树立齐全。

10. 移动模架施工

督促施工单位严格按执行专项施工方案,巡视检查施工方案各项安全生产条件和安全技术措施落实情况。其重点内容如下:

(1)移动模架其主要构件必须具有产品合格证,并经验收合格方可进场。

(2)移动模架应严格验算其受力及稳定情况,确保符合安全施工要求。

(3)移动模架的拼装必须由专业施工单位的专业人员实施,且应拟定拼装方案,严格管控拼装程序。

(4)拼装完成后,由监理、施工、拼装等单位联合组织验收,重点检查各结构部件是否完好,连接部位是否牢固,控制各部位顶面高程,合格后方可投入使用。

(5)移动模架拼装过程涉及高空作业,各项安全防护措施必须到位。

(6)为减少移动模架变形对梁板线形的影响,确保移动模架体系稳固,必须对支架进行预压;预压程序符合要求,注意加强观测,根据实测的预压结果,及时调整模板。

(7)加强模板、钢筋加工、混凝土浇筑机具设备的日常检查、维修、保养管理;严格控制混凝土浇筑程序。加强临时用电和高空作业管理,防护网等现场安全防护设施必须及时到位。模板必须对称安装。

(8)预应力张拉应注意张拉平台搭设必须稳固,高空作业安全防护到位,严格控制张拉程序,张拉时两端设警戒标志,专人看护,闲杂人员不得靠近,确保张拉安全。张拉过程其他注意事项详见"梁板预制"。

(9)移动模架完成一跨浇筑,必须等混凝土达到设计强度、预应力张拉、压浆完毕方可实施模架的纵移。拆除作业必须严格遵守相关程序。

(10)移动模架纵移必须遵守同步推移、单边换位固定的原则进行。纵移过程中,横向连接系一过支墩立即恢复连接,确保整体稳定。

(11)施工现场要整齐规范,各种安全警示牌和施工铭牌树立齐全。

11. 桥面系

督促施工单位严格按施工方案作业,巡视检查施工方案各项安全生产条件和各项安全技术措施落实情况。

(1)护栏施工时应注意安全,特别是上跨道路的桥梁护栏施工时应设置安全网,避免落物伤人(车)。

(2)梁板底部勾缝及护栏浇筑时应保证支架的稳定性(防河水冲刷和冲击)。

(3)加强施工现场临时用电管理。

(4)加强桥梁进出口管制工作。

12. 其他事项

(1)桥涵施工中应尽量避免双层或多层面同时作业,当无法避免时应设置防护棚、防护网、防撞设施和醒目的警示标志信号等,切实做好安全防护措施。

(2)台风季节和雨季来临之前,应对工程施工和临时居住场所进行全面检查,及时发现存在的安全隐患并采取有效防范措施。

(3)遇有六级(含)以上大风或大雾等恶劣天气时,不得进行高处露天、缆索吊装及大型构件起重吊装等作业。

(4)禁止施工人员酒后驾驶施工车辆及操作施工设备。

四、隧道工程

1. 洞口段施工

督促施工单位严格执行专项施工方案,巡视检查施工方案各项安全生产条件和安全技术措施落实情况。其重点事项如下:

(1)在隧道洞口段施工前,督促施工单位根据洞口附近的地形、水文、地质、环境及施工条件等,预估可能产生的各种危险因素和隐患发生如滑坡、坍塌等,以及对环境的影响,制订保障洞口段施工安全的技术措施,详见表4-2。

洞口段施工时可能出现的危险及可采取的相应措施　　　　表4-2

可采取措施\预估危险	滑坡	斜面崩坍	地表下沉	偏压	地基承载力不足	开挖工作面坍塌	涌水	施工时间		
								开挖前	开挖中	开挖后
注浆		○	○	○	○	○	○	○	○	
从地表加固围岩		○	○	○		○		○		
管棚		○	○	○		○		○		
地表排水沟	○							○		
洞内排水沟							○		○	
墙部打桩					○					
初期支护闭合			○	○		○				○
超前导管						○			○	
开挖工作面锚喷		○				○			○	
加固底部围岩			○		○					
护坡	○				○					○
钢架支撑下部垫板					○					
锚杆		○	○	○		○		○	○	○

续上表

可采取措施 \ 预估危险	滑坡	斜面崩坍	地表下沉	偏压	地基承载力不足	开挖工作面坍塌	涌水	施工时间 开挖前	开挖中	开挖后
喷射混凝土	○	○	○	○		○		○	○	○
提早施作衬砌或初期支护			○	○						○
刷坡	○	○						○		
填土加重				○				○		
防滑桩	○							○		
锚固杆		○				○			○	
环形导坑						○			○	
土锚杆	○							○		

（2）监理工程师仔细研究设计文件及有关地质资料和相关数据，并结合实地核查隧道洞口施工段施工安全措施。

（3）修建洞口段时，除地质条件较好，经论证可直接开挖外，从施工和安全要求考虑，一般应在加设锚杆、钢筋网、护坡和喷射混凝土之后再开挖洞口段；当有坍塌可能时，可先安设长锚杆或管棚等预支护，在辅助施工设施防护下开挖，以确保隧道洞口的施工安全。

（4）松软地层开挖边坡和仰坡应随挖随支护、随监测，应及时清理边坡、仰坡上的浮石、危石。

（5）隧道洞口开挖和刷坡施工参照路基挖方有关要求。

2. 洞身开挖

督促施工单位严格执行专项施工方案，巡视检查施工方案各项安全生产条件和安全技术措施落实情况。

1）重点内容

（1）班前检查是保证施工人员人身安全的重要环节，开挖人员到达工作地点时，应首先检查工作面是否处于安全状态，并检查支护是否牢固，顶板和两帮是否稳定，如有松动的土、石块或裂缝应先予以清除或支护。

（2）使用带支架的风钻钻孔时，必须将支架安置稳妥，以防止断钎伤人。卡钻时应用扳钳松动拔出，不可敲打；关风前不得拆除钻杆，否则极易发生事故。

（3）严禁在残眼中继续钻孔。残孔中可能留有残药，继续在残孔中钻孔会发生爆炸事故。

2）一般内容

（1）人工开挖土质隧道时，操作人员必须互相配合，并保持必要的安全操作距离。

（2）机械凿岩时，宜采用湿式凿岩机，以降低粉尘对操作人员的危害，并按规定使用安全防护用品（如安全帽、口罩等）。

（3）钻孔作业人员站在渣堆上作业时，应注意渣堆的稳定，防止滑塌伤人。

（4）开钻前应详细检查使用的机具，风钻钻孔前，应检查机身、螺栓、卡套、弹簧和支架是否正常完好；管子接头是否牢固，有无漏风；钻杆有无不直、带伤以及水孔堵塞现象；湿式凿岩机的供水是否正常;不符合要求者应予修理或更换。

(5)为防止电击事故,开钻前必须详细检查各部的绝缘装置,佩戴必需的绝缘防护用品(手戴绝缘手套,脚穿绝缘胶鞋)。电钻钻孔前应检查把手胶套的绝缘和防止电缆脱落的装置是否良好。钻孔过程中不得用手导引回转钢钎,以防被击伤;不得用电钻处理被夹住的钎子,以防电流增大使电钻烧坏,发生电击事故。

(6)在工作面内不得拆卸、修理风(电)钻。由于隧道施工场地狭窄,人员集中,能见度又差,在现场拆卸修理容易发生事故。

(7)钻孔台车进洞时要有专人指挥,认真检查道路状况和安全界限,其行走速度宜小于25m/min。

3. 爆破

监理工程师应对钻爆设计参数如钻眼数量、大小、孔深、间距、药量、起爆顺序等进行审查,要求施工单位就有关钻爆参数、起爆方法、起爆顺序等进行详细说明,督促施工单位严格执行专项施工方案,巡视检查施工方案各项安全生产条件和各项安全技术措施落实情况。其重点内容如下:

(1)爆破器材加工房应设在洞口50m以外的安全地点,严禁在加工房以外的地点改制和加工爆破器材。长隧道施工必须在洞内加工爆破器材时,其加工室的设置应符合《爆破安全规程》的有关规定。

(2)隧道内各工种交叉作业,施工机械较多,故放炮次数宜尽量减少,每天放炮次数、放炮时间应有明确规定。

(3)爆破作业和爆破器材加工人员严禁穿着化纤衣物。

(4)洞内爆破不得使用黑色火药。

(5)爆破装药与钻孔不宜平行作业,否则炸药易受高温、振动及火花的影响,导致引爆,发生事故。

(6)爆破工作涉及洞内各工作人员和机械设备的安全,必须有人统一指挥,并负全责。

(7)装药前应检查爆破工作面附近的支护是否牢固;炮眼内的泥浆,石粉应吹洗干净;刚打好的炮孔热度过高,不得立即装药,如果遇有照明不足,发现流沙、流泥未经妥善处理,或可能有大量溶洞涌水时,严禁装药爆破。

(8)为防止爆破药包受潮引起"盲炮",放炮距装药时间不宜过久。

(9)装药时,应使用木质炮棍,严禁火种,无关人员与机具等均应撤至安全地点。

(10)进行爆破时,所有人员应撤离现场,其安全距离应满足表4-3要求。

表4-3

独头巷道	≥200m
相邻的上下坑道内	≥100m
相邻的平行坑道,横通道及横洞间	≥50m
全断面开挖进行深孔爆破(孔深3~5m)时	≥500m

(11)起爆时严禁明火点炮,其导火索的长度应保证点燃后人员能撤至安全地点,但不得短于1.2m。

(12) 一个爆破工一次点燃的导火索根数不宜超过 5 根。如一人点炮超过 5 根或多人点炮时,应先点燃计时导火索,计时导火索的长度不得超过该次被点导火索中最短导火索长度的 1/3。当计时导火索燃烧完毕,无论其他导火索点完与否,所有爆破工必须撤离工作面。

(13) 为防止点炮时发生照明中断,爆破工应随身携带手电筒。严禁用明火照明。

(14) 采用电雷管爆破时,必须按照《爆破安全规程》的有关规定进行,并应加强洞内电源的管理,防止漏电引爆。装药时可用投光灯、矿灯照明。起爆主导线宜悬空架设,距各种导电体的间距必须大于 1m。

(15) 爆破后,必须经过 15min 的通风排烟,检查人员方可进入工作面检查有无"盲炮"及可疑现象;有无残余炸药或雷管;顶板两帮有无松动石块;支护有无损坏与变形。在妥善处理并确认无误后,其他工作人员才可进入工作面。

(16) 当发现盲炮时,必须由原爆破人员按规定处理。

(17) 相邻左、右隧道同时施工时,若有一个隧道进行爆破时,应通知另一隧道的施工人员撤出洞外,以避免爆破震动出现安全事故。

(18) 两个工作面接近贯通时,两端应加强联系与统一指挥。

① 岩石隧道两工作面距离接近 15m(软岩为 20m),一端装药放炮时另一端的人员应撤离到安全地点。导坑已打通的隧道,两端施工单位应协调放炮时间,放炮前要加强联系和警戒,严防对方人员误入危险区。

② 土质或岩石破碎隧道接近贯通时,应根据岩性适当加大预留贯通的安全距离,应只允许一端掘进,另一端的人员和机具应撤离至安全地点。贯通后的导坑应设专人看管,严禁非施工人员通行。

4. 出渣

督促施工单位严格按施工方案作业,巡视检查施工方案各项安全生产条件和安全技术措施落实情况。

(1) 各类进洞车辆必须进行检查,并处于完好状态,其制动必须有效可靠。

(2) 保证隧道内通风良好,避免和减少设备尾气对隧道内空气污染。

(3) 任何汽油动力设备都不允许进入隧道内,任何情况下都不允许汽油运到洞内。

(4) 进出隧道的人员不得与机械或车辆抢道,严禁爬车、追车或强行搭车,严禁人料混装。

(5) 装渣机械操作时,其回转范围内不得有人通过,也不得将装满料的料斗转过运输车辆的驾驶室上部。

(6) 装渣机械在装渣过程中应尽量轻挖轻卸,避免过多的振动影响周边围岩的稳定。同时,在装渣过程中应派专人指挥,发现周边围岩有异常情况及时予以处理或撤离人员和机械。

(7) 所有运载车辆均不准超载、超宽、超高运输。运装大体积或超长料具时,应有专人指挥,专车运输,并设置显示界限的红灯。

(8) 洞内运输的车速应进行控制,不得超过 20km/h,会车时不得超过 15km/h,并调整灯光;车辆行驶中严禁超车。

(9) 洞内路面应设专人养护,并保证路面有一定的平整度,不可出现严重积水。

(10) 洞外卸渣场应保持一段上坡段,并在堆渣边缘内 0.8m 处设置挡板。

5. 初期支护

督促施工单位严格按施工方案作业,巡视检查施工方案各项安全生产条件和安全技术措施落实情况。其重点内容如下:

(1)隧道竖井、斜井、横洞及平行导洞各部位开挖后,除围岩完整坚硬以及设计文件中规定的不需支护者外,都必须根据围岩情况和施工方法采取有效的支护措施。

(2)必须坚持先支护(强支护)、后开挖(短进尺、弱爆破)、快封闭、勤量测的原则,以确保施工安全。

(3)隧道洞身开挖后,应及时清除浮石、危石,并经施工技术人员、安全管理人员、监理工程师检查确认后,方可进行支护作业。

(4)尽快安设锚杆,且一般宜先喷射混凝土,再钻孔安设锚杆。

(5)喷射混凝土应注意:

①当拌和机设在洞内时,应对拌和机和皮带运输机的回转部分予以覆盖,以防发生卷夹人身事故;

②合理选择喷射方式(干喷、湿喷或潮喷)、混凝土配合比等,采用合适的降尘措施,控制施工现场空气中的粉尘含量,以保证现场施工人员的身体健康;

③对喷射混凝土原材料和配合比加强控制,防止发生混凝土输送管道堵塞后喷嘴剧烈振动和摆动喷射伤人,也应防止因混凝土输送管道爆裂危害施工人员安全;

④喷射人员应对喷射机械进行检查,喷射压力应保持在0.2MPa左右,并严禁将喷射管口对人放置;

⑤喷射混凝土施工台车应架设牢靠,台车周边及上下梯道应设置牢固的护栏,并经常对台车的安全稳定性进行检查;

⑥进行喷射作业时,施工人员必须佩戴防护用具(防尘口罩、防护面具、眼镜、胶皮手套、劳保雨鞋等),对从事喷射的施工人员应定期进行健康检查;

⑦应按照设计要求及时喷射足够厚度的混凝土,以减轻周边围岩的松弛变形;

⑧应经常对已经完成的喷射混凝土表面进行检查观测,当混凝土表面出现裂缝时应予以高度重视,及时分析原因并采取有效措施予以处理。

(6)锚杆安装应注意:

①锚杆的孔位、孔径、孔深、布置形式及抗拔力等应符合设计要求;

②锚杆安设过程中应注意避免因锚杆从锚杆孔内滑脱而伤人;

③中空锚杆注浆时应注意浆液喷射溅人,施工人员应佩戴防护眼罩等。

(7)钢筋网片安装应注意:

①钢筋网片(特别是拱顶部分)应与锚杆尾端焊接,以加强初期支护的整体稳定性;

②钢筋网格间距应符合设计要求,预制钢筋网片之间应按照设计和规范要求进行连接。

(8)钢结构支架安装应注意:

①在钢结构支架制作和搬运过程中,必须将构件绑扎牢靠,以防止发生整体构件或连接铁件碰撞伤人、车辆倾覆、构件坠落伤人事故;

②架设钢结构支架前应采用垫板或片石混凝土等将钢结构支架的基础垫平;

③架设钢结构支架应由专人按规定信号进行指挥,并随时观察围岩动态或初喷混凝土层

的变化情况,防止落石或坍塌引起伤人事故;

④架设时应采用纵向连接杆件将相邻的钢结构支架连接牢固,防止钢结构支架倾覆或扭转、变形而造成安全事故;

⑤钢结构支架应尽量与周边围岩或喷射混凝土紧贴,严禁在钢结构支架背侧留有空洞或以乱石填塞(应用喷射混凝土填塞),以有效防治周边围岩出现松弛坠落;

⑥应对钢结构支架经常进行检查,如发现扭曲、压屈等现象和征兆时,必须采取加固措施,必要时,应使其他人员迅速撤离至安全地带,防止因坍塌造成伤亡事故;

⑦分台阶施工地段,钢结构支架需分次落底,但不得同时将左右两侧的拱脚一次性掏空,前后至少应错开7~8m。

(9)洞口地段和洞内水平坑道与辅助坑道(横洞、平行导坑)的连接处应加强支护或及早进行永久衬砌。

(10)洞内支护宜随挖随支护,支护至开挖面的距离一般不得超过4m。如遇石质破碎、风化严重和土质隧道时,应尽量缩小支护工作面。当短期停工时,应将支撑直抵工作面。

6. 隧道超前地质预报

监理工程师应督促施工单位做好隧道超前地质预报工作,特别是长大隧道和地质特别复杂的隧道工程,应要求施工单位必须实施超前地质预报。超前地质预报着重探明构造软弱带,包括断裂、溶洞、破碎带等不良地质对象的性质、规模、位置及产状等;危险的含水、含气构造,包括含水断裂、含水溶洞、含水松散体等的位置、规模、富水性、水压大小等;瓦斯气的生、储、盖地质条件;围岩的工程类别等。施工单位应根据超前地质预报的结果,制订并采取有效措施,确保安全生产。

7. 监控量测

(1)隧道监控量测作为隧道工程质量和安全控制的关键工作,应予以高度重视,切实利用监控量测数据和成果来有效评价隧道的设计方案是否合理以及隧道的安全状态。隧道施工前,监理工程师应当明确监控量测的各项要求。

(2)隧道监控量测工作必须由专人负责,各施工、监理、建设单位人员应加强对监控量测数据的统计分析,同时及时将分析情况反馈至勘察和设计单位,以便及时修整设计方案和调整施工工艺。初期支护前,监理工程师应当对监控量测有关内容(量测项目、方法、仪器、测点布置、量测频率、数据处理、量测人员组织等)进行严格审查。

(3)隧道监控量测项目分必测项目和选测项目,具体检测方法、布置要求和检测时间频率等详见表4-4,其中1~4项为必测项目,其他为选测项目。

隧道现场监控量测项目及量测方法 表4-4

序号	项目名称	方法及工具	布 置	量测间隔时间			
				1~15天	16天~1月	1~3月	>3月
1	地质和支护状况观察	岩性、结构面产状及支护裂缝观察或描述,地质罗盘等	开挖后及初期支护后进行	每次爆破后进行			
2	周边位移	各种类型收敛计	1个断面/10~50m 2~3对测点/断面	1~2次/天	1次/2天	1~2次/周	1~3次/月

续上表

序号	项目名称	方法及工具	布置	量测间隔时间 1~15天	16天~1月	1~3月	>3月
3	拱顶下沉	水平仪、水准尺、钢尺或测杆	1个断面/10~50m	1~2次/天	1次/天	1~2次/周	1~3次/月
4	锚杆或锚索内力及抗拔力	各类电测锚杆、锚杆测力计及拉拔器	1个断面/10m ≥3根锚杆/断面	—			
5	地表下沉	水平仪、水准尺	1个断面/5~50m ≥7个测点/断面 ≥2个断面/隧道 中线1个测点/5~20m	开挖面距量测断面前后: ≤2B时,1~2次/天 ≤5B时,1次/2天 >5B,1次/周			
6	围岩体内位移（洞内设点）	洞内钻孔中安设单、多点杆式或钢丝式位移计	1个断面/5~100m 2~11个测点/断面	1~2次/天	1次/2天	1~2次/周	1~3次/月
7	围岩体内位移（地表设点）	地面钻孔中安设各类位移计	每代表性地段1个断面,3~5个钻孔/断面	（同地表下沉要求）			
8	围岩压力及两层支护间压力	各种类型压力盒	每代表性地段1个断面 15~20个测点/断面	1~2次/天	1次/天	1~2次/周	1~3次/月
9	钢支撑内力及外力	支柱压力计或测力计	1对测力计/10榀钢结构支架	1~2次/天	1次/天	1~2次/周	1~3次/月
10	支护、衬砌内应力、表面应力及裂缝量测	各类混凝土内应变计、应力计、测缝计及表面应力解除法	每代表性地段一个断面 11个测点/断面	1~2次/天	1次/2天	1~2次/周	1~3次/月
11	围岩弹性波测试	各种声波仪及配套探头	在有代表性地段设置	—			

（4）当发现测量数据有异常变化或突变,如洞内或地表位移值大于允许位移值、洞内或地表出现裂缝以及喷层出现异常裂缝,均应视为危险信号,必须要求施工单位立即撤离现场作业人员,待制订处理措施后方可继续施工。

8. 防排水

督促施工单位严格按施工方案作业,巡视检查施工方案各项安全生产条件和安全技术措施落实情况。

（1）防水卷材挂设台车应架设牢靠,台车周边及上下梯道应设置牢固的护栏,并经常对台车的安全稳定性进行检查。

（2）台车两端应设置醒目警示标志,大型车辆应在调车人员指挥下通过台车,防止施工车辆和机械碰撞台车。

（3）隧道防水卷材挂设时,必须对喷射混凝土表面进行仔细检查,通过对喷射混凝土表面出现问题的分析来评价隧道的安全状态。

（4）在防水卷材挂设时,应防止台车落物伤及台车下行人和车辆。

9. 二次衬砌混凝土

督促施工单位严格按施工方案作业,巡视检查施工方案各项安全生产条件和安全技术措施落实情况。其重点内容如下:

（1）随着隧道开挖工作的推进,应及时进行衬砌,特别是洞门部位的衬砌必须尽早施工,地质不良地段的洞口必须首先完成。

(2)二次衬砌混凝土施工模板台车应架设牢靠,台车周边及上下梯道应设置牢固的护栏,并经常对台车的安全稳定性进行检查。

(3)台车两端应设置醒目警示标志,大型车辆应在调车人员指挥下通过台车,防止施工车辆和机械碰撞台车。

(4)安装、拆除模板、钢结构支架时,工作地段应有专人监护。

(5)加强用电管理,避免照明设施漏电伤人。

(6)在二次衬砌混凝土施工时,应防止台车落物伤及台车下行人和车辆。

(7)泵送混凝土的管道应保持畅通,避免出现炸管伤人事件发生。

10. 照明与装饰

督促施工单位严格按施工方案作业,巡视检查施工方案各项安全生产条件和安全技术措施落实情况。

(1)隧道照明和表面装饰工程施工时,各种台架应架设牢靠,台车周边及上下梯道应设置牢固的护栏,并经常对台车的安全稳定性进行检查。

(2)各种施工台架两端应设置醒目警示标志。

(3)对临时通车的隧道应加强交通管制,限制行车速度。

五、交通安全设施工程

1. 波形板护栏

(1)对打入立柱所使用的打桩机,要求施工单位在施工前对其各项性能进行检验。

(2)施工中要求施工单位有技术人员在现场监督。

(3)监理工程师应做好现场巡视检查工作。要求谨慎施工操作,不得破坏路面下埋设的电缆、管道等设施。

2. 隔离栅

(1)立柱基础混凝土强度达到设计强度70%以后,方可安装隔离栅网片。

(2)隔离栅网片安装完毕后,监理工程师应进行检查,要求网面平整,框架与立柱应连接牢固,且整体连接平顺。

(3)监理工程师应要求施工单位在隔离栅网片安装前对立柱基础进行最后压实处理。

3. 标志牌

(1)标志基础的施工,在开挖基坑时监理工程师应检查基底土质情况,承载力满足不了设计要求时,应要求施工单位进行处理。

(2)对标志牌吊装使用的机械,监理工程师应审查其生产许可证、产品合格证,并要求施工单位在吊装前对其安全性能进行检查。

(3)监理工程师应要求施工单位在吊装时有专业技术人员在现场监督,严格按操作规程施工。

4. 防眩板

(1)在施工中监理工程师应做好巡视检查,要求不得损坏中央分隔带上的通信管道、护栏等设施。

（2）防眩板单独埋设立柱时，监理工程师应严格控制基础混凝土强度，达到设计强度后方可允许安装上部构件。

六、安全应急措施

（1）监理单位和项目监理办都要制订安全事故应急预案，加强应急管理工作。

（2）监理工程师应当督促施工单位加强应急管理工作，重点做好应急责任落实、应急机构设置、应急队伍组建、应急物资设备配备、应急资金落实、开展应急演练。

（3）当工程现场发生安全事故，监理办应当立即启动应急预案，及时向监理单位、建设单位、上级有关部门报告事故情况，并立即指令施工单位停止施工，同时开展现场救援工作，重点抢救作业人员生命，保护施工现场，施工现场不得已必须破坏时，应采取摄像、拍照、画图等形式记录现场基本情况。

（4）在台风和梅雨季节，监理工程师应当密切注意气象部门的天气预报和警报，并督促施工单位做好应对恶劣天气的各项应急保护措施。

①临时设施。台风来临前，要对临时办公用房和宿舍进行毛竹、钢丝加固处理，对加工车间、库房采用钢管加固处理的方法，保证人员和财产的安全，必要时可紧急安排人员撤离。

②安全检查。成立专门领导小组，及时组织开展工程现场安全生产全面大排查，应重点检查：桥梁基础开挖、隧道掘进、高边坡防护和水上水下作业的防汛安全情况；大型支架、塔吊、龙门吊等设备设施基础稳定、牢固情况；水中施工平台锚固拉结装置；临水临崖施工作业场区和边坡稳定情况；大型基坑围护结构位移和变形情况；临时设施、工棚牢固程度；禁止在滑坡体（或松散易滑体）附近、桥涵结构物下、洪水位上涨时将可能被淹没或冲毁的河滩及附近、爆破可能影响区域、高压电杆（塔）附近、公路车辆易冲撞地段等地方设置临时工棚；台风来临之前对现场所有的脚手架、支好的模板等进行全面的安全检查，确保安全可靠。对排查中发现的安全隐患，要果断采取措施，坚决落实整顿，确保万无一失。

③现场排水。及时疏通排水设施，加强基坑、水利渠道等排水抢险准备工作。

④危险路段。边通车边施工路段应及时清理边坡浮石，在危险地段设置醒目的警示警告标志和交通指示标志，特别危险路段要派专人指挥维护交通；易塌方路段要加强稳定性观测，及时抢险确保道路畅通，必要时采取临时限行措施。

⑤临时用电。临时用电线路和用电设备要落实防风、防雨、防雷暴措施。加强宣传教育工作，进行必需的抢险技术交底，防止抢险工作被动。

⑥应急保障储备。各单位要严格落实应急保障储备，确保应急抢险的万无一失。

⑦应急响应。各单位要严格按照有关指示，结合本单位应急处置预案，及时启动相应等级应急响应。加强值守，保持通讯顺畅，紧急时期可采用停工和撤离人员的决策。

第五章 环境保护监理

第一节 基本知识和要求

一、环境保护管理体系

1. 项目环境保护管理体系

环境保护监理涉及的相关方比较多,既有工程项目参建方——建设、设计、施工、监理单位,又有工程所在地各级政府(如环保、水保主管部门)、沿线居民、企事业单位等,环保监理工作的开展涉及各方的权利和利益。因此,搞好环保监理工作的前提,是必须建立高效运行的项目环境保护管理体系。

建设单位在工程项目管理中处于中心地位,承担项目策划、指挥、控制以及内外部总体协调的任务,对工程建设的环境保护工作负总责,应建立以建设单位的环保管理机构为主导,环保管理机构、施工环保机构、环保监理机构三位一体,政府监督、业主管理、企业自控、社会监理相结合,全员参与、全方位、全过程的项目环境保护管理体系。建设单位的环保管理机构全面负责项目环境管理工作,根据国家环境保护的有关法律、法规及工程项目施工承包合同中有关环境保护的条款,制订项目《施工环境保护管理办法》,与施工单位签订环保目标责任书,把环保纳入考核范围,监督、协调各项环保措施的顺利实施。施工单位环保机构的任务是按照国家有关法律、工程设计文件和施工承包合同组织实施施工单位自身的环境保护工作。环保监理机构的任务是受建设单位的委托,对工程建设过程中污染环境、破坏生态的行为进行监督管理,以确保各项环保措施满足公路施工环保的要求。建设单位对环保监理应明确授权,并给予大力支持,各机构之间应紧密联系,分工协作。只有建立完善的环保管理体系,使项目环境保护工作从决策、组织到实施都具备通畅的渠道,才能保证环境保护工作的全面、顺利开展。

2. 环保监理组织机构

按照省交通运输厅的有关规定,高速公路和大型水运工程项目监理办可根据工程实际情况,配备一名专职或兼职的环境保护副总监理工程师,各相关专业监理工程师均应按规定经培训持证上岗。监理机构应按照环保法规、批准的环评报告书、施工图环境保护要求的内容认真履行环境监理职责。

3. 全员参与环境保护

由于每一位工程参与者的工作行为(施工活动、监理活动等)和生活行为(生活废弃物的处置等)都会对环境产生直接或间接的影响,因此,环保不是监理单位的"独角戏",它是参建各方每一位工程参与者义不容辞的共同责任。监理机构的每一位监理人员都负有对施工活动进行环保监理的职责。只有广大工程建设者都具备了环保理念、环保意识和环保知识,在项目环保这个大系统中,才有相互沟通配合的良好基础,才能真正构建起完善的项目环境保护管理体系,也才能共同努力实现工程项目的环保目标。因此,在工程正式开工前,建设单位、监理单位和施工单位应对员工广泛开展环保知识的宣传、教育和培训,树立"环境保护,从我做起"的思想意识。监理工程师要严格审查施工单位环保管理体系建立的情况,监理单位还要通过工地会议,使参建单位明确工程项目的环保目标以及各自的环保职责和环保监理的程序。

二、环境保护监理的依据

1. 国家有关的法律、法规

包括《中华人民共和国环境保护法》、《中华人民共和国大气污染防治法》、《中华人民共和国水土保持法》、《中华人民共和国野生动物保护法》、《中华人民共和国野生植物保护条例》、《中华人民共和国固体废物污染环境保护法》、《中华人民共和国环境影响评价法》等。

2. 国家有关的条例、办法、规定

包括《建设项目环境保护管理条例》、《关于加强自然资源开发建设项目的生态环境管理的通知》、《关于涉及自然保护区的开发建设项目环境管理工作有关问题的通知》、《关于开展交通工程环境监理工作的通知》等。

3. 地方性环保法规

4. 国家环境标准

包括《建筑施工场界噪声限值》、《大气污染物综合排放标准》、《地表水环境质量标准》、《城市区域环境振动标准》等。

5. 公路工程标准规范

6. 项目的环境影响评价报告书和水土保持方案及其批复

它是施工环境保护监理工作最重要的依据之一,是施工环境保护监理工作关注的重点,也是必须达到的底线。此外,《地质灾害危险性评估》、《地震安全性评估报告》、《征占用林地调查及林木采伐设计》、《文物考古调查勘探评价》等也是环境保护监理工作的依据。

7. 项目的环境行动计划(世界银行和亚洲开发银行贷款项目均有此文件)

8. 工程设计文件

9. 监理服务合同、工程施工承包合同以及补充协议

10. 施工过程的会议纪要、文件

三、环境保护监理的目标

环境保护监理的目标主要有以下四个方面:一是主体工程施工过程中的噪声(振动)、废气、污水、固体废弃物等排放达到国家有关相应标准;二是生态环境保护、水土保持等措施符合建设项目环评报告和水土保持方案及其批复的要求;三是声屏障、绿化、污水处理设施、路桥面雨水径流收集系统等环保工程的施工符合有关规范和合同规定;四是不发生重大环境污染和生态破坏事件。

四、环境保护监理的内容

公路施工环境保护监理是针对施工过程环境保护的全方位、全过程的监理,其主要任务,一是根据国家相关法律法规,对工程建设过程中污染环境、破坏生态的行为进行监督管理,如噪声、废气、污水等污染物排放应达标,减少水土流失和生态环境破坏,也称为"环保达标监理";二是对建设项目配套的环保工程进行施工监理,确保"三同时"的实施,如声屏障、绿化工程、污水处理设施和路桥面雨水径流收集系统等进行监理,也称为"环保工程监理"。

施工环境保护监理一般应包括以下内容:

1. 施工准备阶段的环境保护监理工作

(1)参加设计交底,熟悉环评报告和设计文件,掌握沿线重要的环境保护对象,了解建设过程的具体环保目标,对敏感的保护目标作出标识。

(2)编制《施工环境保护监理计划》和《环境保护监理细则》。

(3)组织监理人员认真学习《环保监理计划》、《环保监理细则》、环境影响评价报告和水土保持方案等,明确环保监理的范围、目标、岗位职责以及具体的环保监理程序、方法和控制要点。

(4)审查施工单位提交的施工组织设计和开工报告,对施工方案中环保目标和环保措施提出审查意见。对不符合工程环保要求的环节和内容提出改正要求,对遗漏的环节和内容要求增补。

(5)审查施工单位的临时用地方案是否符合环保要求,临时用地的恢复计划是否可行。

(6)审查施工单位的环保管理体系是否责任明确,切实有效。

(7)参加第一次工地会议,提出环保监理目标和环保监理措施和要求。

2. 施工阶段的环境保护监理工作

(1)审查施工单位编制的分部(分项)工程施工方案中的环保措施是否切实可行。

(2)对施工现场、施工作业进行巡视或旁站监理,检查环境保护措施的落实情况。

(3)对各项环境指标进行必要的监测,出具监测报告或成果。

(4)向施工单位发出环境保护工作指令,并检查指令的执行情况。

(5)编写环境监理月报。

(6)参加工地例会。

(7)建立、保管环境保护监理资料档案。
(8)处理或协助主管部门和建设单位处理突发环保事件。

3. 交工及缺陷责任期的环境保护监理工作

(1)参加交工检查,确认现场清理工作、临时用地的恢复和取(弃)土场等的复绿是否达到环保要求。

(2)评估环保任务或环保目标的完成情况,对尚存的主要环境问题提出继续监测或处理的方案和建议。

(3)定期检查施工单位对环保遗留问题整改计划的实施,并根据工程具体情况,建议施工单位对整改计划进行调整。

(4)检查已实施的环保达标工程和环保工程,对交工验收后发生的环保问题或工程质量缺陷及时进行调查和记录,并指示施工单位进行环境恢复或工程修复。

(5)督促施工单位按合同及有关规定完成环保施工资料存档。

五、环境保护监理的方法

对于环保达标监理,监理工程师应当以日常巡视为主,辅以必要的环境监测,以便及时调整环保监控力度。其基本方法如下:

(1)监理工程师应审查施工组织设计是否按设计文件、环境影响评价报告和水土保持方案及其批复的有关要求制订了施工环境保护措施,审查合格后方可同意工程开工。

(2)监理工程师应当制订巡视和旁站计划,在巡视、旁站中,应随时检查施工单位制订的环境保护措施的落实情况,检查内容包括:施工单位是否落实了施工环境保护责任人,施工便道和临时用地的布设是否符合相关环保要求,职业危害的防护措施是否健全,施工现场(含临时便道、拌和站、预制场等)和料场等是否洒水防尘,是采取了降噪措施,施工废水、弃渣、生活污水、垃圾的处置是否合理,是否按照批准在拟定的取弃土场取弃土,取弃土结束后是否采取了有效的排水防护和植被恢复措施。

(3)施工过程中,应当关注扬尘、噪声、废水等环境监测指标,必要时可根据需要进行现场监测。

(4)如发现施工中存在违反有关环保规定和未按合同要求落实环保措施的情况,监理工程师应及时书面指令施工单位整改;情况严重的应签发《工程暂停令》,要求施工单位暂时停工,并及时报告建设单位。

(5)工程施工过程中不符合环保要求或不执行监理环保指令的,该工程部位可不予或折减计量支付。

(6)监理办应当建立环保监理台账。

(7)在《监理月报》中,应编写环境保护监理独立章节,向建设单位和有关部门报告。

(8)按规定收集、整理环境保护监理有关记录、资料,并归档。

(9)环保工程作为公路工程的附属工程,其施工监理的内容与主体工程的施工监理相同,即"五监理、二管理、一协调",其监理程序和方法也与主体工程监理一致。

第二节　环境保护监理的要点

一、路基工程

1. 审批施工方案

在路基工程开工前,监理工程师应审批施工单位编制的路基工程施工方案,对其环保措施提出审查意见。

(1) 对于表层淤泥、杂草等,应明确清理的对象和范围。

(2) 对于挖除的表土,应在施工区域附近选择地形平坦的地点集中堆置,可用于将来沿线绿化和地表恢复,堆置期间应有防雨设施覆盖,以防止雨水冲刷和水土流失,并设置相应的排水系统。不用于本地恢复的,可直接覆盖至可供耕作的其他地面。

(3) 路基土石方开挖,应有相应的土石方调配方案,尽可能少弃多用。

(4) 在雨水充沛地区,应及时设置排水沟及截水沟,避免边坡崩塌或滑坡产生。挖方工程量大的路段应尽可能避免在雨季施工。

(5) 挖方边坡整修应当合理安排各工序的施工时间和顺序,分段施工,尽量减少工作面。在土方开挖完成后,立即开始护坡、挡土墙、路基边坡植草、铺砌排水沟等防护工程。完成一段防护后,再开始下一工段的开挖。

(6) 弃土弃渣的堆放地点及采取的环保措施是否符合项目环评报告、设计文件的要求。

2. 拟订监理计划

监理工程师应根据工程实际情况,确定路基工程环保监理的巡视、旁站计划,对施工单位环保措施的执行效果进行检查。

(1) 在清除表层淤泥、杂草时,应按确定的对象和范围进行清理,不应仅考虑方便施工而任意破坏沿线两侧的植被。

(2) 地表清理遇到古树名木或珍稀植物时,应向建设单位和有关部门报告,以便采取移植等必要的保护措施。

(3) 应将路基开挖范围严格控制在施工范围内,不应仅考虑方便施工而任意破坏施工范围之外的植被和土壤。开挖应自上而下进行,不得乱挖和超挖。

(4) 挖除地表土的储料堆选址,应经监理工程师同意。

(5) 路基挖方工程在雨季施工时,应尽量降低施工面坡度,并做到填料的随取、随运、随铺、随压,以减少雨水冲刷侵蚀。

(6) 开挖面的坡度应严格按照设计图纸设置,以免造成坍塌或加剧水土流失。

(7) 对于施工取土,需做到边开挖、边平整、边绿化,同时要做到计划取土,及时还耕。

(8) 开挖中挖出的未被利用的剩余材料、清理场地的杂物和废料,以及不适合做路堤填料的材料,不得任意废弃,都应运送至指定的弃渣场堆放。

(9) 填筑路基时,应分层碾压并分层检查压实度,并要求填土层压实度达到要求后方能允许填筑上一层填土。只有分层控制填土的压实度,才能保证控制水土流失量。

(10)督促施工单位在弃土弃渣堆放地点预先采取排水和挡土措施,防止水土流失及其对水源和灌溉渠道造成的污染和淤塞。

(11)应关注扬尘、噪声、废水的SS(悬浮物)、石油类等环境监测指标,必要时可根据需要进行现场监测。

(12)应注意施工振动对周边环境的影响;注意噪声是否达标排放,路基工程施工阶段施工场界噪声限值为昼间75dB,夜间55dB。

(13)对施工过程中不符合环保要求的行为,监理工程师可以发出监理指令,责令改正。

(14)路基工程施工结束后,应检查施工单位是否按规定对施工场地、临时用地等进行清理和恢复。

二、路面工程

1. 审批施工方案

在路面工程开工前,监理工程师应审批施工单位编制的路面工程施工方案,对其环保措施提出审查意见。

(1)合理安排拌和场并集中拌和,尽量减少拌和场。

(2)审查路面基层和沥青面层混合料拌和场的选址,尤其要严格对沥青混合料拌和场选址方案进行审批。稳定土拌和场、水泥混凝土拌和场、沥青混凝土拌和场等以及砂石场、轧石场等不得设在饮用水源地保护区内。要求拌和场布置在远离人群活动的地点,距离学校、医院、疗养院、城乡居民区等环境敏感点和有特殊要求的地区不宜小于300m,小型临时拌和场地应离环境敏感点大于100m,并应尽量避开下风向有人群的地段。

(3)采用先进、完好的拌和装置,并配备除尘设备,沥青拌和设备还应具备沥青烟气净化和排放设施。

(4)拌和场应配备临时污水汇集设施,对拌和场冲洗集料的污水应汇集处理回用,不得直接排出施工现场以外的地方。拌和场所产生的废水,应沉淀后排放,不得直接排入鱼塘、河流和农田。

(5)审查扬尘控制措施。装载机和运输车辆的装卸料、运输产生的扬尘,可设置喷水装置洒水;石灰、粉煤灰应有防尘防雨设施;散装水泥出料口应有围护措施;车辆应备有盖布等类似物品进行遮盖,以减少扬尘产生。

(6)审查混合料运输路线和时段。运输路线经过住宅区、学校等敏感地区的,应避开居民休息、学校上课时段,避免交通噪声干扰人民生活。

(7)应当为操作人员配备口罩、风镜等劳动防护用品,沥青路面施工人员还应实行短时轮班制。

2. 制订监理计划

监理工程师根据工程实际情况,确定路面工程环保监理的巡视、旁站计划,对施工单位环保措施的执行效果进行检查。

(1)对装载机和运输车辆装卸料、运输产生的扬尘,可视具体情况增减洒水频率,使扬尘减至最低限度。

(2) 对拌和楼除尘系统产生的大量回收粉尘,应当通过试验室分析,塑性指数等指标符合沥青路面施工技术规范相关要求时,尽量回收利用,若不能使用时,应制订相应处理措施,不得随意倾倒。

(3) 监理工程师应规定沥青拌和料废料的处置方法,并随时对执行情况进行巡检。

(4) 监理工程师应特别注意沥青烟气的污染防治,沥青路面摊铺施工作业点下风向50m内应无人群活动。施工中应有重点地对沥青洒布过程进行旁站检查,防止沥青污染。

(5) 应注意噪声达标排放,路面工程施工阶段施工场界噪声限值为昼间70dB,夜间55dB。

(6) 对施工过程中不符合环保要求的行为,监理工程师可以发出监理指令,责令改正。

(7) 路面施工结束后,应检查施工单位是否按规定对施工场地、临时用地等进行清理和恢复。

三、桥涵工程

1. 审批施工方案

在桥梁工程开工前,监理工程师应审批施工单位编制的桥梁工程施工方案,对其环保措施提出审查意见。

(1) 旱桥施工中只允许砍伐墩、台永久施工部分的植被,桥跨范围的植被不得砍伐和清除,以尽可能保留桥跨部分的原生植被,减少桥梁墩、台施工对地表原生植被的破坏。

(2) 对基础开挖、围堰、钻孔桩等施工作业要有周密的水环境保护措施,明确围堰用的土袋、板桩或套箱的数量,对围堰材料进行编号,保证施工前后数量一致,避免遗留在水体中,阻碍行洪或航运。施工废弃的材料应运送至弃渣场。在进行水产养殖的河道进行围堰施工的,应当根据上下游的污染情况,提出合理的围堰方案,以免影响养殖。

(3) 钻孔桩必须设置泥浆循环池、沉淀池,不得将泥浆直接排入河道中。泥浆需经沉淀后上清水排放,减少悬浮固体的排放量。大型桥梁可利用钢护筒作泥浆储备池,并采用泥浆过滤设备,清除残渣。泥浆池应选在不宜外溢的地段,周围应设置良好的排水系统,以免雨水造成泥浆外溢而破坏当地环境。

(4) 沉入桩施工对环境的影响主要是船只和打桩机械的油料泄漏、废油处理以及噪声,施工单位应按规定进行机械保养,严禁将废油、施工垃圾等随意抛入水体。

(5) 对于沉井基础,当岸滩不被水淹没或位于浅水区的,可就地整平夯实。水中填土筑岛制作沉井,筑岛材料应用透水性好、易于压实的砂土或碎石,并在临水面形成一定的坡度,使岛体坡面、坡脚不被冲刷。浮式沉井应随时观测由于沉井下沉的阻水和压缩流水断面引起流速增大而造成的河床局部冲刷。沉井正常下沉除土,应由船舶将除土运至指定堆放地点,不得卸至井外影响河道。采用吸泥吹砂等方法下沉时,吸出的泥浆应进行过滤、沉淀,不得直接排入河道。

(6) 桥梁墩台浇筑完毕,应及时清除围堰等临时工程的堆积物,并将施工中产生的废浆、弃土和废弃物及时运至弃土场,恢复河道畅通。混凝土浇筑时应做好防护措施,防止混凝土散落入周边水体中。混凝土搅拌车应定点清洗,设置临时沉淀池对清洗水沉淀处理后方能外排。有条件者,也可采取废水回收处理后循环使用。混凝土养护水等含有害物质的废水不得排入地表水水源地保护区以及《地表水环境质量标准》(GB 3838—2002)中所规定的 I、II 类的水域。

(7)基础开挖的土石方应集中堆放,回填后剩余部分可用于附近低洼地的整平,多余部分应运至弃土(渣)场。

2. 制订监理计划

监理工程师应根据工程实际情况,确定桥梁工程环保监理的巡视、旁站计划,对施工单位环保措施的执行效果进行检查。

(1)基坑开挖出的土体、淤泥、岩石等是否运送至设计文件指定或经监理工程师同意的弃渣场(监理工程师应督促施工单位在弃渣场预先采取排水和挡土措施),其中湿度较大的泥炭或底泥,应先运至低洼地进行自然风干,待风干后再行运输;对于有机质含量较高的底泥和泥炭等,经自然风干后也可运至需要的单位进行土壤育肥。

(2)废弃的钻孔泥浆、灌注混凝土时溢出的泥浆以及其他废弃物,应运至沉淀池临时贮存,待风干后运往弃渣场。

(3)监理工程师应经常巡视检查钻孔桩泥浆的处理效果,对发生泄漏或任意排放的,应当场责令施工单位改正,并旁站监督整改过程。

(4)对于挖孔桩,应注意孔内一氧化碳等气体含量,若超过 0.3%,或孔深超过 10m 时,应采用机械通风。

(5)需要围堰施工的,应事先取得当地水利部门的许可,手续完备并经监理工程师审查后方能施工。

(6)桥梁施工阶段应注意水环境质量的色度、SS、石油类等监测指标,避免施工对水体造成影响;必要时可进行现场监测。

(7)应注意噪声达标排放,桥梁打桩噪声的场界限值为昼间 85dB,夜间禁止打桩。其他施工阶段噪声限值为昼间 70dB,夜间 55dB。

(8)对施工过程中不符合环保要求的行为,监理工程师可以发出监理指令,责令改正。

(9)桥梁施工结束后,应检查施工单位是否按规定对施工场地、临时用地等进行清理和恢复。

四、隧道工程

1. 审批施工方案

在隧道工程开工前,监理工程师应审批施工单位编制的隧道工程施工方案,对其环保措施提出审查意见。

(1)洞门开挖前应先在开挖面上修建截水沟,以防止水土流失,并尽可能避开雨季施工。

(2)为保证边坡、仰坡稳定,防止塌方,施工单位应制订保护边坡、仰坡开挖面的具体方案,避免大挖大刷,洞顶采取护挡结构以保护自然坡面,尽量减小洞口的开挖面积。

(3)洞身工程施工应选择低噪声机械设备,对空压机、发电机等的基础应埋入半地下,并铺砂石垫层以减轻噪声和振动。

(4)凿岩施工应采用湿法钻孔,严禁干孔施钻。采取松动爆破、无声振动等技术,减少施工粉尘;采用光面爆破技术,减少对周围岩体的振动。

(5)隧道施工必须采用机械通风,施工期间的通风设计必须满足规范要求。应制订降低粉尘含量的有效措施,施工人员应佩带防尘面罩。

(6)为防渗漏和加固岩体所采用的化学灌浆浆料,尽量选用毒性小、污染少的注浆材料。

(7)煤系地层中的作业面应有瓦斯监测报警装置,以防瓦斯浓度超过警戒浓度,危及施工人员生命及造成安全生产事故。

(8)开挖出的渣石应充分纵向调运利用,有废方的,必须按照设计要求设置弃渣场,并尽可能与当地的土地改造相结合,或利用荒沟筑坝填入废渣,变荒沟成良田,增加耕地。

(9)混凝土搅拌站不得设在饮用水源地保护区内。搅拌站的排水、混凝土养生水等废水不得排入地表水水源地保护区以及《地表水环境质量标准》(GB 3838—2002)中所规定的Ⅰ、Ⅱ类的水域,需经过沉淀等处理后方可排放。

(10)审查洞口临时堆放弃渣或就近设置轧石场的方案时,应要求施工单位同时提出环保措施和环境恢复方案。

(11)应审查施工方案是否按有关规定采取劳动卫生防护措施。

2. 制订监理计划

监理工程师根据工程实际情况,确定隧道工程环保监理的巡视、旁站计划,对施工单位环保措施的执行效果进行检查。

(1)严格控制隧道口开挖和隧道施工的影响范围,不应仅考虑方便施工而任意破坏施工场地以外的植被,注意保护隧道口的自然植被。

(2)隧道内通风量必须保证能够有效地通风除尘,并置换新鲜空气进入作业面。

(3)施工区域如果发现国家保护的珍稀物种,监理工程师应全过程参与物种保护,做好施工过程的监督。

(4)应关注扬尘、SS、噪声等环境监测指标,必要时可进行施工现场监测。隧道工程施工噪声不大于90dB。

(5)洞内施工人员应配有防尘用具,以保护工人健康。

(6)应及时清理废弃物,尽早恢复自然景观,尽量减少人为活动的痕迹。

(7)对施工过程中不符合环保要求的行为,监理工程师可以发出监理指令,责令改正。

(8)隧道施工结束后,应检查施工单位是否按规定对施工场地、临时用地等进行清理和恢复。

五、交通安全设施工程

(1)在交通安全设施工程开工前,监理工程师应审批施工单位编制的交通安全设施工程施工方案,对其环保措施提出审查意见。

(2)监理工程师根据工程实际情况,确定交通安全设施工程施工阶段环保监理的巡视、旁站计划,对施工单位环保措施的执行效果进行检查。

(3)防撞护栏柱打设应防止油污染,合理安排时间,减少噪声对周围居民的影响。

(4)焊接的废弃物如电焊渣、废弃的焊材,应收集处理。

(5)油漆应妥善存放和使用,避免滴、漏影响水体和土壤。油漆包装物应统一收集处理,不应随意抛弃。

(6)外购材料应提供生产商的环保证明材料。

(7)拌和场、预制场、基础工程的环保措施见桥梁工程环保监理要点。

(8)对施工过程中不符合环保要求的行为,监理工程师可以发出监理指令,责令改正。

六、临时设施与临时工程

1. 审查施工方案

审查施工单位的临时设施、临时工程(包括办公生活区、材料堆场、拌和场、预制场、临时道路等)的设计和施工方案及其临时用地计划,对其环保措施提出审查意见。

(1)尽可能减少临时用地面积,尽可能不占耕地、林地、湿地和多年生经济作物地。施工区域临近城镇或农村的居民点时,应尽可能租用当地的民居作为施工生活区。

(2)办公生活区、材料堆场、拌和场、预制场等选址时,应确保向周围环境排放的噪声符合施工场界排放标准,一般应离开居民点等环境敏感点200m以上;避让各种生态敏感点,避免因选址不慎造成的生态影响。临时设施和临时工程不得设在饮用水源保护区内。

(3)办公生活区应合理选择生活垃圾堆放点,应有专人负责清理并集中处理生活垃圾。在合适的地点修建容量适当的临时污水处理池、化粪池或其他能满足要求的系统。

(4)临时道路应规划好路线走向,以减少植被破坏为首要原则,尽量利用现有道路。若无现成道路可利用,则应严格控制施工道路修筑边界。路线走向必须绕开各种生态敏感点(区),应有临时道路养护、维修专职人员,保持路面平整;应有扬尘、噪声防治措施,必要时,可限制施工车辆的行驶速度。

(5)砂石料冲洗废水需流经沉淀池,沉淀后排放,部分废水澄清后可用于建筑工地洒水防尘;大型拌和场、预制场应配有除尘装置。

(6)水泥、石灰、矿粉要有指定地点堆置,并应采取密封存放的方式,以控制其扬尘;存放点地面应做硬化处理;仓库四周应有疏水沟系,防止雨水浸湿、水流冲刷等引起物料流失;沥青、油料、化学物品等不得堆放在民用水井及河流湖泊附近;石灰石、电石、雷管、炸药不得露天堆放,炸药应有专门的仓库。

(7)审查水土保持措施。对于施工营地边界和施工道路边界上可能出现的土质开挖面,应有临时防护设施;在条件允许的地区,宜采用生态防护措施,可在开挖的同时进行复绿,若错过了当年的植物萌发和栽培季节,应在来年进行复绿。在复绿前的土壤裸露期间,宜采用人工遮挡物对土壤裸露面进行遮盖,防止土壤的自然侵蚀。对于剥离的表层土,应有专门的场地用于堆置和保存,并配置相应的防雨和排水设施。

(8)夜间施工应注意强光照射,可缩短夜间施工时间,必要时,可在施工区域周围设置高于光源的挡光墙。

(9)审查临时用地的恢复方案是否符合当地有关规定和施工合同约定。

2. 制订监理计划

监理工程师应根据工程实际情况,对施工单位环保措施的执行情况、环保设施的运行维护情况进行巡检。

（1）施工前对现场初始的地形地貌、地表植被等自然特征应有客观的文字描述和完整的影像记录，以作为将来进行恢复的依据和参考。

（2）应按照临时用地审批文件确定临时借地边界，不得占用临时借地外围的土地，不得任意破坏施工区域外围的植被，不得乱砍滥伐。对于古树名木等有保存价值的植物，应事先联系当地林业部门处理。

（3）剥离的表层土应予以保存，不得随意丢弃，可用于沿线受破坏土地的恢复，也可用于其他地面的土地改良。

（4）拌和场、粉状材料堆场等的施工人员应配有防尘用具，以保护工人健康。

（5）应注意预制场、拌和场等施工场地的振动、噪声对周边环境的影响。

（6）工地试验室有放射源需要处置的，监理工程师应全过程进行旁站监理，保证放射源按规定得到妥善处置。

（7）对施工过程中不符合环保要求的行为，监理工程师可以发出监理指令，责令改正。

（8）施工结束后，必须按施工合同要求恢复所有临时用地原有的土地功能。

七、取土场与弃土场

1. 审查施工方案

审查施工单位取土场（采石场）、弃土场的选址及取（弃）土方案，对生态敏感点进行必要的实地踏勘，对其环保措施提出审查意见。

（1）取土场（采石场）应尽可能集中布设，切忌随意布置小料场，造成山坡遍体鳞伤，既影响环境面貌，也容易产生塌方滑坡。取土场（采石场）的开挖面应设在背向公路侧，以避免产生色差，破坏山体轮廓线，造成视觉污染。

（2）在路侧选用田地取土时，取土厚度应在当地地下水位线以上至少0.3m，防止地下水出露影响植被类型。

（3）弃土场的选址在环评报告书中应有明确的论述，应根据环评报告书的结论对弃土场进行认定，并根据工程设计图纸明确弃土场的范围。拦渣工程选址、修建，应少占耕地，尽可能选择荒沟、荒滩、荒坡等地方。拦渣坝坝形要根据拦渣的规模和当地的建筑材料来选择。取土区、弃土场禁止选用森林、草地和湿地。

（4）碎石加工场应配备除尘器或洒水装置来除尘，冲洗砂石的废水应通过沉淀池沉淀合格后排放，部分废水澄清后可用于洒水降尘。若采用商品石料，应在采购合同中提出对临时料场的环保要求。

（5）弃渣堆置应贯彻"先挡后弃"原则，设置拦渣工程。

（6）对于取（弃）土场的边坡，都应在工程防护的基础上，尽可能创造条件恢复植被，特别是草灌植物的应用，尽力把工程防护措施和植物防护措施很好地结合起来。这不仅能控制水土流失，维护坡面稳定，而且对生态环境改善具有重要意义。

（7）取（弃）土场应有复耕或绿化等生态恢复措施，并必须有相应的水土保持措施。可按要求在地表覆盖熟土还耕或绿化，或与当地土地管理部门商议后对取土坑进行改造，放缓边坡,使边坡稳定,或开发成水源、鱼塘。

2.制订监理计划

监理工程师应根据工程实际情况,对施工单位的取(弃)土场环保措施的执行情况进行巡视、旁站。

(1)应按照设计或有关文件规定的界限和要求设置取(弃)土场,绝不能任意扩大范围。

(2)应注意取(弃)土场的排水、挡土措施是否符合取(弃)土方案,是否满足工程实际需要。

(3)弃渣堆放应整齐、稳定,不遗留陡坡、滑坡、塌方等隐患,并且排水通畅。

(4)弃渣不得弃入河道、山涧、渠道、洞口或侵占耕地、林地、荒地等土地,必须运至指定的弃渣场。桥头弃土不得挤压桥墩、阻塞桥孔。禁止施工单位随意堆放或无序倾倒的行为。

(5)监理工程师可以根据需要进行现场环境监测,以核实环保措施的成效。

(6)在取(弃)土场生态恢复(植树绿化)阶段,应有重点地进行旁站监理。

(7)对施工过程中不符合环保要求的行为,监理工程师可以发出监理指令,责令改正。

八、环境污染和生态破坏事故处理

当工程施工过程中,发生重大环境污染或生态破坏事故时,应按如下程序处理:

(1)施工单位在发生事故后,应立即停止施工作业,并采取有效措施防止事故扩大。除在规定时间口头报告监理工程师外,并尽快提出书面报告事故初步调查结果,报告应初步反映该工程名称、部位、污染事故原因、应急环保措施等。该报告经监理工程师签署意见,总监审核批准后报建设单位。

(2)监理工程师立即报告建设单位,及时向当地环保主管部门汇报,同时书面通知施工单位暂停该工程的施工,并根据环保主管部门有关意见,采取有效的环保措施。

(3)监理工程师和施工单位对污染事故继续深入调查,并和有关方面商讨后,提出事故处理的初步方案后报建设单位,交环保主管部门研究处理。

(4)监理工程师对事故处理情况进行总结,督促施工单位做好善后工作。

九、环境保护竣工验收

1.验收条件

(1)建设前期审查、审批手续完备,技术资料与环境保护档案资料齐全。

(2)环境保护设施及其他措施等已按批复的环境影响评价文件和设计文件的要求建成或者落实。

(3)环境保护设施安装质量符合国家有关行业主管部门颁发的专业工程验收规范、规程和检验评定标准。

(4)具备环境保护设施正常运转的条件,包括:经培训合格的操作人员,健全的岗位操作规程及相应的规章制度,原料、动力供应落实,符合交付使用的其他条件。

(5)污染物排放符合环境影响评价文件中提出的标准及核定的污染物排放总量控制

指标。

（6）各项生态保护措施按环境影响评价文件规定的要求落实，项目建设过程中受到破坏并可以恢复的环境已按规定采取了恢复措施。

（7）环境监测项目、点位、机构设置及人员配备，符合环境影响评价文件和有关规定的要求。

（8）环境影响评价文件提出需对环境保护敏感点进行环境影响验证、施工期环境保护措施落实情况进行工程环境监理的，已按规定要求完成。

2. 验收方法

公路建设项目竣工后，建设单位应当向有审批权的（即审批该建设项目环境影响评价文件的）环境保护行政主管部门申请环境保护设施竣工验收，同时报县级以上人民政府交通主管部门。省级以上人民政府交通主管部门按规定组织公路建设项目的竣工验收，应当有交通环境保护机构参加。

公路建设项目的建设单位、设计单位、施工单位、监理单位、环境影响报告书（表）编制单位、环境保护验收调查报告（表）的编制单位应当参与验收（对填报建设项目竣工验收登记卡的建设项目，环境保护行政主管部门经过核查后，可直接在环境保护验收登记卡上签署意见，作出批准决定）。

国家对建设项目竣工环境保护验收实行公告制度，环境保护行政主管部门应定期向社会公告建设项目竣工环境保护验收结果。

3. 验收范围

（1）与公路建设项目有关的各项环境保护设施，包括为防治污染和保护环境所建成或配备的工程、设备、设施和监测手段，各项生态环境保护设施。

（2）环境影响评价文件和有关项目设计文件规定应采取的其他各项环境保护措施。

4. 提交材料

（1）《建设项目竣工环境保护执行报告》，由建设单位在环境保护行政主管部门进行现场检查前自行负责编写。

（2）《建设项目竣工环境保护验收申请报告》，建设项目竣工环境保护验收实施分类管理的办法。

①对编制环境影响报告书的公路建设项目，需递交建设项目竣工环境保护验收申请报告，并附环境保护验收调查报告；

②对编制环境影响报告表的公路建设项目，需递交建设项目竣工环境保护验收申请表，并附环境保护验收调查表；

③对填报环境影响登记表的公路建设项目，需填报建设项目竣工环境保护验收登记卡；

④环境保护验收调查报告（表），由建设单位委托经环境保护行政主管部门批准、有相应资质的环境监测站或者具有相应资质的环境影响评价单位编制，原承担该建设项目环境影响评价工作的单位不得同时承担该建设项目环境保护验收调查报告（表）的编制工作。

5. 申报时间

建设单位应最迟在建设项目正式验收2个月前按要求填写《建设项目竣工环境保护执行报告》及《建设项目竣工环境保护验收申请报告》（申请登记表、登记卡）并附环境保护验收调查报告(调查表),报交通行政主管部门和环境保护行政主管部门。

6. 工程竣工环保验收阶段监理单位工作内容

(1)整理施工环境保护监理竣工资料。

①施工环境保护监理计划；

②施工环境保护监理细则；

③与建设单位、施工单位、设计单位来往的环保监理文件；

④环保检查记录和环保监理台账；

⑤环保监理通知单及回复单；

⑥因环保问题签发的停(复)工通知单；

⑦与环境保护有关的会议记录和纪要；

⑧施工环境保护监理月报。

(2)编制环境保护监理总结报告。

(3)提出工程竣工验收前所需的各种批件,并予以协助办理。

(4)收集保存竣工验收时环保主管部门所需的资料。

(5)完成竣工验收小组交办的工作。

第六章 费用监理

第一节 基本知识和要求

工程费用监理是工程监理的主要调控手段和关键工作环节。工程费用监理的目的就是在"监理计划"的指导下,通过对工程费用的动态控制,使其能够最优的目标。公路工程项目通常采取单价合同形式的费用支付方式,与国际惯例 FIDIC 管理模式的工程计量支付条款相符。因此,公路工程施工过程中费用监理的关键环节就是工程计量和支付。

计量支付是监理合同管理工作的重要环节,也是监理工程师控制工程质量、进度、费用以及安全、环保的基本手段之一,是监理工程师在工程管理中行使的最核心、最重要的权力之一。监理工程师作为工程费用监理的主体,处于工程计量和支付环节的关键地位。计量支付直接涉及建设单位和施工单位双方的经济利益,因此,监理工程师必须以严肃认真的态度做好计量支付工作。监理工程师除了加强对合同中工程量清单所列工程费用的计量与支付的管理外,还应对合同中所规定的其他费用(如附加工程、工程变更调价、索赔等)加强监督与管理,尽量减少工程施工过程中各种附加性费用的支付。

一、费用监理的依据

1. 合同文件
(1)合同协议书及附件
(2)中标通知书
(3)投标书和投标书附录
(4)合同专用条款及数据表
(5)合同通用条款
(6)技术规范
(7)图纸

(8)有标价的工程量清单

(9)投标书附表

(10)在合同专用条款中可能规定的构成合同组成部分的其他文件

2.费用监理常用的主要规章、规范和规范性文件

(1)《公路工程基本建设项目概算预算编制办法》(JTG B06—2007)

(2)《公路工程概算定额》(JTG/T B06-01—2007)

(3)《公路工程预算定额》(JTG/T B06-02—2007)

(4)《公路工程机械台班费用定额》(JTG/T B06-03—2007)

(5)《公路工程标准施工招标文件(2009年版)》及项目专用本

(6)《中华人民共和国标准施工招标文件(2007年版)》

(7)《公路工程设计变更管理办法》(交通部令2005年第5号)

(8)《建筑工程施工发包与承包计价管理办法》(建设部令2001年第107号)

(9)《公路工程工程量清单计量规则》(交通部公路工程定额站)

(10)浙江省地方标准《交通建设工程工程量清单计价规范(第1部分:公路工程)》(DB33/T 628.1—2007)(以下简称《浙江计价规范》)

注:该标准是对《交通部2003公路工程招标文件范本》中技术规范中的"计量与支付"内容的调整和完善,鉴于交通运输部已经出台《公路工程标准施工招标文件》(2009年版),故本标准正在修订完善之中。

(11)《浙江省建设工程造价计价管理办法》(浙江省人民政府令第173号)

(12)《浙江省公路水运工程造价管理规定》(浙交〔2005〕221号)

(13)《浙江省公路工程概算预算编制补充规定》(浙交〔2008〕85号)

(14)浙江省交通厅发布的公路工程相关的补充预算定额

(15)《公路工程施工监理规范》(JTG G10—2006)

二、工程计量的前提条件

(1)工程项目实体已完成。按照计量条款或者合同规定,进行一次性计量或分批次计量。分批次计量要符合相关规定。

(2)质量符合要求。按照设计及规范的相关要求,经监理工程师现场检验合格,并同意中间交验。

(3)数量符合要求

①监理人员已到现场进行测量与复核,计量方法符合《公路工程标准施工招标文件(2009年版)》、《浙江计价规范》、合同文件和有关计价规定的计量规则,计量的工程数量与工程实际相符;

②经总监理工程师签发的工程变更通知单同意,所申报变更工程量或变更单价按经核定的新增支付子目或参照其他支付子目予以计量。

(4)符合合同文件规定。即计量对象在工程量清单中有子目,且清单单价已确定。

(5)工程符合安全和环保要求。

(6)相关计量工程的施工质量保证资料和监理抽检资料齐全,且签认规范。

(7)相关工程的计量支付报表已附中间交工证书。

(8)相关变更工程量或变更单价的工程变更通知单已附入计量支付报表内。

(9)证明计量工程数量的相关原始资料如设计图复印件、水准测量记录、平面示意图、工程量计算表、计日工数量确认单等已附入计量支付报表内。

三、计量原始数据的获取与管理

根据《公路工程标准施工招标文件(2007年版)》第一卷第五章工程量清单说明对"工程量"的解释:"工程量清单中所列的工程量是估算的或设计提供的预计数量,仅作为投标报价的共同基础,不能作为最终结算与支付的依据"。结算工程量是施工单位实际完成的,并按合同约定的计量方法进行计量的工程量。因此,监理人员在日常监理工作过程中,应及时收集工程计量的原始数据。

计量原始数据是指:设计文件或工程量清单不能准确预计,需在工程实施过程中第一时间内获得和留存原始状态的并经多方共同现场确定或测量的计量数据。

公路工程计量原始数据主要包括:开工前的原地面高程复测数据、结构物基底高程(包括土石分界线、水位线)和平面尺寸、结构物台背回填料规格和数量、盲沟规格和长度、土工隔栅网数量、结构物钢筋规格和数量、锚杆的规格和数量、钢结构支架的数量、管棚压浆数量等,还包括变更工程量、地质工程师现场确认单、计日工(台班)及相关照片等。

1. 工程计量原始数据的获取

(1)首先,监理工程师对施工单位提交的工程量报表进行复核,以确定实际完成的工程量。对数量有异议的,可要求施工单位按合同约定进行共同复核和抽样复测。施工单位应协助监理工程师进行复核并按监理工程师要求提供补充计量资料。施工单位未按监理工程师要求参加复核,监理工程师复核或修正的工程量视为施工单位实际完成的工程量。

(2)施工单位完成工程量清单中每个子目的工程后,监理工程师应要求施工单位派员共同对每个子目的历次计量报表进行汇总,以核实最终结算工程量。监理工程师可要求施工单位提供补充计量资料,以确定最后一次进度付款的准确工程量。施工单位未按监理工程师要求派员参加的,监理工程师最终核实的工程量视为施工单位完成该子目的准确工程量。

(3)监理工程师应在收到施工单位提交的工程量报表后的7天内进行复核,监理工程师未在约定时间内复核的,施工单位提交的工程量报表中的工程量视为施工单位实际完成的工程量,据此计算工程支付价款。

2. 工程计量原始数据管理要求

(1)监理人员应在日常检查管理过程中,第一时间内全面收集计量原始数据。

(2)工程计量原始数据一般由建设、施工、监理三方(有时还包括审计等其他单位)分别留存,并在工程计量审核时作为审核的依据。

(3)监理办的计量原始数据应及时复印或誊写两份,分别由现场专业监理工程师(或现场监理员)和合同监理工程师保管。其目的是:

①防止个别监理人员擅自更改计量原始数据;

②计量原始数据遗失时,监理办内部仍有备份数据;

③便于不同层次监理人员独立审核支付报表时,均具有核对依据;

④工程完工后,监理办可以根据审计单位的要求,及时提供必要的计量原始依据和凭证。

四、计量支付报表审核的程序

为及时、准确、有效地完成工程计量审核工作,在工程开工初期由监理工程师牵头,建设、施工和监理三方共同协商配合,及时确定本项目的计量支付报表的报审流程(图6-1)。

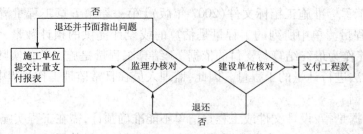

图6-1　工程计量报审流程

同时,在监理办内部也应进行计量审核的具体分工,做到:定岗定职、分工明确、责任明晰、时限确定。具体岗位计量审核工作的要求及相关注意事项如下:

1. 现场监理员和其他专业监理工程师

(1)核对每一份"中间计量表"内申报计量的工程是否达到"六个前提条件"。

(2)根据原始计量数据和现场测量复查情况,对支付报表内的每个计算数据的来源进行查证与核对;对每个计算公式和计算表内容进行核对和统计。

(3)审查通过后在计量支付报表的"中间计量表"中的"现场监理"栏签字确认。

2. 合同专业监理工程师

(1)核对每一份"中间计量表"内申报计量的工程是否达到"六个前提条件"。

(2)根据原始计量数据和现场测量复查情况,对支付报表内的每个计算数据的来源进行查证与核对;对每个计算公式和计算表内容进行核对和统计;对工程预付款、分期扣款和违约罚金等合同管理情况进行核对。

(3)审查通过后在计量支付报表的"中间计量表"中"合同(计量)工程师"栏签字确认。

3. 总监理工程师

(1)核对每一份"中间计量表"内申报计量的工程是否达到"六个前提条件"。

(2)根据原始计量数据和现场测量复查情况,对支付报表内的每个计算数据的来源进行查证与核对;对每个计算公式和计算表内容进行核对和统计;对工程预付款、分期扣款和违约罚金等合同管理情况进行核对。

(3)审查通过后在计量支付报表中的"监理工程师"栏签字确认,在相关表格内盖监理办公章。

(4)部分工程项目的合同监理工程师由总监理工程师兼任时,则由总监理工程师同时签认合同监理工程师应签署的栏目。

(5)当施工单位申报的计量支付报表内存在较多或较严重的问题时,监理单位应及时予以退还,并书面逐条、详细地指出存在的问题及有关要求,要求及时整改并重新申报;如施工单位申报的计量支付报表内存在的问题不多时,监理单位可直接在支付报表内修改后,签认同意支付经核定的工程款。

(6)待建设单位同意签认计量支付报表并返还给监理办时,由合同监理工程师及时将有关情况在计量支付台账内逐一登记,并及时与建设单位和施工单位各自台账的登记情况进行核对。

五、计量支付报表的审核

根据《标准施工招标文件(2007年版)》第一卷第四章17.3.3的规定,监理工程师应在收到施工单位进度付款申请单、已完成工程量报表以及相应的质量保证资料等支持性证明文件后的14天内或招标文件另有规定的时间内,完成审核。一般要求如下:

(1)监理办对施工单位计量支付报表中存在的问题,应及时、逐条地书面指出。施工单位对指出的问题应逐条予以整改。由于施工单位整改不及时或不到位而导致工程款未能及时支付的,责任由施工单位承担。

(2)监理工程师在完成核查后,提出建设单位到期应支付给施工单位的金额以及相应的支持性材料,经建设单位审查同意后,由监理工程师向施工单位出具经建设单位签认的进度付款证书。

(3)监理工程师有权扣发施工单位未能按照合同要求履行任何工作或义务的相应金额。

(4)建设单位应在监理工程师收到进度付款申请单后的28天内,将进度应付款支付给施工单位。建设单位不按期支付的,应按专用合同条款的约定支付逾期付款违约金。

(5)监理工程师出具进度付款证书,不应视为监理工程师已同意、批准或接受了施工单位完成的该部分工作。

(6)在对以往历次已签发的进度付款证书进行汇总和复核中发现错、漏或重复的,监理工程师有权予以修正,施工单位也有权提出修正申请。经双方复核同意的修正,应在本次进度付款中支付或扣除。

六、计量支付报表及附件

(1)为保证监理办、建设单位、造价管理部门及审计单位人员能够准确了解计量过程,要求施工单位对计量支付报表内的每个数据必须注明来源(现场量测数量或按原设计数量),计算公式必须完整、正确(公式内注明数量单位)。

(2)分期计量(暂计)的工程应注明前几次计量的期号、计量单编号以及计量数量。

(3)计量支付报表附件包括:工程计量表、相应的计算简图、详细的计算过程、计算书(表)、相应的设计图纸复印件、工程变更通知单(如果有)、完整的计量工程的质保资料(可另外成册)等。

(4)工程变更的计量必须在总监理工程师签发工程变更通知单后方可计量(计量支付报表内附监理变更通知单复印件)。

(5)计量支付报表中的"中期财务报表"内应列明变更金额,以便监理办与建设单位控制工程总造价,防止建安费超概算。

(6)没有完整的分项工程质量保证资料,监理办应拒绝对该部分分项工程的计量,直至施工单位将工程质量保证资料补充完善为止。

七、计量与支付台账

使用台账或采用专用工程计量软件对工程计量和支付情况进行动态管理,这对有效地控制工程费用意义非常重大。

工程开工初期,由监理工程师牵头,建设单位、施工单位和监理单位三方共同协商以确定统一的计量支付台账样式或计量支付软件。三方应严格执行统一样式或软件进行台账记录。计量支付台账要求:

(1)应形象地表明各标段各单位、分部、分项工程以及分项单元的计量进度。
(2)应形象表明各标段的支付进度。
(3)通过对各标段的单位、分部、分项工程以及各分项单元设计工程量和逐期计量数量的比较,从源头上(分项单元)开始控制计量数量,防止出现超计、漏计、重计等现象。
(4)便于查询。
(5)使用EXCEL表格编制计量支付台账,以便数据汇总。

第二节　费用监理要点

根据《公路工程施工监理规范》中5.4"费用监理"的有关要求,费用监理的重点在于计量与支付环节。除非在工程项目招标文件内另有明确说明,否则工程计量与支付应按照交通运输部《公路工程标准施工招标文件(2009年版)》和《浙江计价规范》的有关规则执行。

一、《公路工程标准施工招标文件(2009年版)》计量与支付规则要点

1. 第100章　总则

(1)保险费。按照实际发生总额计量,并根据保险公司的保单经监理工程师签证后支付。如果由建设单位统一与保险公司办理,则由建设单位扣回。

施工单位对其施工机械设备的保险和雇佣职工的安全事故保险,其费用由施工单位承担。

(2)竣工文件费用。经监理工程师验收合格后一次性支付。

(3)施工环保费。经监理工程师检查验收后,每1/3工期支付总额的30%;交工证书签发后支付总额的10%。

(4)安全生产费。由监理工程师发出开工通知后支付总额的50%;在施工单位的施工进度计划和施工方案被监理工程师批复后支付总额的25%;按照规范要求及监理工程师的指示落实安全生产措施后支付剩余的25%。

(5)工程管理软件经监理工程师验收后,支付监理工程师确认的实际金额的90%;交工验

收证书签发后支付剩余的10%。

(6)临时工程。包括临时道路、临时用地、供电、电讯、供水与排污等临时工程完工,经监理工程师验收合格后分期支付。所报总价的80%应在第1~4次进度付款证书中以4次等额予以支付,余下的20%待交工证书签发后支付。

(7)施工单位驻地建设。驻地建设完成,经监理工程师现场核实后分期支付。所报总价的90%应在第1~3次进度付款证书中以3次等额支付;余下的10%应在施工单位驻地设施已被清除并恢复原状,并经监理工程师验收合格后予以支付。

2. 第200章至700章

1)工程数量的确定

各章工程量清单所列的工程量是设计预计的工程量,施工图内的设计预估数量并不完全代表支付项目的实际数量,而应参照施工图的有关标准规定并通过现场计量核实来确定实际应计量的工程数量。

2)第200章:路基土石方工程

(1)场地清理包括路基用地范围内(不包括借土、取土场及临时工程用地)原地面垃圾、石头、废料、表土(腐殖土)、草皮的铲除与开挖,砍树挖根、旧路面挖除、结构物拆除及移用,以及坑洞回填、平整夯实和填前压实等工作。

清表深度为10~30cm。原地面地质情况正常的情况下,清表深度超过30cm时由施工单位承担超挖部分回填工程量。

如原地面地质不良需要深挖时,则按换填土变更的有关要求进行处理。

(2)挖方路基包括挖方路段路基施工和改河、改渠、改路等开挖有关作业。

开挖数量应以经监理工程师校核批准的横断面地面线和土石分界补充测量为基础,按路线中线长度乘以经监理工程师核准的横断面面积进行计算。

边沟、排水沟、截水沟的开挖工程量在路基挖方中合并计量,不应作为边沟、排水沟和截水沟的附属工作而增加计量项目。

(3)非适用材料包括在填方区低于原地表面的淤泥等非适用材料,以及挖方区挖至完工断面后仍留有需挖除的非适用材料两类。

其挖除和换填量应符合设计和监理工程师要求。

(4)填筑路堤的土石方数量,应以施工单位测量和补充测量并经监理工程师、设计单位、建设单位校核批准的横断面地面线(清表压实和非适用材料挖除换填后)为基础,以监理工程师批准的横断面图为依据计算,按压实体积计量,其中应包含护坡道填筑数量,但不再计按规定为使路基碾压密实而超宽填筑增加的数量。

3)第300章:路面工程

(1)路面各结构层均按不同厚度分列工程子目,经监理工程师验收合格后,统一按不同厚度相应的顶面面积计算和计量。

路面各结构层中超过设计顶面宽度而增加的铺筑体积,作为相应的附属工程内容,不再单独计量。

(2)沥青混凝土和水泥混凝土路面中的改性剂等各种外掺材料,均包含在相应的工程子目中,不再另行计量。

(3)水泥混凝土路面中的模板制作安装,缩缝、胀缝的制作及填灌缝,传力杆、拉杆,以及养生用的养护剂、覆盖的麻袋、养护器材等,均包含在浇筑不同厚度水泥混凝土面层的工程子目中,不另行计量。

水泥混凝土路面中的补强钢筋及其支架钢筋应单独计算和计量。

4)第400章:桥涵工程

(1)桥梁基础开挖应单独计量,土石数量以超出基底周边50cm后的棱拄体进行计算,并视招标文件的不同要求分陆上和水中、土方和石方分别进行计量或归并统一计量。

(2)桥台台背回填数量应参照施工规范规定的填筑范围,按照实际填筑的工程量进行计量。

(3)钻孔及挖孔灌注桩计量长度应自图纸所示或监理工程师批准的桩底高程至承台底或者系梁底,按不同桩径的桩长以米计量。对于较为特殊的桩柱一体的柱式墩台,无承台或者系梁时,则以桩位处地面线为分界线,地面线以下为灌注桩长。若图纸有标识的,按图纸标识为准。

(4)完工并经验收的桥梁预应力混凝土结构的预应力钢材计量时,按照图纸所示和合同条款规定相应长度(埋入混凝土中的实际长度计算,不计工作长度)计算,预应力钢材数量以千克(kg)计量。后张法预应力钢材的长度按两端锚具间的理论长度计算;先张法预应力钢材的长度按构件的长度计算。除上述计算长度以外的锚固长度及工作长度的预应力钢材含入相应预应力钢材报价之中,不另行计量。

(5)预应力钢材的加工、锚具、管道、锚板及联结钢板、焊接、张拉、压浆等,作为预应力钢材的附属工作,不另行计量。预应力锚具包括锚圈、夹片、连接器、螺栓、垫板、喇叭管、螺旋钢筋等整套部件。

(6)后张法预应力混凝土梁封锚及端部加厚混凝土,计入相应梁段混凝土之中,不单独计量。

(7)普通钢筋及钢筋骨架用的铁丝、钢板、套筒(连接套)、焊接、钢筋垫块或其他固定、定位用架立钢筋的材料,以及钢筋的防锈、截取、套丝、弯曲、场内运输、安装等,作为钢筋工程的附属工程,不另行计量。

(8)桥梁试验检测包括桥梁整桥动(静)载试验、补充地质钻探和取样试验、桩基无损检测、桩基检验荷载试验、桩基的破坏荷载试验、预制梁板荷载试验等非常规试验检测内容。其相关的试验检测费用应予以计量。

钻取的混凝土芯样经检验如混凝土质量合格,其相关的试验检测费用一般应予以计量,否则相关的试验检测费用不予计量。

(9)涵洞工程(含涵式通道)包括:圆管涵、倒虹吸管、盖板涵、箱涵、拱涵等工程内容。

图纸中标明的基底垫层和基座(基础)、圆管的接缝材料、沉降缝的填料与防水材料等;洞口建筑中的八字墙、一字墙、帽石、锥坡、跌水井、洞口及洞身铺砌以及基础挖方及运输、地基处理(不含地下软基处理)与回填(回填范围一般仅指原地面以下部分的回填,涵洞两侧地面以上部分的回填按结构物回填要求施工和计量)、洞身铺砌等,均作为相应工程子目的附属工作,不再另行计量。

洞口建筑以外涵洞上下游沟渠的改沟铺砌、加固以及急流槽等,应列入路基工程有关子目中计量。

通道范围内的土方、路面工程及锥坡填筑均作为通道的附属工作,不再另行计量。

涵洞工程所用的钢筋,均包含在各工程子目内,不再另行计量。

5)第500章:隧道工程

(1)洞内土石方开挖(包括紧急停车带、车行横洞、人行横洞以及监控、消防和供配电设施等的洞室)应符合图纸所示或监理工程师指示,按隧道内轮廓线加允许超挖值(指设计给出的允许超挖值或《公路隧道施工技术规范》(JTG F60—2009)按不同围岩级别给出的允许超挖值)后计算土石方。另外,当采用复合衬砌时,除给出的允许超挖值外,还应考虑加上预留变形量。按上述要求计得的土石方工程量,不分围岩级别,经监理工程师验收合格后,以立方米计量。

(2)开挖土石方的弃渣,弃置在图纸规定的弃渣场内为免费运距;弃渣超出规定弃渣场的距离时(如图纸规定的弃渣场地不足要另行增加弃土场,或经监理工程师同意变更的弃渣场),其超出部分另计超运距运费,按立方米公路计量。若未经监理工程师同意,施工单位自选弃渣场时,则弃渣运距不论远近,均为免费运距。

(3)不论施工单位出于任何原因造成的超过允许范围的超挖所引起增加的工程量,均不予计量。

(4)支护的喷射混凝土按验收的受喷面积乘以厚度,以立方米计量,钢筋以千克(kg)计量。喷射混凝土其回弹率、钢纤维以及喷射前基面的清理工作均包含在工程子目单价之内,不另行计量。

(5)洞身超前支护所需的材料,按图纸所示或监理工程师指示并经验收的各种规格的超前锚杆或小钢管、管棚、注浆小导管、锚杆以米计量;各种型钢以千克(kg)计量;连接钢板、螺栓、螺帽、拉杆、垫圈等作为钢支护的附属构建,不另行计量。

(6)隧道开挖的钻孔爆破、弃渣的装渣作业均为土石方开挖工程的附属工作,不另行计量。

(7)隧道开挖过程中,洞内采取的施工防排水措施,其工作量应含在开挖土石方工程的报价之中。

6)第600章:交通安全设施工程

(1)道路交通标线的箭头、文字或字母、斑马线、图形、区域等特殊路面标线按区域面积(以设计特殊标线前、后、左、右四侧的最外缘涂敷点或线连接成的顺中心线方向矩形面积)计量,其他路面标线应按图纸所示,经检查验收后,按涂敷实际面积以平方米计量。

(2)隔离栅包括隔离栅、防护网、防抛网的制作、安装等的施工及有关作业。隔离栅从端挂外侧沿隔离栅中部丈量,以米计量。安装隔离栅所需的清场、挖根、土地平整、设置地线、立柱钢筋、立柱斜撑及紧固件等均不再另行计量。

(3)安装桥上防护网以米计量,所需的支架、预埋件及紧固件等均不再另行计量。

7)第700章:绿化及环境保护设施

(1)表土铺设应按照完成的铺设面积并经验收合格,以立方米计量。表土铺设的准备工作,如提供运输等应视为施工单位必做的附属工作,不再另行计量。

(2)撒播草种、铺植草皮按经监理工程师验收的成活的面积以平方米计量。草种、水、肥料等,作为散播草种的附属工作,均不另行计量。铺草皮密铺、间铺按不同支付子目计量支付。

(3)绿地喷灌设施按图纸所示,敷设的喷灌管道以米为单位计量。喷灌设施的闸阀、水表、洒水栓等均不另行计量。

（4）乔木、灌木及人工种植攀援植物经监理工程师按成活数验收，均以棵计量。种植用水，设置水池储水，均作为种植植物的附属工作，不另行计量。

（5）撒播草种、铺植草皮、种植乔木、灌木和攀缘植物，在开始种植时期按工作量预付给施工单位工程款项的40%，具体数额由监理工程师决定，其余款项，在交工验收成活率符合规定后支付。未达到成活率要求的应进行补种。

8）声屏障

(1)吸、隔声板声屏障应按图纸施工完成并经监理工程师验收的现场量测的长度，以米计量。

(2)吸声砖及砖墙声屏障以立方米计量。

(3)声屏障的基础开挖、基地夯实、基坑回填、立柱、横板安装等工作为砌筑吸声砖屏障及砌筑墙身屏障所必需的附属工作，均不另行计量。

二、《浙江计价规范》计量与支付规则要点

《浙江计价规范》引用了现行主要规范和规范性文件，并结合浙江省实际，对《公路工程施工招标文件范本（2003年版）》的部分内容进行了调整和完善，并增加了公路附属工程中的房屋建筑和机电工程两部分工程内容。鉴于交通运输部已经出台《公路工程标准施工招标文件》（2009年版），故本标准正在修订完善之中。未修订完善之前，继续沿用《浙江计价规范》原相关要求。具体说明如下：

（1）对部分工程项（细）目重新进行了分类和调整，对一些工程项（细）目按照其所属工程类别或工程内容差异进行了重新划分和调整，其相应的工程项（细）目名称及编号也相应作了调整。如：

①路基工程中挖除非适用材料调整为分挖除淤泥和挖除其他非适用材料两个子目。

②路基填筑中的利用土方和利用石方统一归并调整为利用方填筑。

③软土地基处理调整为软土地基地面处理和软土地基地下处理两类。

④桥涵工程中各类分散的试验检测子目集中统一调整到了试验检测项目。

⑤机电工程的总则及培训、测试费用统一调整到了100章中。

⑥部分附属设施调整到600章等相应章节中等。

（2）对部分工程项（细）目的计量单位进行了调整完善。对照原规定，从方便科学合理计价、便于计量操作、减少不必要的工程项（细）目设置等方面考虑，对部分工程项（细）目的计量单位进行了调整完善，其相应的工程项（细）目设置及编号等也相应作了调整。

（3）对部分工程项（细）目的计价工程内容进行了调整完善。对照原规定，从统一同类工程计价内容、有利于计价的公平合理、便于计量操作等方面考虑，对部分工程项（细）目的计价工程内容进行了调整完善，其相应的工程项（细）目设置也有所调整。如：

①路基工程的边沟、截水沟、排水沟基坑开挖由路基挖方调整到了边沟、截水沟、排水沟的工程内容中，在挖方路基中不再计算。

②桥梁桩基中无损检测由桩基调整到了单独的试验检测项目中。

③隧道洞身开挖以设计开挖横断面（包括仰拱）计算土石方数量，不论施工单位出于任何

原因而造成的超过设计开挖横断面的超挖,和由于超挖所引起增加的工程量,均不予计量等。

(4)对工程量计算规则进行了分列。对招标工程量的计算和计量工程量的计算进行了重新定位,并予以分离,使两个不同工程量的使用时段、目的、用途有了清晰的界定,为科学合理地按图计算招标工程量、按实计量工程量奠定了基础。工程量计算规则全部作了分列。

(5)进一步明确了计量规则,对部分工程项(细)目的计量规则进行了调整完善。对所有项目的计量规则均进行了进一步的明确,并对照原规定,从有利于计量的公平合理、减少不合理的计量滞后或超前、便于计量操作等方面考虑,对部分工程项(细)目的计量规则进行了调整完善。

(6)增设了部分工程项(细)目。根据"四新"技术在浙江省公路工程中的应用实践及工程实际需要对部分工程项(细)目进行了增设和完善(但对一些特殊结构或工程内容,从适用性和通用性原则出发,未作全部增列),其原有的工程项(细)目编号也相应做了增加或调整。如:

①总则中增设了施工安保费、信息化建设、机电工程专项费用等内容。

②路基工程中增设了淤泥挖除层换填、其他非适用材料换填、沉降及变位监测设施、软基处理、生态植被防护等。

(7)对公路附属房建工程进行了公路化改造。在遵循《建设工程工程量清单计价规范》基础上,依照公路工程工程量清单计价规则并针对公路附属房建工程常用的工程项(细)目,对公路附属房建工程的工程清单分类、项(细)目编号设置、措施费及费率计列方式等作了公路化改造,以规范统一公路工程涉及的所有工程内容的计价行为。

(8)增设了机电工程的计价规范。

(9)具体调整情况见表6-1。

计量规则调整对照表　　　　　　表6-1

项(细)目编号		清单项(细)目		计量单位		计量规则	
原规定	本规范	原规定	本规范	原规定	本规范	原规定	本规范
103-1		临时道路、桥梁合成1个子目	分成道路、桥梁、码头和栈桥4个子目	总额		余下的20%待交工证书签发后计量	余下的20%待拆除并恢复原状后计量
103-2		临时工程用地		m^2	亩	同上	同上
103-3		临时供电设施分2个子目	合成1个子目	总额		同上	同上
103-4		电信设施的提供、维修及拆除		总额		同上	同上
103-5		供水与排污设施		总额		同上	同上
205-1-a		抛石挤淤		m^3		第一次按完成工程数量的85%计量,其余部分经监理核准沉降监测报告后计量	实际完成并经验收合格后一次性计量
205-1-b		粒料垫层					
205-1-c		灰土垫层					
205-1-d		预压与超载预压	堆载预压	m^3		同上	余下15%待卸载完成并核准施工单位递交的沉降监测报告后计量
205-1-e	205-2-a	袋装砂井		m		同上	实际完成并经验收合格后一次性计量
205-1-f	205-2-b-e	塑料排水板		m		同上	同上

续上表

项(细)目编号		清单项(细)目		计量单位		计量规则	
原规定	本规范	原规定	本规范	原规定	本规范	原规定	本规范
205-1-g	205-2-f	粉喷桩		m		同上	同上
205-1-h	205-2-h	碎石桩	振动碎石桩	m		同上	同上
	205-2-i		静压碎石桩				
205-1-i	205-2-j	砂桩		m		同上	同上
205-1-j	205-1-g	土工织物	土工布	m²		同上	同上
	205-1-h		土工格栅				
	205-1-i		土工格室				
205-2	205-3	滑坡处理	滑坡挖除及回填	m³		第一次按完成工程数量的85%计量，其余部分经监理核准沉降监测报告后计量	同上
	208-1	种草、铺草皮	生态植被护坡(分八个子目)	m²		工程完成后一次性计量	80%在工程完成后计量，余下的20%待达到合同规定成活率后计量
	302~311						各类路面结构层均以相应设计顶面面积计量
	312-3	现浇混凝土、加固土路肩		m	m²	按不同厚度，沿路肩表面测其长度以延米为单位计量	以不同加固厚度的顶面面积计算
	312-4	混凝土预制块、加固土路肩		m	m²		
	410-4	预制混凝土上部结构					预制完成按75%计量，安装完成按25%计量
	411	预应力钢材					不计工作长度
	411	预制预应力混凝土上部结构					预制完成按75%计量，安装完成按25%计量
	411-6	钢上部结构					构件制作完成按60%计量，安装完成按40%计量
	503-1	洞身开挖				设计横断面加允许平均超挖量计量	设计开挖横断面计量
	504-1	洞身衬砌					不计超挖回填体积
	508-1	监控量测		总额		监控量测除必测项目外，应根据具体情况确定选测项目，分别以总额报价及支付	按规定的量测项目及监理批准的量测计划实施，经监理验收合格后每1/3工期计量总额的30%，交工证书签发后，再计量余下的10%
	509-1	地质预报		总额		地质预报采用的方法手段应根据具体情况选用，不同的方法手段，分别以总额报价支付	同上

三、其他费用监理要点

1. 暂列金额的计量与支付

（1）暂列金额。一般以清单总额（不含专项暂列金额）的10%列入工程量清单中，留作不可预见费等使用。

暂列金额应由监理工程师报建设单位批准后才能部分或全部使用，并根据合同中的变更估价条款等确定单价或总额计量支付。

（2）暂估价。分别列入工程量清单相关的章、目中，为以下工程子目或支付子目而设：

①实施本工程中尚未以图纸最后确定其具体细节的；

②在施工过程中可能增加的。

暂估价应由监理工程师报建设单位批准后才能部分或全部使用，并根据有关暂估价额支出的所有报价单、发票、凭证和账单或收据按实计量支付。

2. 开工预付款

（1）预付条件。施工单位提交了履约担保、签订了合同协议书、提交了开工预付款担保后14天内，监理工程师签发开工预付款支付证书，并报建设单位审批。建设单位在收到支付证书的14天内核批，并支付预付款的70%；在投标文件载明的主要人员和设备进场并经报验后，再支付余下的30%。

（2）扣回办法。进度付款证书的累计金额达到签约合同价格的30%之后，开始按工程进度以固定比例分期从各月的进度付款证书中扣回，全部金额在进度付款证书的累计金额达到合同价格的80%时扣完。

3. 材料、设备预付款

（1）预付条件。对于合同规定设有材料、设备预付款的项目，在预付前应符合以下条件：

①材料、设备符合规范要求并经监理办认可。

②施工单位已出具材料、设备费用凭证或支付单据。

③材料、设备已在现场交货，且存储良好，监理工程师认为材料、设备的存储方法符合要求。

材料、设备预付款按项目专用合同条款数据表中所列主要材料、设备单据费用的百分比支付。在预计交工前3个月，将不再支付。

（2）扣回办法。当材料、设备已用于或安装在永久工程之中时，预付款应从进度付款证书中扣回，扣回期不超过3个月。

4. 质量保证金

（1）扣留。监理工程师应从第一次进度付款开始按合同专用条款中约定的百分比乘以施工单位应得的款项，从每期支付给施工单位的工程进度付款中扣留，直至质量保证金的金额达到合同专用条款中规定的限额为止。

（2）返还。缺陷责任期满时，施工单位向建设单位申请到期返还质量保证金。建设单位应在14天内会同施工单位按照合同约定的内容核实施工单位是否完成缺陷责任，如无异议，建设单位应将质量保证金返还给施工单位。

5. 工程变更费用

1)处理工程变更注意事项

(1)工程变更的范围不能随意扩大。工程变更主要涉及的是设计图纸和技术规范文件的变更,而且在合同条款中对其范围作了清楚的说明,故超出此范围就不应该视为工程的变更,而只能作为其他形式的合同变更去处理。

(2)工程变更通常伴随工程数量的改变,但工程数量的改变并不意味着一定有工程变更的发生。比如施工过程中,经常出现实际工程量与工程量清单中的估算数量不一致的情况,如果施工图不发生修改,则这种现象完全是估算误差造成的,这时候工程量增减并不属于工程变更的范围。

(3)施工单位在执行工程变更前,必须以监理工程师的书面变更通知单(令)为依据,即使紧急情况下执行监理工程师口头指令的工程变更,也应在执行过程中尽快予以书面确认,否则这种变更视为无效变更,即使对建设单位有利,也不一定得到认可或补偿。工程变更的提出可以是建设单位、监理工程师、设计单位、施工单位,但不管属于何种情况,最后必须由监理工程师下发变更通知单(令)后才具有效力。

(4)尽管工程变更情况很多,但变更后的工程一般应该是原合同中已有的同类型工程,否则施工单位的施工质量(或履行能力)无法保证,而且可能引起复杂的施工索赔,并增加工程结算和费用监理的难度。

2)加强工程变更费用监理的监管

(1)严格按照合同中规定的工程变更估价确定原则来确定工程变更的估价。

(2)加强工程变更的计量工作,尤其要加强工程变更测量工作、工程隐蔽部位的计量工作。

(3)对采用计日工形式计价的工程项目,监理工程师应及时对发生的计日工数量进行检查和清点,以保证计日工数量的准确性。另外,对重要工程变更应避免使用计日工形式计价,因为该方式不利于促进施工效率的提高,甚至增大工程造价,降低投资效益。

(4)当工程量清单中没有相应工程子目的单价而需要监理工程师和施工单位协商确定新的单价时,监理工程师应参照《公路工程预算定额》及《编制办法》,尽量依据施工单位在投标时的单价分析资料和工程量清单中的单价来协商确定其价格。当工程量清单中有相同子目、类似子目、相邻标段相同子目、类似子目应予以采用或参照。

(5)当工程造价出现调整时,监理工程师应本着公平合理原则,在全面分析施工单位的施工成本和利润的基础上,确定出需要增加或减少的合同款额。

(6)在工程变更的费用监理过程中,监理办应严格按工程变更管理程序执行分级审批程序,加强内部监督,做到监理内部层层把关,以杜绝利用工程变更增加支付费用。

(7)对有不平衡报价的合同,应加强单价分析,并对与此相关的工程子目和工程量加强全面综合控制,尤其要注重:工程规模扩大的、因工程性质改变的、单价偏高的工程子目其工程量会增大的、单价偏低的工程子目其工程量会减少等的工程变更的有效控制。

第七章 进度监理

第一节 基础知识与要求

一、进度监理的原则

监理工程师应该在保证质量和安全的基础上,以计划控制为主线进行有效的进度监理。要求施工单位按时提交进度计划,监理工程师严格进行进度计划审批,及时收集、整理、分析进度信息,发现进度问题时应及时按照合同规定予以纠正。

二、进度监理的内容

(1)审批施工单位的总体和年(月)进度计划报告(包括调整后的进度计划报告)。

(2)检查和督促计划进度的落实,监控实际进度与计划进度的偏差,并做好相关记录。

(3)当工程未能按合同和计划进度执行时,应及时分析原因、提出意见和明确措施,使施工单位能够按意见和要求及时整改和落实。

(4)定期以《监理月报》或监理报告单的形式向建设单位汇报工程进度情况。当施工进度可能导致合同工期严重延误时,监理工程师有责任提出详细报告,供建设单位采取措施或作出相应的决定。

三、进度监理的职责

(1)审查施工进度计划。当监理工程师认为施工计划进度不符合要求时,应要求施工单位及时进行修改和调整。对符合要求的计划进度应及时予以批准执行。

(2)监控执行工程进度计划。施工单位实施批准的进度计划时,监理工程师应及时进行有效的监督,并监控实际进度与计划进度之间的偏差。

(3)根据进度偏差情况,监理工程师应发出实际进度快慢的信息以及进度调控指令,并明确提出具体的建议和要求。

(4)当施工单位无正当理由延误工期又不采取加快施工进度的措施时,监理工程师有权向建设单位报告,由建设单位决策是否采取措施或作出中止施工合同的决定。

(5)协调与进度有关的各单位,解决影响进度的各种问题,确保工程进度目标的实现。

第二节　进度监理要点

一、进度计划的编制

监理工程师应要求施工单位在合同规定的期限内编制并提交进度计划。进度计划应有文字说明、进度图表和保证措施等。总体进度计划中宜绘制网络图,标注关键路线和时间参数。总体进度计划和月进度计划中应绘制资金流量 S 曲线图。

工程进度计划根据工程项目实施的不同阶段分为:总体进度计划、年进度计划、季进度计划、月进度计划、旬进度计划和周进度计划等。对于某些起关键作用的关键工程项目,应单独编制关键工程进度计划。

1. 总体进度计划内容

(1)工程项目的合同工期。

(2)绘制网络图,标注关键路线和时间参数,确定完成各单位工程及各施工阶段所需工期、最早开始时间和最迟结束时间。确定合理的进度曲线,明确进度曲线的上下限。

(3)绘制资金流量 S 曲线图,确定各单位工程及各施工阶段需要完成的工程量及现金流量估算。

(4)各单位工程及各施工阶段所需配备的人力和机械数量。

(5)各单位工程或分部工程的施工方案和施工方法等。

2. 年(月)进度计划内容

(1)本年(月)计划完成工程量的具体桩号、部位、数量及投资额,以及相应人员、材料、设备的投入情况。

(2)关键工程的进度情况比较。

(3)实际累计进度与计划累计进度的比较情况,实际月进度与计划月进度的比较情况。

(4)可能影响本年、本月或工程项目计划进度落实的情况说明等。

(5)绘制资金流量 S 曲线图,对现金流量进行估算。

3. 关键工程进度计划内容

(1)具体的施工方案和施工方法。

(2)根据总工期要求,倒排关键工程的最早开工时间、最迟开工时间,最早结束时间、最迟结束时间。

(3)现金流量估算。
(4)可能影响关键工程进度的问题,预防和处理的方案。
(5)为保证关键工程进度达到预期目标,在人员、材料、设备、资金等方面的相关保障措施等。

二、进度计划的审批

监理工程师应在合同规定的期限内审批施工单位提交的进度计划。总体进度计划、月进度计划由总监理工程师审批,经批准的进度计划作为进度监理的依据。进度计划审批的重点是:

1. 工期和时间安排的合理性及与实际周边建设环境的协调性
(1)总体进度计划必须满足合同工期的要求。
(2)阶段性进度计划中的具体施工内容或施工工艺应满足季节、气温等方面的要求。
(3)阶段性进度计划中的具体施工内容和施工工艺应满足政策处理等方面的特殊时间要求。
(4)阶段性进度计划应充分考虑当地社会风俗特点和建设单位控制性进度计划中一些关键时间节点的要求。
(5)当工程项目由多家施工单位协同施工,应注意各施工单位进度计划之间的协调。否则,一旦批准了施工单位的进度计划,而各施工单位在时间进度上存在矛盾,将会给监理工作带来被动,甚至发生索赔。
(6)进度计划是否与政策处理目标计划和实际进程相协调。当施工单位的部分工程项目遇到政策处理遗留问题时,监理工程师应及时征求建设单位的意见,并根据建设单位的相关处理计划和意见慎重批复施工单位的进度计划。否则,一旦批准了施工单位的进度计划,会造成监理单位与建设单位共同承担违约责任,甚至被索赔。
(7)关键工作是进度控制的重点,关键工作一旦出现拖延,必然导致整个工程的延期;非关键工作尽管不是进度控制的重点,但当非关键工作的延误超过总时差时,就会转化为关键工作。因此,对那些总时差较小的非关键工作,也应给予足够的重视。

2. 施工准备的可靠性
(1)分析工程建设过程中对施工进度的全部影响因素。事先全面、科学、客观地分析工程建设过程中对施工进度的所有影响因素,在进度计划报审时,监理工程师应要求施工单位提供影响其施工进度的各种因素以及相关处理措施,或对相关单位配合的具体要求等。
(2)分析进度计划是否与施工方案一致。施工方案中的施工部署、施工方法、施工工艺、施工机械以及施工组织方式直接影响到进度计划安排。如果有矛盾必须要求施工单位调整进度计划或施工方案。
(3)人员、材料、机械等方面的资源计划能否保证进度计划的需要。监理工程师应要求施工单位提供各工种劳动力、施工机具、材料供应等具体资源计划作为附件,并通过审查资源计划是否与进度计划相符,来评价进度计划的可实施性。如资源计划不能满足进度计划的要求,应要求施工单位调整资源计划或进度计划。进度计划一旦被批准,资源计划也作为进度控制的依据。

(4)进度保证措施是否合理。监理工程师应要求施工单位提供进度保证措施作为附件。进度保证措施包括技术措施、管理力量、管理措施和季节性施工措施。进度计划一旦被批准，这些措施也将作为进度控制的依据。如果在施工过程中施工单位没有采取这些措施而导致工期延期，监理办一般不应同意工期延期申请。

3. 计划目标与施工能力的适应性

(1)各阶段或单位工程计划完成的工程量及投资额应与施工单位的设备和人力实际状况相适应。

(2)各项施工方案和施工方法应与施工单位的施工经验和技术水平相适应。

(3)关键线路上的施工力量安排应与非关键线路上的施工力量安排相适应。

三、进度计划的检查

监理工程师应根据进度计划检查工程实际进度，并通过实际进度与计划进度的比较，对每月的工程进度进行分析和评价。评价结论应写入工程《监理月报》。

进度监理的目的是要使工程按照既定的进度计划组织施工。为了达到这一目的，需要建立一套科学、有效的进度监控机制。进度监控的内容主要包括：一是跟踪实际进度，二是监控影响进度的因素，并建立一套以现场检查督促机制、进度月（旬、周）报制度、协调机制、风险预警机制为核心的进度监控体系。

1. 建立现场检查督促机制

检查督促机制是保证施工实际进度按照计划进度逐步落实的有效手段。监理人员应重点检查：施工单位在进度计划中明确的人员、材料、设备等是否按时、按量、按规定型号和性能及时到位，相关的组织管理工作是否有效开展，相关的作业面施工进度是否正常等情况，并及时、详细地做好相关的记录，作为实施进度监理、评价施工进度计划落实情况及有关索赔事件的依据。

2. 落实工程进度报告制度

工程项目进度报告一般分年报、季报、月报、旬报、周报和日报等种类。公路工程项目管理中一般以月报的形式为主，特殊情况采用旬报、周报甚至日报的形式。监理人员应要求施工单位在规定时间（一般是每月的 25 日）提供一份客观、全面、准确的当月施工进度报告，主要内容包括：

(1)当月原计划完成、实际完成、尚未完成的工作内容或完成程度。

(2)实际月进度与计划月进度、实际累计进度与计划累计进度的比较结果，包括进度偏差和产生的原因及对总工期和以后主要时间节点的影响程度。

(3)施工单位对影响总工期或主要时间节点的进度偏差所提出的对策措施。

(4)下月计划安排及需要相关单位协调和配合的问题。

通过月报制度，形成了一个计划、检查、分析、比较、处理的动态控制过程。

3. 有效开展协调工作

在进度监理工作中，监理人员协调工作十分重要。协调工作的形式包括：

(1)实施工地例会制度。一般在每月月末或下月月初召开,会议由总监理工程师主持,工程各参建单位参加。例会上应分析、评价各施工单位的施工进展情况,指出当月存在的问题,客观、全面地分析原因,提出下月的计划进度目标以及相关单位应落实的措施。

(2)召开进度专题协调会。当工程建设出现较严重的进度问题,或出现时间紧迫、处理棘手的问题时,监理人员应及时召集相关单位人员召开专题协调会,以解决存在的困难和矛盾,保证工程总体进度能够按计划完成。

(3)与建设单位、施工单位保持良好的工作沟通渠道,随时开展协调工作。监理人员要凭借以往工程进度管理的经验和本项目的具体情况,以合同条款为依据,从工程建设大局出发,促使建设单位和施工单位切实履行合同条款明确的自身工作职责,通过相互配合、努力挖潜等方式,为双方共同创造利益。

4. 实施风险预警机制

由于公路工程建设的牵扯面广,在实施过程中会有许多不可预见的因素而导致进度滞后。监理人员应针对工程项目的特点,将影响进度的风险分为:政策处理、地质状况、设计变更、劳动力供应、设备状况、材料供应、质量状态、安全状态、环保状态、气候条件、社会民俗等因素,在监控中一旦发现异常情况,及时向相关单位发布警报信息,提醒各方及时采取有效对策。

四、进度计划的调整

(1)对总体工程进度起控制作用的关键工程的实际工程进度明显滞后于计划进度且施工单位未获得延期批准时,监理工程师必须签发监理指令,要求施工单位采取措施加快工程进度。需要工程进度延期的,延期申请必须报监理工程师批准。

(2)施工单位获得延期批准后,监理工程师应要求施工单位根据延期批复调整工程进度计划。调整后的工程进度计划应报监理工程师审批。

(3)由于施工单位自身原因造成工程进度延误,在监理工程师签发监理指令后又未有明显改进,致使合同工程在合同工期内难以完成时,监理工程师应及时向建设单位提交书面报告,并按合同规定处理。

(4)建设单位或施工单位提出工程进度重大调整时,应按合同或签订的补充合同执行。

五、进度违约的处理

《公路工程标准施工招标文件》(2009年版)第一卷第四章11.5条规定:施工单位应严格执行监理人(监理工程师)批准的工程进度计划,对工作量计划和形象进度计划进行控制。施工单位的实际进度曲线应在工程进度管理曲线规定的安全区域内。若施工单位的实际进度曲线处于工程进度管理曲线规定的安全区域下限之外时,监理工程师有权认为本合同的进度过慢,并通知施工单位采取必要的措施,以加快工程进度,确保能在预定的工期内交工。施工单位应采取措施加快工程进度,并承担加快进度所增加的费用。

如果施工单位在接到监理工程师通知后的14天内,未能采取加快工程进度的措施,致使实际工程进度进一步滞后,或施工单位虽采取了一些措施,仍无法按工期交工时,监理工程师应立即通知建设单位,并抄送施工单位。建设单位在向施工单位发出书面警告通知14天后,建设单位可以按合同条款终止施工承包合同,也可将本合同工程中的一部分工作交由其他施工单位或分包人完成。在不解除本合同规定的责任和义务的同时,施工单位应承担因此所增加的一切费用。

由于施工单位原因造成工期延误,施工单位应支付逾期交工违约金。逾期交工违约金的计算方法在项目专用合同条款数据表中约定,时间自预定的交工日期起到交工验收证书中写明的实际交工日期止(扣除已批准的延长工期),按天计算。逾期交工违约金累计金额最高不超过项目专用合同条款数据表中写明的限额。发包人(建设单位)可以从应付或到期应付给施工单位(施工单位)的任何款项中或采用其他方法扣除此违约金。施工单位支付逾期交工违约金,不免除施工单位完成工程及修补缺陷的义务。

如果在合同工程完工之前,已对合同工程内按时完工的单位工程签发了交工验收证书,则合同工程的逾期交工违约金,应按已签发交工验收证书的单位工程的价值占合同工程价值的比例予以减少,但本规定不应影响逾期交工违约金的规定限额。

第八章 合同及其他事项管理

第一节 基本知识与要求

监理工程师在合同管理方面的工作内容包括：工程变更、工程延期、费用索赔、价格调整和计日工、工程暂停、工程复工、工程分包、工程保险、违约处理以及争端协调等。本节重点介绍工程变更、工程延期、费用索赔、工程分包和违约处理的内容。

一、工程变更

1. 工程变更的概念

《中华人民共和国标准施工招标文件》(2007年版)"合同通用条件"15.1款规定：除专用合同条款另有约定外，在履行合同中发生以下情形之一，应按照本条规定进行变更。

(1) 取消合同中任何一项工作，但被取消的工作不能转由发包人（建设单位）或其他人实施。

(2) 改变合同中任何一项工作的质量或其他特性。

(3) 改变合同工程的基线、高程、位置或尺寸。

(4) 改变合同中任何一项工作的施工时间或改变已批准的施工工艺或顺序。

(5) 为完成工程需要追加的额外工作。

《中华人民共和国标准施工招标文件(2007年版)》"合同通用条件"15.2款规定：在履行合同过程中，经发包人（建设单位）同意，监理工程师可按第15.3款约定的变更程序向承包人（施工单位）作出变更指示，承包人（施工单位）应遵照执行。没有监理工程师的变更指示，承包人（施工单位）不得擅自变更。

2. 工程变更的等级

根据《公路工程设计变更管理办法》规定，公路工程设计变更分为重大设计变更、较大设计变更和一般设计变更，具体界定如下：

(1) 有下列情形之一的属于重大设计变更：
① 连续长度 10km 以上的路线方案调整的；
② 特大桥的数量或结构形式发生变化的；
③ 特长隧道的数量或通风方案发生变化的；
④ 互通式立交的数量发生变化的；
⑤ 收费方式及站点位置、规模发生变化的；
⑥ 超过初步设计批准概算的。
(2) 有下列情形之一的属于较大设计变更：
① 连续长度 2km 以上的路线方案调整的；
② 连接线的标准和规模发生变化的；
③ 特殊不良地质路段处置方案发生变化的；
④ 路面结构类型、宽度和厚度发生变化的；
⑤ 大中桥的数量或结构形式发生变化的；
⑥ 隧道的数量或方案发生变化的；
⑦ 互通式立交的位置或方案发生变化的；
⑧ 分离式立交的数量发生变化的；
⑨ 监控、通讯系统总体方案发生变化的；
⑩ 管理、养护和服务设施的数量和规模发生变化的；
⑪ 其他单项工程费用变化超过 500 万元的；
⑫ 超过施工图设计批准预算的。
(3) 一般设计变更是指除重大设计变更和较大设计变更以外的其他设计变更。

3. 工程变更产生的原因

(1) 不可预见的因素。工程中出现不可预见的情况，如不可预见的自然因素如实际的地质状况与原勘探结果差异很大、出现百年不遇的洪水、出现其他特殊的风险等。

(2) 外部环境引起。工程外部的环境发生变化，如供电、供水紧张，材料大幅度涨价等。

(3) 建设单位或第三方提出。由建设单位或其他第三方提出变更设计，如高填方改为高架桥，增加通道以方便当地群众出行等。

(4) 施工单位提出。施工单位根据工程实际、结合以往的施工经验，或方便施工、节约造价而提出工程变更（主要为改变施工方法和施工工艺），如连续箱梁由满堂支架施工改为挂篮施工、扩大基础改为桩基础等。

(5) 工程缺陷引起。由于施工单位违约或无意间造成工程缺陷，监理工程师不得不发出指令变更工程进行弥补等。

二、工程延期

1. 工程延期的概念

依据合同有关规定，工程在实施期间，由于并非施工单位自身原因所造成的经监理工程师书面批准的工程施工期限的延长。它并不包括由于施工单位自身原因所造成的工程延误。

2. 工程延期产生的原因
(1) 图纸或指示的迟发。
(2) 未能获得施工用地。
(3) 遇到不利的实物障碍或自然条件。
(4) 工程暂停。
(5) 追加了额外的或附加的工作(工程量)。
(6) 异常的恶劣气候天气条件。
(7) 由建设单位造成的延误、妨碍、阻止。
(8) 不是施工单位的过失、违约或其负责的其他特殊情况。
(9) 合同中所规定的任何延误原因。

三、费用索赔

1. 费用索赔的概念
根据合同有关规定,建设单位或施工单位通过监理工程师向对方索取合同价格以外的费用,作为对自身经济利益损失和影响的补偿。这里仅对施工单位向建设单位的费用索赔进行论述。

2. 费用索赔产生的原因
1) 工程延误
(1) 监理工程师未能在合理的时间内,签发图纸、指示、指令或给予批准。
(2) 监理工程师负责提供的书面数据不准确,设计图纸的合同文件的内容有错漏或矛盾。
(3) 监理工程师的各种不适当的决定和苛刻要求,如要求进行合同中未规定的检验,而检验结果符合操作工艺或材料符合合同要求;监理工程师根据合同规定同意隐蔽部分予以覆盖或隐蔽后,再次要求剥露开孔或贯通内部进行检查,而检查结果证明其施工仍符合合同要求等。
2) 建设单位延误
(1) 非施工单位原因造成的工程暂停。
(2) 建设单位未按合同规定和施工单位合理的工程进度计划,提供施工场地和出入权等施工条件。
(3) 由于增加或减少工程量或增加附属工程、修改设计、变更工程顺序等,造成工期延长和费用增加;由于取消某项工程,造成为该工程有特殊要求的人工、机械进出现场而发生的附加费用。
(4) 建设单位未按规定向施工单位付款。
(5) 由于建设单位缩短工期,施工单位为此加快施工进度,在人力、物力、财力等方面增加了额外的开支。
3) 难以预见的因素
(1) 即使一个有经验的施工单位在投标时也难以预料到的施工条件的变化,包括不利外界自然条件或实物障碍,如施工现场发现化石、文物、矿产、地下建筑等;不可抗力事件造成工期拖延,如洪水、地震等自然灾害。
(2) 由于建设单位的意外风险和特殊风险造成的损失或伤害。

3. 费用索赔的基本条件

(1) 客观性。要求索赔的事件确实存在并造成施工单位的损失,有相关确凿的证据和证明材料。

(2) 合法性。索赔必须有法律和合同条款的明确规定。

(3) 合理性。索赔的要求符合合同规定并与实际情况相符,索赔金额的计算方法和计算基础符合合同规定、会计核算原则和工程惯例,因果关系符合逻辑。

(4) 程序性。要求施工单位在索赔事件的整个过程中,按照合同规定的程序办理索赔的相关申请手续。

四、工程分包

1. 工程分包的概念

获得整个合同段的施工单位,将所承接的工程中的一部分按专业性质或工程范围进行分解后,由其他若干家施工单位或施工班组进行施工,并签订工程分包合同。

2. 工程非法转包和违规分包

(1) 非法转包。《浙江省公路水运工程施工分包管理规定》规定:施工单位凡有下列行为之一者,均属非法转包:

①施工单位将其承包的合同工程转包给其他单位或个人,或者将合同工程肢解后以分包的名义分别转包给其他单位或个人的。

②施工单位对其承包的工程未派出项目管理班子,未对该工程的施工活动进行有效的组织管理的。

③合同约定的施工单位与项目的施工现场管理机构之间无产权关系。

④合同约定的施工单位与项目的施工现场管理机构之间无统一的财务管理。

⑤合同约定的施工单位与施工现场的项目经理及主要工程管理人员之间无合法的人事调动、任免、聘用以及工资福利、社会保险关系。

(2) 违规分包。《浙江省公路水运工程施工分包管理规定》规定:凡有下列行为之一者,均属借劳务合作之名,行分包之实的行为:

①施工单位未对劳务队伍进行有效的管理和技术指导的。

②劳务队伍自行组织工程的试验检测和质量检验的。

③劳务队伍自带施工机械设备的(指施工单位合同承诺到位的机械设备)。

④劳务队伍负责部分或全部的材料采购的。

⑤法律法规规定的其他假劳务之名,行分包之实的。

(3) 应准确界定工程的合理分包、违规分包和非法转包。发现违规分包和非法转包时,监理工程师应指令施工单位立即纠正并报告建设单位。

五、违约处理

1. 违约的基本概念

违约是指合同的一方拒绝或未完成其合同义务,它给了另一方以要求赔偿损失的权利。

2.违约处理的原则

如果违约行为涉及合同中某项基本条款或条件,则构成毁约,受害一方有权结束合同;如果违约行为属于没有尊重某一次要条款,则构成毁约,则受害一方仅有权要求赔偿。

第二节　合同及其他事项管理要点

一、工程变更

1.变更工程的提出

设计、施工及监理等单位都可以向建设单位提出公路工程变更的建议;建设单位也可以直接提出工程变更的建议。工程变更的建议应当以书面形式提出,并注明变更理由。

2.变更工程审批

根据原交通部《公路工程设计变更管理办法》规定,公路工程重大、较大设计变更实行审批制。建设单位和监理单位对施工单位提出的工程变更建议及理由应当进行审查核实,必要时,可以组织勘察、设计、施工等单位及有关专家对工程变更建议进行经济、技术论证。建设单位经审查论证确认后报工程原初步设计批复单位审批;建设单位负责对一般设计变更的审批,由建设单位根据审查核实情况或者论证结果决定是否开展设计变更的勘察设计工作,审查确认后决定是否实施。建设单位应当在14日内完成审查确认工作。

未经审查批准的设计变更不得实施。任何单位或者个人不得违反《公路工程设计变更管理办法》规定,擅自变更已经批准的公路工程初步设计、技术设计和施工图设计文件,不得肢解设计变更规避审批。经批准的设计变更一般不得再次变更。

施工单位要求工程变更时,应提交变更申报单,报监理工程师审核;按施工合同要求需由建设单位批准的隐蔽工程的变更,监理工程师还应会同建设、设计、施工等单位(项目有要求时还包括稽核和审计等单位)现场共同确认;建设单位要求工程变更并取得设计变更文件后,监理工程师应按施工合同规定下达工程变更令。

3.工程变更指令

没有监理工程师签发的"工程变更通知单",施工单位不能进行任何工程变更。但如果工程量的增减是由于实际工程量超过或少于工程量清单中估算数量而非监理工程师指令的结果,则这类增减不需变更指令。

4.相关单位进行工程变更的工作内容

1)施工单位

及时提交变更申请报告,阐述变更理由,提出初步技术方案和经济比较资料。工程变更报告内容应包括:

(1)变更项目;

(2)桩号或部位;

(3)原设计内容与方案;

(4)全面、详细、客观的工程变更原因;

(5)拟变更内容与施工方案(应提供多种比选方案);
(6)费用增减情况;
(7)工期影响情况;
(8)工程变更等级;
(9)相关证明资料(包括有关部门的申请报告或意见,有关文件、纪要、记录、资料、图纸、试验检测报告、材料单价及综合组价方案等)。

2)监理办

(1)详细审查工程变更原因;

(2)到现场进行仔细调查、检测、核对(必要时邀请设计人员和建设单位人员参加);

(3)从质量、安全、环保、费用、进度、政策处理、工程日后养护等方面考虑,对变更方案进行比选,提供监理试验检测报告和工程量统计数据,指出施工单位施工方案存在的问题,出具费用计算或审查数据的书面详细资料,建议建设单位和设计单位应重视的问题和应采取的措施;

(4)根据工程变更的等级、规模、实施难易程度等情况,组织有关人员召开工地例会,协调、讨论工程变更事宜;

(5)如施工单位的工程变更意向申请报告中存在:变更理由不充分、变更内容不齐全、工程量统计错误、费用计算不当、附件资料不完备等情况时,监理工程师应以书面形式及时、详细地指出具体问题,退回报告要求施工单位重新申报;如经审查基本满意时,监理工程师应及时审签意见;

(6)按监理服务合同(或施工合同)规定,根据变更工程的规模、等级等情况,及时将变更报告转报建设单位审签,或由建设单位转送设计单位另行设计或审签;

(7)监理办根据建设单位和设计单位的批复意见,及时签发《工程变更通知单》,并督促施工单位按技术规范及变更通知单的要求进行施工。

3)建设单位

建设单位应对工程变更问题进行调查、研究,重视变更方案的比选,并视变更工程的不同等级、规模,按原交通部《公路工程设计变更管理办法》等规定,可以直接批复的应在15日内予以批复,需上报相应交通主管部门的应及时上报,不同意批复的也应及时指出不同意的原因并及时予以退回。

4)设计单位

设计单位应根据建设单位抄送的书面变更资料及时到现场进行调查研究,然后对施工单位(或监理单位)提出的变更设计方案进行设计验算或确认,并从设计角度提出施工有关注意事项。

5.变更工程结算单价的确定

变更结算单价应按以下方式依次审查确定:

(1)合同段工程量清单或中标价中已有与变更工程相同项目单价的,应按已有的项目单价确定。

(2)合同段工程量清单或中标价中虽无相同项目单价但存在类似项目单价的,应参照类似细目单价或替换其变化部分单价,经协商一致后确定变更单价。不能协商一致时由总监理工程师认真研究审核后确定。

(3)合同段工程量清单或中标价中没有适用或类似项目单价的,可在综合考虑施工单位投标时所提供的单价分析表的基础上,由监理工程师确定按第3.5款商定或确定变更工程的单价,由施工单位依据合同条款以定额组价法编制变更补充单价。组价的材料价格可采用变更时的市场信息价(调价时不再享有调价权利),也可采用投标时的市场信息价(调价时同时享有调价权利),费率应采用优惠后的最终费率,据此确定变更单价。

(4)对以上三种方法均难以确定的变更单价,可按照实际的施工工艺经实地测算后合理确定工料机消耗量(可参考有关行业定额),再按第三种方法组价确定变更单价。

(5)当工程量报告变更规模超过合同规定的某个范围时,则项目单价应予以调整。由于合同条款中未规定具体的调整模式,在实际使用中应慎重,以免工程造价失控。

(6)新增单价的确定应附有建安工程费计算表、综合费率计算表、工料机单价汇总表、分项工程预算表等。

6. 注意事项

(1)各有关单位应从工程建设质量、安全、环保、费用、进度等方面的大局出发,充分考虑变更工程实施的必要性、紧迫性,及时、仔细、严谨地做好有关调查、复核、验算、审批等工作。

(2)建设单位、施工单位和监理单位应建立工程变更台账,详细汇总有关信息。

(3)建设单位定期对设计变更情况进行汇总并报主管部门备案,交通主管部门可根据情况随时对设计变更和变更费用进行监督检查。

(4)未经监理办签发"工程变更通知单",不得进行变更工程计量与支付。

(5)如果工程量的增减是由于其实际工程量(对照批复图纸)超过或少于工程量清单中估算数量,而并非监理工程师指令的结果,则这类增减不需变更指令(增减数量超过规定的除外)。

(6)由于施工单位自身原因产生的工程变更,其费用由施工单位承担。

工程变更申报与审批程序如图 8-1 所示。

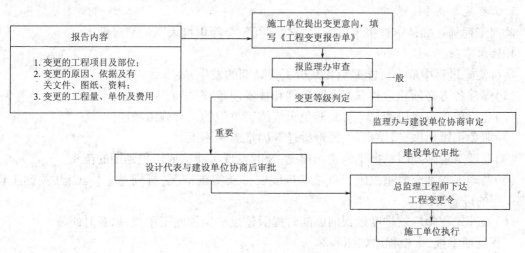

图 8-1　工程变更申报与审批程序

二、工程延期

1. 工程延期的提出

要求施工单位工程延期的申请应符合:

(1)工程延期事件属实。
(2)延期的理由充分,符合合同及监理规范的规定。
(3)延期发生在工期网络计划图的关键线路上。
(4)施工单位在合同规定的期限内向监理工程师提交工程延期意向通知书、相关资料及工程延期通知书。
(5)工程延期天数的计算原则、方法正确。
(6)现场记录、照片、图纸(包括工期网络计划图)、文件、资料等证据材料真实、齐全。

2. 工程延期审批

监理工程师在收到施工单位工期延期通知书和详细补充情况及证据后,要立即开展审批工作,并在合理的时间内进行现场调查、审查、核实、审批。

(1)收集资料、做好记录。监理工程师收到施工单位工程延期意向通知书后,应做好工地实际情况的调查和日常记录,收集相关资料和信息,特别是包括"监理日志"、"气象记录"、"施工记录"、"施工人员出勤表"、"施工机械台班考核表"等原始记录。

(2)审查与评估。重点审查工程延期申请报告的格式、细目和编号;审查延期发生的原因和发展的情况,延期的合同条款依据、计算方法和测算结果及相关证据材料,并进行评估。

(3)提交审查报告。审查报告由以下内容组成:

①正文。包括受理施工单位工程延期通知书的时间、工程概况、确认的工程延期理由和合同依据、工程延期测算方法和延期天数及审查结论。

②附件。现场监理人员的证据材料及评价意见、施工单位的工程延期申请报告、其他相关证明材料。

3. 工程延期指令

监理工程师在确认审查报告后签发"索赔时间/金额审批表",同意延期。

4. 注意事项

项目实施过程中应尽可能避免和减少工程延期的发生,要求做到:

(1)参建各方必须熟悉和掌握合同条件和技术规范,严格遵守和执行合同。
(2)建设单位应多协调、少干预,避免干扰施工单位的正常施工秩序。
(3)避免图纸延误、错误指示、征地拆迁等因素影响施工。
(4)监理工程师随时掌握工地现场情况,及时发现可能造成工程延期的苗头。
(5)监理工程师充分重视施工单位的进度安排及实施情况,特别是主体工程、关键工程、关键工序的进展情况。
(6)监理工程师应就进度延误问题随时提醒建设单位和施工单位,以及时纠偏。

工程延期申报、审核程序如图8-2。

三、费用索赔

1. 费用索赔的提出

施工单位应按照合同规定的程序提出索赔申请。施工单位应在出现引起索赔的事件后,按照合同规定的期限向监理工程师提交索赔意向通知书,并同时报送建设单位;施工单位承诺

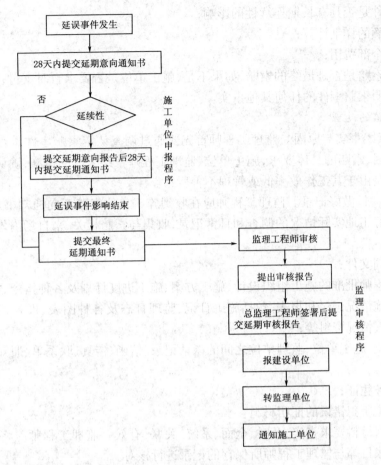

图 8-2 延期申报、审核程序

继续按规定向监理工程师提交说明索赔数额和索赔依据等详细材料,并根据监理工程师需要随时提供有关证明;施工单位在索赔事件终止后,按照合同规定的期限向监理工程师提交最终索赔通知书。

(1)索赔意向通知书的内容
①索赔编号和索赔名称;
②索赔事由发生的时间、地点、简要说明事实情况和发展动态;
③索赔事件是否对工期、工程产生长期连续性影响;
④简要说明索赔的基本依据,包括依据的合同条款;
⑤索赔的大致款额;
⑥索赔依据的有关活动或条件的开始时间。

(2)索赔通知书的内容
①索赔编号和索赔名称;
②索赔事由发生的时间、地点、事实情况;
③索赔依据的合同条款号;
④依据合同条款,详细说明全部索赔事实和有关情况的证据;

⑤索赔事件是否具有长期连续性的影响；
⑥索赔款额的详细计算；
⑦索赔的全部费用；
⑧说明该索赔是否是最终的索赔，如果不是，施工单位是否要求暂时支付；
⑨能够证明索赔事件的任何其他事实。

2. 费用索赔的处理

（1）查证索赔事实与原因。监理工程师首先要通过调查认定索赔事件是否发生及发生的时间和具体原因，索赔的具体要求，施工单位、监理工程师曾经采取的措施，确认施工单位所声称的损失是否是由于其工作效率低或管理不善所致。

（2）搜集资料、做好记录。监理工程师应在收到施工单位索赔意向通知书后，立即通知有关监理人员做好工地实际情况的调查和日常记录，收集与索赔相关、来自场内外的各种文件资料与信息，包括：

①各种合同文件；
②监理工程师批准的施工组织设计、施工方案、施工进度计划及各种指令、签认资料等；
③现场实施情况记录和报表，包括施工日记、监理日志及各种图表、报表，工地会议纪要、照片、录像，天气情况资料等；
④建设单位、施工单位、监理单位之间的谈话记录、信函、传真、联系单、通知单、答复、口头协议等；
⑤各种财务凭证；
⑥施工单位所犯错误的证明材料。

索赔的证据材料要求真实、及时、全面、系统、关联、有效。监理工程师应将施工单位所附的原始记录和账目等与监理工程师所保存的记录进行核对。

（3）审查和评定。

①索赔申请通知书的格式应满足监理工程师的要求；
②索赔申请的资料，包括索赔发生的原因、发展情况，申请所依据的合同条款；索赔数额的计算原则、计算方法及价格与数量的来源；索赔涉及的有关文件、资料、图纸等证明材料必须真实、齐全，依据正确、理由充分，内容符合要求。

（4）核实索赔费用。索赔理由成立后，审核施工单位的索赔数量是否有事实依据，计算是否正确，要求数量与监理工程师所掌握的一致，价格与取费的来源能被建设单位接受。否则应与建设单位和施工单位进行协商，修订施工单位的计算方法与索赔数额，或监理工程师确认认为正确的费用。

监理工程师应掌握绝大部分的索赔是不包括利润的，它只涉及直接费和管理费。只有遇到工程变更时，才可以索赔费用和利润。

（5）编制审查报告。监理工程师在审核施工单位提交的索赔申请资料后，应编制费用索赔报告上报建设单位，内容包括：

①正文。包括受理索赔申请的工作日期；事件过程的具体情况；索赔理由及合同依据；经过调查、讨论、协商，确定的测算方法及由此确定的索赔数额；计算书；结论等。
②附件。包括监理工程师对该索赔的评语；施工单位的索赔申请；涉及的文件、资料、证明

等证据材料等。

（6）确定索赔。监理工程师在确认其结论之后，签发"索赔时间/金额审批表"，报建设单位审定后通过中期支付证书予以支付。

3.注意事项

（1）由于意外风险和不可预见的地下条件等原因发生的索赔事件，监理工程师要加强工程的风险意识，及早了解自然界和社会风险来源的可能性，尽早采取措施，防患于未然。

（2）对于由工程变更所引起的索赔事件，监理工程师应尽快向建设单位报告。若建设单位提出变更，监理工程师应尽可能降低变更后的工程费用。

（3）监理工程师要当好建设单位的参谋，特别是要及时提醒建设单位：搞好征地拆迁、使设计单位按合同规定准时交图、及时支付工程进度款等，以免由于违约引起索赔。

（4）监理工程师必须严守职业道德，加强自身业务能力，严格把关，谨慎处事，掌握情况要及时、准确，切不可粗心大意，以免出现错误指令等工作上的失误。这不但会使工程受阻，造成索赔，使建设单位的利益受到损失，而且会影响监理工程师自身的信誉。

费用索赔申报、审核程序如图8-3所示。

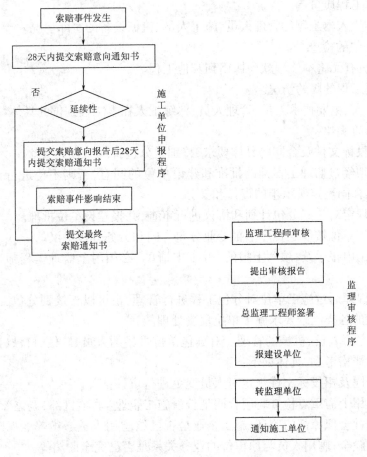

图8-3　费用索赔申报、审核程序

四、工程分包

1. 分包人的资格审查

1）进场前的审查

（1）内业检查

①企业概况：单位名称、法人代表、组织机构、合同争议及诉讼情况。

②企业业绩：以往工程，特别是同类工程业绩情况和分包工程的质量情况。

③主要技术人员、管理人员、施工人员的数量和水平，特别是派到本工程的人员情况。

④主要施工机械的型号、数量和性能，特别是用于本工程的施工机械情况。

⑤财务状况：企业的资金状况，特别是用于本工程的流动资金情况。

⑥用于本工程的材料供应情况。

（2）现场考察

①考察以往工程，访问建设单位、监理单位和总承包单位，了解施工企业的信誉。

②考察其他在建工程，了解合同履约情况；管理人员的业务水平和管理水平；施工人员的操作能力及实体工程质量等。

③考察具体投入本工程的管理人员、施工人员、机械设备的实际情况。

2）施工过程中的检查

①财务状况：有无将本工程款项挪用到其他工程。

②承包其他工程的履约情况。

③项目负责人、主要技术人员、管理人员、熟练工人在本工程到位的具体情况。

2. 分包工程的管理

（1）熟悉招投标文件及合同的具体要求，特别是分包管理的有关条款。

（2）分包必须经过监理工程师的批准和建设单位的同意，否则不得进行分包。分包不解除施工单位根据合同规定所承担的责任和义务。

（3）按合同规定对工程分包计划和协议进行审查，并报建设单位批准。

（4）督促施工单位按规定程序上报专业分包合同和劳务分包协议。

（5）履行开工申报手续，填写上报的"开工申请单"必须附上监理工程师批准分包的证明材料。

（6）监理工程师通过施工单位对分包工程进行管理，也可以直接到分包工程进行检查，发现涉及分包工程的各类问题要求施工单位负责处理。

（7）加强对主要人员、机械的管理。对分包单位进场的人员、队伍、机械、设备等合同要素严格核查和日常严格考勤，具体如下：

①严格按合同及招投标文件规定对人员变更进行审核把关。

②在人员聘用上需重点检查聘用合同是否由施工企业（非项目部）与之签订；聘用合同签订是否经劳动和社会保障部门鉴证；施工企业是否已给聘用人员缴纳养老保险、失业保险、医疗保险等社会保险金；聘用人员与原单位的业务关系是否已完全脱离等。

③在机械设备管理上需重点检查机械设备是否能提供来源和相关凭证（包括自有设备和

外来设备),是否健全了设备管理台账等。

(8)若分包人难以承担工程施工任务,监理工程师应要求施工单位立即采取措施对分包人进行整顿。必要时要求施工单位对分包人进行违约处罚,直至辞退严重违约的分包人。

(9)列入工地会议议程。每次工地会议上,施工单位必须上报分包人情况的材料,必要时要求分包负责人参加会议。

(10)按规定督促施工单位按月进行专业分包或劳务分包完成工程量和工程款的结算,并将分包款结算和支付的详细清单报备建档,否则,有权暂缓对施工单位的计量支付或按合同违约进行处理。

(11)及时书面指出施工单位在合同管理上存在的问题,并及时以书面形式向建设单位等有关部门进行汇报。

五、违约处理

1. 违约行为及处理
1)施工单位违约情形
在合同签订以后或在合同执行中,如果施工单位无力偿还债务或陷入破产;或主要财产被接管;或主要资产被强制抵押;或停业整顿;或同意放弃合同等;或监理工程师向建设单位证明(抄送施工单位)有下述情况:

(1)无视监理单位事先的书面警告,一贯公然忽视履行其合同规定的责任和义务。

(2)违反合同规定,未及时配备称职的关键管理与技术人员,或未经同意擅自调换主要管理人员和重要设备,或未及时配备承诺的关键施工设备。

(3)无正当理由未能按合同规定开工;或施工单位在接到监理通知书28天内无正当理由未能采取措施加快进行本工程或其相关键部分的施工,拖延工期甚至停止施工。

(4)发生未经监理和建设单位同意的违规分包。

(5)在缺陷责任期内,施工单位不履行合同义务。

(6)因施工单位出现严重的廉洁违约责任,导致工程损害、建设单位的经济的损失。

(7)建设工程质量达不到合同规定的标准。

(8)违反合同专用条款规定的其他重要规定。

则建设单位在向施工单位发出书面通知书的14天内未见纠正后,可以向施工单位课以专用条款中规定的违约金或终止施工承包合同。对施工单位已被强制性破产或违反合同关于禁止转包的规定时,建设单位可终止施工承包合同,但这并不解除合同规定的施工单位的任何义务和责任,也不影响合同授予建设单位和监理工程师的各种权利和权限。

2)建设单位违约情形
(1)宣告破产。
(2)宣布停业整顿。但这种整顿不是为了重建改组或合并的目的。
(3)由于不可预见的理由而不可能继续履行其合同义务。
(4)在中标通知书发出后42天内,未能提供设计单位正式出版的施工图纸。
(5)在施工过程中,未能按《公路工程设计变更管理办法》等有关要求在规定的时限内办理工程变更,或补充的图纸。

(6) 在施工过程中,发出不合适的图纸或指令。

(7) 由建设单位负责办理的工程开工报批、政策处理等工作尚未及时到位。

(8) 建设单位违规指定分包。

(9) 未根据合同条款,无理干涉、阻挠或拒绝对任何支付证书批准颁发等。

(10) 在合同规定的期限(无专用条款规定时,中期支付21天,最终支付42天)内,未能向施工单位支付经监理工程师签发的任何支付证书明确的应付款额,也未向施工单位说明理由。

由于以上建设单位违约行为,影响了施工单位工程进度计划而延误工期或造成损失的,监理工程师在收到施工单位提出的部分或全部终止合同的通知后,应尽快深入调查、掌握建设单位违约的有关情况,澄清事实,办理终止合同手续,建设单位应承担违约责任。

2. 监理工程师在违约处理中的工作内容

(1) 及时提示。监理工程师认为违约事件可能发生或在发生初期时,应及时提示施工单位和建设单位,以避免或减少因违约造成的延误和损失。

(2) 客观记录。违约事件已发生或正在发生时,监理工程师应认真调查分析,收集、掌握情况,客观记录和收集有关信息。此类记录将作为相关索赔和仲裁事件中监理方提供的证明材料。

(3) 公正办事。监理工程师应依据合同规定和有关证据,评估损失,提出处理意见,但不得超越建设单位授权的范围擅自处理。

六、其他事项

1. 工程保险

1) 工程保险的基本概念

工程实施阶段的保险,是通过保险公司,以收取保险费的方式建立保险基金,一旦发生自然灾害或意外事故,造成施工单位的财产损失或人身伤亡时,即用保险金给以补偿的制度。

2) 工程保险的种类和内容

(1) 工程一切险。是一种综合性的保险。是指对投保工程从工程开始到竣工移交整个期间的已完工程、在建工程、临时工程,到达现场的材料、施工机具设备和物品、现场的其他财产等的任何损失进行的保险。虽然称为一切险,但并未包括所有的风险,它有许多限制条件,特别是导致损失的原因方面有许多限制。

(2) 第三方责任险。是对因实施本合同工程而造成在工程工地或附近地段的第三者(建设单位和施工单位的雇员除外)人身伤亡和财产(本工程除外)损失进行的保险。

(3) 意外伤害保险。是施工单位对施工人员进行的意外事故进行的保险。施工单位必须为施工现场的人员办理意外伤害保险,保险费用由施工单位支付。

3) 监理工程师的工作

(1) 检查保险。应根据合同的有关规定检查保险的数额与实际价值是否相符,保险的有效期(应不短于合同工期或修订的合同工期)及保险单和保险费收据。

(2) 落实保险。当确认施工单位未在合同规定的期限内按规定的内容向建设单位提交合格的保险单时,应指示施工单位尽快补办或补充办理保险;施工单位拒办时,通知并建议建设单位办理或签发扣除施工单位相应费用的证明;若双方均未办理,则应书面通知双方由此带来的危害,督促其尽快办理保险。

2. 争议协调

1) 争议的基本概念

建设单位、施工单位之间因合同或工程施工出现分歧,并且对监理工程师的决定不接受而产生的争议,也称为合同纠纷。

2) 争议的解决办法

(1) 协商。争议发生后,建设单位、施工单位之间直接进行磋商,本着解决问题的诚意,互相谅解、消除分歧,以解决争议。

(2) 调解。争议发生后,建设单位、施工单位通过推举大家共同信任的第三方对争议进行调解,以解决争议。

若争议通过协商、调解仍无法解决,则可以向仲裁机构提出仲裁或向法院提起上诉的方式进行解决。

第九章 监理文件与资料管理

第一节 基本知识与要求

一、监理文件与资料的范围

建立完整齐全的监理文件与资料是监理工作的重要环节,一套全面、系统、完善的监理文件与资料可以有助于监理工程师发现施工中存在的各种问题,从而为调整监理力度提供依据。同时,健全的监理文件与资料还是监理内部管理的工具,是监理服务质量的主要体现。因此,监理工程师在开展监理工作时,应高度重视文件与资料管理,注重文字记录,以数据说话,为工程质量检验、交竣工验收及公路的日常的管养维护提供翔实的资料。根据《公路工程施工监理规范》的规定,监理文件与资料主要包括:监理管理文件、质量监理文件、安全监理与环保监理文件、费用监理文件、进度监理文件,合同管理文件及工程《监理月报》、监理工作报告、监理日志、会议纪要、巡视记录、旁站记录、监理通知单、工程变更令、工程开工报告及批复(含分项工程)、工程质量检验评定资料、试验抽检原始记录、试验检测报告单等内容。

二、监理文件与资料管理的基本要求

监理工作不直接产生实体产品,监理提供的是技术与管理服务,体现监理最终成果之一是监理资料。因此,监理文件资料的管理工作非常重要。平时我们发现,个别监理人员很少整理资料,或资料整理得不及时,加上监理人员的流动性较大,常常造成"人走资料缺",给竣工资料整理工作带来很大的麻烦。所以,监理办必须自始至终高度重视监理文件与资料管理。

1. 管理要求

(1) 监理办应建立健全监理文件与资料管理制度,如监理文件资料签发、工程往来文件资料签收、监理质检资料归档和检查考核等制度,并应根据工程建设需要建立文件资料的计算机管理系统。

(2) 监理办必须在组建伊始就明确监理文件资料收集、整理和归档的具体管理责任人,实行监理资料与监理人员的待遇挂钩,奖优罚劣。

(3) 监理办要建立文件传阅制度,对收到的文件进行传阅,尤其是会议纪要、工程变更报告、往来函件和报告等,让相关监理人员都能及时全面地了解文件与资料的内容。

(4) 公路工程各类施工资料、监理资料应按照《浙江省公路建设项目施工统一用表》的统一格式进行填写。

(5) 工程质量评定资料及标准按照《公路工程质量检验评定标准》有关规定执行。

(6) 监理办应建立材料、试验、测量、计量支付、工程变更、安全、环保等各项管理台账,并通过台账实施规范化管理。

(7) 各标段监理抽检资料次月必须归档,总监理工程师(或资料负责人)对专业监理工程师、专业监理工程师对监理员都应经常逐级检查各类资料内容的完整性、填写的规范性与及时性、审批意见与签认的齐全性。

(8) 监理办应设置资料柜和档案盒,粘贴必要的标签、标识,并编制相关的目录。

(9) 各类监理资料按照《浙江省公路工程竣工文件编制办法》有关要求进行组卷、归档。

(10) 监理办应定期对各类资料的系统性、完整性、及时性以及资料管理的安全性进行检查,对存在的问题及时进行整改,对资料定期及时归档。监理归档文件资料必须完整、准确、系统地反映工程监理活动的全过程。

2. 文件资料质量要求

(1) 所有归档的文件资料必须是原始件。

(2) 计算机打印的文字材料和图纸应采用激光打印机打印,不允许使用喷墨打印机和针式打印机。表格应铅印或用计算机激光打印,表内文字应是手写或计算机激光打印。纸张统一采用标准纸型(A4、A3 幅面)。

(3) 文件资料应字迹清楚、图样清晰、图表整洁、签署完备,不得用易褪色的书写材料(包括红墨水、纯蓝墨水、复写纸、圆珠笔、铅笔、彩色水笔等)书写、绘制和签字。

(4) 填写错误之处,可用斜线划去,在旁边书写正确文字或数据,不允许用涂改液修改或用橡皮擦改。

(5) 签名应由本人亲自书写,特殊情况需要代签,代签人应持有应签字人的委托书,在签字处盖上应签字人的签名章(用红色印泥),并在盖章处右侧签上盖章人的姓名,不允许直接代签应签字人的姓名。

(6) 传真件(激光打印除外)及复写件应复印后与原件一并归档。两种文件具有同等效力。

(7) 图片、录像资料应保证载体的有效性。

(8) 长期存储的电子文件应使用不可擦除型光盘。

第二节 监理文件与资料管理要点

一、监理办文件与资料管理

监理办文件与资料主要包括:工程开工报告、监理通知单、计量支付资料、进度监理文件、工程变更资料、会议纪要、《监理月报》、监理办自查报告、监理工作报告、安全监理资料和环保监理资料等。工程开工报告、计量支付资料、进度监理文件和工程变更资料的要点详见本书第二章、第六章、第七章和第八章,有关其他要点提示如下:

1. 监理通知单

监理通知单是监理办对工程项目进行监理的一个重要的权力,应慎重、有效地使用该权力。

(1)监理人员发现工程实体及项目管理存在问题时,应及时签发监理通知单。

(2)监理通知单一般由总监理工程师审核后签发;特殊情况下,专业监理工程师在请示总监同意后也可以现场签发。

(3)内容文字表述准确、规范、有针对性,以数据和事实为根据,指出存在的问题,明确相关的整改要求,并附有相关的试验报告单、计算分析表以及现场照片等资料。

(4)对有关问题要求进行整改的,应在监理通知单内明确具体的整改要求和反馈时间。监理办应跟踪、督促施工单位进行整改,并对整改情况进行认真的现场复查。经复查已经整改到位的,监理工程师应在反馈单上签署复查意见;经复查尚未彻底整改到位的,应要求其继续整改,并及时报告建设单位,直至彻底整改后方可签署意见。

(5)应对监理通知单进行有序编号,建立签发和收回反馈单的台账,连同整改反馈单一并进行归档。

(6)监理通知单一般主送各施工单位,抄报建设单位;反映重要问题的还应抄报相关的质量监督部门及施工和监理单位。

2. 会议纪要

工地会议分为第一次工地会议、工地例会和现场协调会等三种形式。工地例会由总监理工程师主持,一般每月召开一次,春节期间或工程停工阶段可视实际情况决定是否召开。工地例会纪要的主要内容一般应包括:

(1)各施工单位对照施工计划以及上次工地例会上的有关要求,汇报本月工程进度、质量、安全、环保和计量支付等方面的实施情况以及政策处理等方面存在的问题,提出的下月工作计划和建议。

(2)确认上次工地例会要求完成事项的执行情况。

(3)各专业监理工程师(标段监理组长)汇报本月监理工作实施情况,对照工程质量控制标准、施工计划以及上次工地例会上的有关要求,对各专业(或标段)工程施工情况进行点评,提出的下月施工要求和监理工作计划。

(4)总监理工程师根据各施工单位的汇报以及各专业监理工程师(或标段监理组长)的点评情况,综合评述上月施工、监理工作情况及下月的工作计划。

(5)建设单位的工作指示。

(6)会议签到单。

3. 监理月报

《监理月报》是监理办每月向建设单位、质量监督机构和监理单位汇报每月监理工作情况和工程管理现状的书面报告。《监理月报》的主要内容应包括:

1)封面

2)文字表述

(1)工程概况。

(2)本月气象概况。

(3)各施工单位的人员、设备到位情况。

(4)工程总体进度与各标段进度的分析与评价。

(5)工程质量监理状况。

(6)工程安全监理状况。

(7)工程环境保护监理状况。

(8)工程计量支付情况。

(9)合同管理情况,包括:

①工程变更情况;

②分包与劳务问题。

(10)其他监理事宜,包括:

①施工单位主要人员及工地临时试验室人员变更及批复情况;

②施工单位的质保体系和安全、环保管理体系运行情况;

③监理程序执行情况;

④监理办和施工单位开展施工安全技术交底情况;

⑤工程技术事宜等。

(11)监理试验抽检情况。

(12)监理书面指令情况。

(13)监理办人员、设备到位情况(如有人员、设备变更需附建设单位批复文件)。

(14)下月监理工作计划。

3)附表

(1)气象记录表;

(2)监理驻地人员机构及框图;

(3)监理人员到位对照表;

(4)监理办人员考勤表;

(5)施工单位人员、机械考勤统计汇总表;

(6)施工单位人员、机械每月考勤一览表;

(7)工程进度管理表;

(8)各标段主要工程形象进度汇总表;

(9)分标段主要工程形象进度表;

(10)工程变更一览表;

(11)标准试验频率登记表(分标段);

(12)进场材料验证试验登记表(分标段);

(13)施工现场取样试验频率登记表(分标段);

(14)监理通知单一览表;

(15)各期计量支付一览表。

4. 监理办自查报告

浙江省各级质量监督机构对在建公路工程监理办每年要进行1~2次行政执法综合大检查,监理办应对照以下检查内容进行自查自纠,并编写监理办自查报告。

1)监理办机构建设

(1)监理办地理位置的合理性、办公面积、生活条件、车辆、空调、复印机、照相机、电脑、试验仪器等与监理招、投标文件对照自查情况。

(2)门牌、胸牌、告示牌、进度图、平面图、带照片的监理办网络框图、考勤表等设置情况。

(3)内部管理制度情况。

2)监理人员

(1)实际到位的监理人员与招、投标文件及合同对照,在人员数量、监理资质、技术职称、监理工作年限等方面的差距。

(2)如实统计监理人员进场到位率、本年度调换率、累计调换率、人员变更批复率、监理岗位变更批复率、持证率、培训率及执业管理手册持有率等。

(3)监理人员的劳动聘用合同、职称证、监理资质证、毕业证等的真实性自查情况。

(4)监理人员资质与职称对照统计表示于表9-1。

表9-1

监理资质	部监	部专	省专	监理员	培训证
招标要求	___人	___人	___人	___人	___人
投标承诺	___人	___人	___人	___人	___人
实际到位	___人	___人	___人	___人	___人
技术职称	高工	工程师	助工	技术员	无证
招标要求	___人	___人	___人	___人	___人
投标承诺	___人	___人	___人	___人	___人
实际到位	___人	___人	___人	___人	___人

3)监理资料

(1)《监理计划》、《监理细则》、《监理月报》、监理工程师通知单、监理日志、会议纪要、业务学习记录等资料;

(2)工程变更台账、工程变更报告单、工程变更通知单、工程变更文件、收发记录等;

（3）计量支付台账、计量支付报表、中期支付证书、计量原始数据等；

（4）工程开工报告、监理质检资料、监理旁站记录等；

（5）安全监理资料；

（6）环保监理资料；

（7）监理档案资料综合管理情况。

4）试验工作

（1）监理试验室的基本状况，包括试验室面积和操作环境、标养室的面积及温湿控制措施、仪器(数量、精度、标定、使用记录)、试件(数量、编号、龄期、堆放、养生)、试验规范与操作规程的齐全性等。

（2）监理试验记录和报告，包括原材料进场台账、监理试验台账及频率、试验操作原始记录、试验报告单(准确性、真实性、签字齐全性及是否超资质范围)、外委试验状况等。

（3）对施工单位试验工作的管理情况，包括施工单位试验室基本状况、试验人员资质与能力、试验频率、试验数据及台账的真实性、外委试验管理、试验旁站、对施工单位试验报告的审核与签认等。

5）现场旁站

关键工程现场旁站自查情况。

6）廉洁声誉

监理廉洁自查情况。

7）监理单位项目管理

监理单位对监理办检查的时间、次数、方式、力度及考核结果、书面整改通知书及反馈意见书等情况。

5．监理工作报告

在工程结束时，监理办必须向建设单位、质量监督机构和监理单位提交监理工作报告。监理工作报告的内容应包括：

（1）工程基本情况；

（2）监理机构及监理服务期限；

（3）投入的监理人员、设备和设施；

（4）监理依据和监理制度；

（5）有关工程质量监理、安全监理、环保监理、进度监理、费用监理及合同管理的实施情况；

（6）分部、分项工程和单位工程质量评估；

（7）工程计量支付情况；

（8）监理工作经验与教训以及对工程建设中存在问题的处理意见和建议。

6．安全监理资料(台账)

1）基本要求

安全监理资料(台账)是监理人员实施安全监理工作过程中留下的重要痕迹，一旦工程发生安全事故，安全监理资料(台账)将成为事故调查、寻找事故原因、分析与评判事故责任的重要依据之一。因此，必须强调安全监理资料(台账)的记录和管理的重要性。

（1）内容客观、全面，记录及时；

（2）文字清晰、措词准确，明确整改措施和具体要求；

（3）书面记录、文件收发（设置文件收发台账），督促安全隐患整改、催缴整改反馈单以及监理复查验证等都应及时进行，监理工程师应对整改情况签字确认；

（4）安全监理资料由专人负责，单独归档成册；若质量、合同管理等文件中包括有安全监理内容的，应同时在安全监理资料中进行归档。

2）安全监理资料的内容

（1）委托监理服务合同中有关安全监理的约定。

（2）《监理计划》中的安全监理方案。

（3）《安全监理细则》。

（4）施工单位安全生产许可证的备案资料。

（5）施工单位的主要负责人、项目负责人、专职安全生产管理人员等三类人员安全考核合格证书及特种作业人员操作资格证书报审和备案资料。

（6）施工单位安全保证体系的审查备案资料。

（7）施工单位（安全）专项施工方案报审表和备案资料。

（8）《浙江省公路工程建设安全生产管理办法》规定的安全管理台账

①安全会议记录：包括由监理办主持或有监理人员参加并提出有安全工作相关要求的各种会议纪要或记录；记录应附人员签到表；

②安全管理监督检查记录；

③安全事故隐患督查通知书：包括与安全工作相关的安全监理告知书、监理工程师通知单和整改回复单、工程暂停令及复工令等；

④安全事故情况记录；

⑤安全事故处理结果记录；

⑥安全教育培训活动记录：包括监理办内部的安全教育培训活动和有监理人员参加的其他单位组织的安全教育培训活动；记录应附人员签到表；

⑦安全事故报表记录；

⑧安全管理文件汇编：包括与本工程项目或与本监理办安全监理相关的交通主管部门、建设单位、监理单位、施工单位等签发或往来文件，及适用于本工程项目安全管理、教育培训的相关法律法规、规章、标准规范以及规范性文件等；

⑨安全监理日志：监理办安全监理人员单独记录，其他岗位的监理人员也应将工程安全管理内容记入各相关的监理日志；

⑩安全监理报告：包括含有安全监理内容的《监理月报》、安全监理专项报告等；

⑪有关安全监理的工作总结等。

7. 环境保护监理资料

环保工程监理的资料体系与主体工程监理资料是一致的。环保达标监理的资料主要包括：

1）日常工作记录

监理工程师日常的环保监理检查工作都应在监理日志中做好记录。

2)环境保护会议记录
3)环境保护教育和培训记录
4)环境保护监理通知单(回复单)
5)环境保护监理工作联系单
6)环境保护监理检验申请批复单
7)临时用地环境影响报告单
8)临时用地(取弃土场)整治恢复报告单
9)拌和场排放达标检验报告单
10)环境污染事故处理文件
11)环境保护月报
包括环保监理月报和施工环保月报。
(1)环保监理月报。监理办应在《监理月报》中增加"环境保护监理"章节,包括以下内容:
①本月主要施工内容;
②本月生态保护和污染防治情况。上月遗留的环保问题以及处理情况;
③环保监测的结果;
④本月环境保护存在的问题,以及处理计划;
⑤下月施工计划,以及根据下月施工内容提出的污染防治计划。
(2)施工环保月报。为使监理工程师及时掌握施工过程的环保情况,施工单位应在施工月报中增加环境保护章节,包括以下内容:
①施工中的环境保护情况
a.本月施工场地污染源统计,如废气、废水、噪声、固体废物等,是否有增减或变化;
b.针对以上污染源采取的防治措施,以及根据污染源的变化拟定的处置计划;
c.本月施工单位排放污染物(打桩泥浆、罐车清洗水、碎石清洗水、生活垃圾、建筑垃圾、弃土弃料等)的种类及排放地点、排放方式、排放去向,以及生态保护情况。
②环保执行情况
内容包括本月监理工程师现场检查情况,发现的问题,以及收到监理通知单后的整改措施落实情况等。
 a.由建设单位委托有资质的环境监测单位定期进行监测后,由监测单位分期提交的监测结果报告,也称为"外部监测报告";
 b.监理单位根据现场情况自主进行监测的结果报告,也称为"内部监测报告"。
12)与建设单位、施工单位往来函件
13)工程交、竣工文件
14)工程建设环境保护文件
15)环境监测报告
16)水土保持监测报告(建设单位委托有资质单位编制)
17)监理单位竣工环保总结报告及其他资料
8.工程影像资料
在工程施工期间,有关工程质量、安全、环保及进度等方面所拍摄的影像资料,对以后工程质量鉴定、质量和安全事故分析和责任认定、工程变更、工程计量以及工程索赔等工作具有极其重要的佐证作用，因此，监理办应及时拍摄和收集各类工程影像资料，并对各类影像资料进行合理分类、有序保存。具体要求如下：

（1）作为工程质量保证资料、工程变更、工程计量及工程索赔的证明材料时，需及时冲洗或打印附入相关资料内；

（2）根据使用目的进行拍摄取景，包括拍摄全景和重点部位。在拍摄对象中应设置标签等，以体现工程桩号或结构部位（名称），保证照片内容的佐证效果；

（3）在电脑上将各类工程数码照片按标段、单位工程、使用目的（如：综合管理、质量证明、计量证明、变更证明、安全管理等）进行分类保存，并在每张照片上标注拍摄时间、内容等信息，同时设置照片搜寻目录，以防照片管理混乱；

（4）工程影像资料电子文档应及时收集，备份后分开保存，以防遗失；

（5）工程结束时，统一刻录成光盘，作为竣工资料的组成部分，移交相关单位。

9. 其他资料管理

监理办应建立监理人员个人档案，包括工作履历表，身份证、毕业证、职称证、监理资格证、试验检测资格证、执业管理手册、劳动聘用合同的复印件，以便质量监督部门和建设单位检查核验。

二、监理人员资料管理

监理人员的文件与资料主要包括：监理日志、监理旁站记录、监理质量检验评定资料、施工质量保证资料、计量原始数据等五个方面。

1. 监理日志（日记）

监理日志（日记）是工程施工管理情况的缩影，也是各监理人员每日工作内容的体现。通过规范的监理日志（日记），能够反映工程项目的综合管理状况（特别是质量、安全、环保、进度等），也能够体现监理人员的工作责任心、技术业务水平与管理水平。因此每个监理人员应本着"对工程项目负责、对建设单位负责、对监理单位负责、对个人负责"的态度，按以下要求认真记好监理日志（日记）。

1）监理人员监理日记（监理日志）

监理日记：个人随身携带，现场记录工地的原始数据与有关信息（属个人财物，备查）。

监理日志：汇总记录本人每天现场工作的全部内容（属监理办物品，同"标段监理日志"），交工后需装订成册作为竣工资料的一部分。

2）监理日志

一般分为标段监理日志和监理办综合监理日志两种。

（1）标段监理日志。每一施工标段的专业监理工程师及现场监理员应将当天监理工作内容分别登记在同一本监理日志上（一个施工标段一本监理日志），也可由每名标段监理人员各自记录在自己的监理日志上（每人一本监理日志）。标段监理负责人应对相关人员当日的监理日志进行定期审阅签认。

（2）综合监理日志。由总监理工程师、副总监理工程师或合同监理工程师记录，总监理工程师应对相关人员当日的监理日志进行定期审阅签认,对不符合要求的监理日志,应及时向本人指出,要求整改。

监理日志由监理办每月汇总,集中统一保管。

3)监理日志应当反映监理人员每日监理工作的全部内容,基本要求如下(视实际需要可以增减):

(1)道路、桥梁、隧道、路面等专业监理工程师及现场监理员:

①当日施工工作面的简况;

②施工单位人员、设备投入是否满足工程需要;

③在巡视或旁站过程中发现施工现场存在的质量、安全、环保和进度等方面的问题;

④根据施工现场存在的问题,追溯施工单位在质量、安全、环保、进度等方面保证体系存在的问题;

⑤隐蔽工程或关键工序的施工现场拍照情况;

⑥现场量测原始记录数据及拍照情况;

⑦现场分项工程检测、交验的检验数据及有关评价;

⑧监理口头或书面指令情况(包括指令的编号、接受指令的施工单位代表姓名等);

⑨施工单位对指令的执行情况及监理复查评价意见;

⑩对存在问题向上级监理工程师或有关部门汇报情况;

⑪上级有关部门及具体人员的检查意见与要求;

⑫施工单位有关资料或文件报送及审签情况。

⑬计量支付报表初步审查情况等。

(2)试验监理工程师、试验检测员:

①当日试验抽检样品的桩号或结构物名称;

②试验抽检数量及频率是否符合要求;

③当日试验抽检结果是否符合要求及评价意见;

④外委试验情况;

⑤对施工单位工地试验室及现场试验的管理情况;

⑥对施工单位试验报告单的签认情况;

⑦监理口头指令或书面指令情况(包括指令的编号、接受指令的施工单位代表姓名等);

⑧施工单位对指令的执行情况及监理复查评价意见;

⑨对存在问题向上级监理工程师、建设单位或有关部门汇报情况;

⑩建设单位或上级有关部门及具体人员的检查意见与要求;

⑪监理工地临时试验室的使用情况等。

(3)测量监理工程师及测量监理员:

①现场测量放样复核情况;

②监理口头指令或书面指令情况(包括指令的编号、接受指令的施工单位代表姓名等);

③施工单位对指令的执行情况及监理复查评价意见;

④对存在问题向上级监理工程师或有关部门汇报情况;

⑤上级有关部门及具体人员的检查意见与要求;

⑥有关计量数据的收集情况等。
(4) 合同监理工程师、合同监理员：
①现场量测原始数据的记录与拍照情况；
②对计量支付报表中的计量数据抽查、复核情况；
③计量支付报表与变更文件的审签情况；
④施工单位的人员、机械设备到位情况；
⑤施工单位在合同管理中存在的问题；
⑥对存在问题向上级监理工程师、建设单位或有关部门汇报情况；
⑦建设单位或上级有关部门及具体人员的检查意见与要求；
⑧施工单位有关报表和文件的签收和转报时间；
⑨监理办合同管理文件收发情况。
(5) 专(兼)职安全监理工程师、安全监理员：
①工程现场安全状况评价；
②施工单位人员、设备投入是否满足工程安全生产和管理需要；
③在巡视或旁站时发现存在的安全问题及拍照情况；
④根据施工现场存在的安全问题,追溯到施工单位安全管理体系存在的问题；
⑤监理口头指令或书面指令情况(包括指令的编号、接受指令的施工单位代表姓名等)；
⑥施工单位对监理指令的执行情况及监理复查评价意见；
⑦对存在问题向上级监理工程师、建设单位或有关部门汇报情况；
⑧建设单位或上级有关部门及具体人员的检查意见与要求；
⑨施工单位有关安全管理资料或文件报送及审签情况；
⑩安全教育和培训情况等。
(6) 总监理工程师、副总监理工程师：
①当日巡视工地情况；
②监理口头指令或书面指令情况(包括指令的编号、接受指令的施工单位代表姓名等)；
③施工单位对指令的执行情况及监理复查评价意见；
④对存在问题向建设单位、监理公司或上级有关部门汇报情况；
⑤建设单位或上级有关部门及具体人员的检查意见与要求；
⑥工程项目监理工作"五监理、两管理"中的重要问题；
⑦监理办监理例会及内部业务学习情况；
⑧监理办内部管理事宜等。

2. 监理旁站记录

监理旁站记录是监理人员确认所旁站项目质量的重要依据,也是确认隐蔽工程数量的主要依据之一。

旁站记录的内容包括：项目名称、地点、施工时间、旁站开始与结束时间、气象、人员、材料、机械情况、旁站经过及发现或发生的问题和处理措施、照相、摄像等记录。

旁站结束后,旁站人员应及时、准确、完整地做好旁站记录并签字。旁站记录应按监理质量检验资料的编订顺序及时整理、归档。

3. 监理质量检验评定资料

监理质量检验评定资料是指监理人员独立对各分项、分部、单位工程进行质量检验和评定的资料,是监理质量管理工作中的重要质量保证资料。

(1)监理检验资料主要包括:现场质量检验报告单、现场质量检验数据附表、监理试验报告单、工程质量评定表等,《浙江省公路建设项目施工统一用表》中有统一格式。

(2)监理检验资料填写的注意事项:

①现场质量检验报告单中的所有数据和结论必须实事求是、客观公正,确保数据的真实性;

②现场质量检验报告单中检测数据较多时,可另附现场质量检验数据附表;试块强度、压实度等栏内应填写试验实际结论数据,对应的试验报告单复印件附后;

③对所有的试验台账、试验报告单、试验原始记录妥善保管,并进行有序归档,以便核查监理试验频率和试验结果的真实性;

④试验报告单的原件单独归档进行试验评定;

⑤按照《公路工程质量检验评定标准》的要求进行评定打分;

⑥及时完成监理质量检验资料;

⑦监理检验评定资料个别填写错误,应换页重做或对错误之处进行划改,禁止涂改;

⑧严禁监理资料由施工单位代替完成、签名由他人代签,否则视为假资料。

4. 施工质量保证资料

施工质量保证资料是施工单位根据监理程序,对工程各个环节、各个部位进行质量控制的记录和评价。在施工单位自检、自评合格的基础上,监理人员应及时、认真地进行现场检验,并给予客观、公正的检评意见,以保证施工单位下一道工序的顺利进行。

监理人员在签认质量保证资料时应注意以下几个方面:

(1)督促施工单位配备数量足够、工作责任心强、业务水平满足实际要求的质量保证资料编制人员。

(2)监理办应根据计量支付对质量保证资料的要求,督促施工单位根据工程进度及时完成并报送施工质量保证资料。

(3)提高监理人员工作责任心,加强现场检验力度,认真核查施工质量保证资料中的自检数据。

(4)保证监理人员的工作效率和服务质量。要求在规定时限内认真、客观地对报送的施工质量保证资料进行检验、评价和签认。

(5)实行施工质量保证资料报送和审签的监督机制。一方面,建设单位应尊重监理人员的计量支付把关权,支持监理人员通过正当使用计量支付权促使施工单位及时报送施工质量保证资料;另一方面,监理工程师应加强中间检查和过程监督,确保施工质量保证资料的及时性。

5. 计量原始数据

由于工程量清单中所列的工程量是本工程的设计提供的预计工程量,不能作为施工单位在履行合同义务中应完成工程的实际和准确的工程量。因此,监理人员在日常监理工作过程中,应及时收集工程计量的原始数据。

1)计量原始数据

设计文件或工程量清单已有但不能准确预计或工程量清单中没有,需在工程实施过程中第一时间获取和留存原始状态的,并经多方共同现场确认或测量的计量数据都是计量原始数据。

2)公路工程计量原始数据

(1)工程量计量清单中已有或新增项目的工程量原始数据,包括:开工前的原地面高程复测数据、结构物基底高程(包括土石分界线、水位线)和平面尺寸、结构物台背回填料规格和数量、盲沟规格和长度、土工隔栅网数量、结构物钢筋规格和数量、锚杆的规格和数量、钢支撑的数量、管棚压浆数量、粉喷桩水泥用量等;

(2)变更工程量;

(3)其他原始数据包括:计日工、机械台班数、地质工程师现场确认单及相关照片等。

3)工程计量原始数据管理的有关要求

(1)监理人员应在日常检查管理过程中,第一时间全面收集计量的原始数据;

(2)为保证计量工作的科学性、客观性和公正性,监理人员收集工程计量原始数据一般应有建设、施工、监理三方(必要时还包括审计等其他单位)的代表到场,共同检测、共同签认、分别留存,并拍摄相关能够反映当时实际计量情况的照片,作为工程审计时审核的依据;

(3)监理办的计量工作实施相互监督机制,原始数据应一式多份,分别由专业监理工程师(或现场监理员)、合同监理工程师或总监理工程师保管。

第三篇 管理篇

第十章 政府监督管理

根据《中华人民共和国公路法》、《建设工程质量管理条例》和《公路建设市场管理办法》等法律、法规，交通运输部主管全国交通建设市场的监督管理工作，县级及以上交通主管部门负责本行政区域内交通建设市场的监督管理工作，依据各自职责加强交通建设市场管理、规范交通建设市场秩序、保证交通建设工程质量，促进交通建设市场健康发展。

公路工程建设监督管理实行统一领导、分级管理。交通运输部主管全国公路工程建设监督管理工作，县级及以上交通主管部门负责本行政区域内公路工程建设监督管理工作。交通运输部、省级交通主管部门和市级交通主管部门委托所属的质量监督机构具体实施公路工程建设监督工作。

浙江省交通运输厅工程质量监督局(省厅质监局，下同)受省交通运输厅的委托依法承担全省公路工程监理的监督管理工作，具体负责全省公路工程监理行业监督管理，负责监理企业(监理单位，下同)资质和从业监理人员的资格管理，监督检查监理企业的质量保证体系、合同履行情况及动态管理；承担监理招投标的行业管理；组织对公路工程的检查；依法查处监理企业和监理人员的违法违规行为；对监理企业和监理人员的履约信誉进行评价、记录和发布。各市交通工程质量监督站(局)具体负责本辖区内公路工程监理行业管理工作，并接受省厅质监局的业务指导。

第一节 监理企业资质管理

监理企业资质是指监理企业的人员组成、专业配置、检测仪器的配备、财务状况、管理水平和监理业绩等方面的综合能力。监理企业从事公路、水运工程监理活动，应当按照规定取得监理资质后方可开展相应的业务。

一、管理职责分工

交通运输部负责全国公路工程监理企业资质管理工作，交通运输部质监总站受交通运输部委托具体负责全国公路工程监理企业资质的监督管理工作;省交通运输厅负责本行政区域内公路工程监理企业资质管理工作,省厅质监局受省交通运输厅委托具体负责我省公路工程监理企业资质的监督管理工作。

交通运输部负责公路工程专业甲级、乙级监理资质和公路工程专业特殊独立大桥专项、特殊独立隧道专项、公路机电工程专项的行政许可工作;省交通运输厅负责公路工程专业丙级监理资质的行政许可工作。

二、监理企业资质等级和分类

公路工程专业监理资质分为甲级、乙级、丙级三个等级和特殊独立大桥专项、特殊独立隧道专项、公路机电工程专项。

公路工程监理企业各资质等级对应的监理业务范围为:

(1)获得公路工程专业甲级监理资质,可在全国范围内从事一、二、三类公路工程、桥梁工程、隧道工程项目的监理业务。

(2)获得公路工程专业乙级监理资质,可在全国范围内从事二、三类公路工程、桥梁工程、隧道工程项目的监理业务。

(3)获得公路工程专业丙级监理资质,可在企业所在地的省级行政区域内从事三类公路工程、桥梁工程、隧道工程项目的监理业务。

(4)获得公路工程专业特殊独立大桥专项监理资质,可在全国范围内从事特殊独立大桥项目的监理业务。

(5)获得公路工程专业特殊独立隧道专项监理资质,可在全国范围内从事特殊独立隧道项目的监理业务。

(6)获得公路工程专业公路机电工程专项监理资质,可在全国范围内从事各等级公路、桥梁、隧道工程通信、监控、收费等机电工程项目的监理业务。

公路工程监理业务的分级标准见表10-1、表10-2(《公路水运工程监理企业资质管理规定》)所示。

公路工程分级标准 表10-1

序号	类别	一类	二类	三类
1	公路工程	高速公路	高速公路路基工程及一级公路	一级公路路基工程、二级及以下各级公路
2	桥梁工程	特大桥	大桥、中桥	小桥、涵洞
3	隧道工程	特长隧道、长隧道	中隧道	短隧道

公路工程专项分级标准 表10-2

1	特殊独立大桥	主跨250m以上钢筋混凝土拱桥、单跨250m以上预应力混凝土连续结构、400m以上斜拉桥、800m以上悬索桥等结构复杂的独立特大桥项目
2	特殊独立隧道	大于3000m的独立特长隧道项目
3	公路机电工程	通信、监控、收费等机电工程

三、监理企业资质的申请与许可

1. 监理资质申请

申请公路工程监理资质时,应当向许可机关提交以下申请材料:
(1)《公路工程监理企业资质申请表》;
(2)《企业法人营业执照》(复印件)或者工商行政管理部门核发的企业名称预登记证明;
(3)验资报告;
(4)企业章程和制度;
(5)监理人员的监理工程师资格证书和中级职称以上人员职称证书(复印件);
(6)主要成员从事公路工程监理或者其他工作经历的业绩证明;
(7)主要试验检测仪器设备和装备证明。

在提交书面申请材料前,应通过交通运输部质监总站开设的网络系统进行网上申报,网上申报内容应与书面申请材料一致。申请人应当如实向许可机关提交有关材料和反映真实情况,对提交材料实质内容的真实性负责,并作出书面承诺。如经核实,监理企业造假或参与造假的,取消本次申请资格,一年内不得再次申报。

2. 行政许可

1)属于交通运输部受理的申请

申请人在向交通运输部递交申请材料的同时,应当向省交通运输厅递交申请材料副本。省交通运输厅自收到申请材料副本之日起十日内提出审查意见报交通运输部。交通运输部自收到完整齐备的申请材料之日起二十日内作出行政许可决定。准予许可的,颁发相应的《监理资质证书》;不予许可的,应当书面通知并说明理由。

2)属于省交通运输厅受理的申请

省交通运输厅自收到完整齐备的申请材料之日起二十日内作出行政许可决定,在作出行政许可决定的过程中聘请专家对申请材料进行评审。在通过专家现场评审的基础上,经省厅质监局审核并公示后,由省交通运输厅作出行政许可或不予许可的决定。准予许可的,颁发相应的《监理资质证书》;不予许可的,应当书面通知并说明理由。

3)专家现场评审

专家评审组人员一般由厅公路水运工程监理企业资质评审专家库中的3~5人组成。选择专家时应符合回避的要求,参与评审的专家应当履行公正评审、保守企业商业秘密的义务。省厅质监局和申请人所在市交通主管部门派人作为观察员和列席人员参加,观察员负责对评审组和申请人的双向监督。专家评审时间最长不得超过60日。

专家主要审查以下内容:
(1)核查申请人监理工程师人数及其与监理企业的关系;
(2)查验申请材料中复印件与原件的一致性;
(3)核查申请人拥有的试验检测仪器和办公设施、设备;
(4)抽查申请人及其监理工程师的业绩的真实性,对非本地区的业绩可通过有关省质监机构进行;

(5)审查申请人内部管理制度的完备性;

(6)对监理工程师资格证书、个人监理业绩及申请人业绩的真实性等进行核查。

评审结果实行公示制度。在专家现场评审后,省交通运输厅作出许可决定前,对申请人的初审结果要向社会公示,公众有权查阅,公示时间不少于 7 天。初审结论不予通过的,应说明不予通过的理由。

《监理资质证书》有效期限为四年。监理企业在领取新的资质证书时,应将原资质证书交回原发证机关。破产或者倒闭的监理企业,应将资质证书交回原发证机关予以注销。

四、监理企业资质定期检验和复查

1. 监理企业资质定期检验

(1)监理企业资质实行定期检验制度,每两年检验一次。监理企业资质定期检验是在资质有效期内,检查企业现状与资质等级条件的符合程度、监理企业在检验期内的业绩情况以及监理企业有无严重违规行为。

(2)交通运输部质监总站负责对公路工程甲、乙级和专项监理资质做出定期检验结论,检验的具体工作由省厅质监局负责,省厅质监局将定期检验核查情况报交通运输部质监总站并提出检验结论建议。交通运输部质监总站根据省厅质监局核查情况和检验结论建议,结合掌握的情况,自收到完整齐备的申请材料 20 日内作出定期检验结论。

(3)省厅质监局负责对本省丙级监理企业资质做出定期检验结论。

(4)申请定期检验的企业应当在相应期限内向省厅质监局提交《公路水运工程监理企业资质定期检验表》(一式两份)和监理企业业绩证明,并将监理企业业绩及人员业绩录入部质监总站数据库。

(5)企业符合下列条件的,定期检验合格:

①监理企业负责人和技术负责人满足资质等级相应条件要求;

②经岗位登记的监理工程师数量满足资质等级相应条件要求;

③在本企业缴纳基本养老保险、基本医疗保险和失业保险的监理人员不少于三分之二;

④检验期内监理企业有监理业绩(含在建、续建和已签合同但未进场的项目);

⑤检验期内无《公路水运工程监理企业资质定期检验和复查办法》第十条所列行为。

监理企业不符合上述条件之一的,定期检验结论为不合格。对定期检验不合格的监理企业,质监机构责令其在 6 个月内进行整改,整改期间监理企业不得参加监理招投标活动。对整改期满后仍不合格的企业,由质监机构提请原许可机关予以降低资质等级或者撤销对其资质许可。

2. 监理企业资质复查

(1)监理企业资质实行复查制度。监理企业资质复查是指原资质许可机关根据监理企业的申请,依据监理企业资质管理相关规定,对监理企业的资质有效期满后的状况与原有资质等级所要求的各项条件的符合程度进行的核查。

(2)资质有效期满,拟继续从事监理业务的监理企业应在《监理资质证书》有效期满 60 日前,应向原资质许可机关提出资质复查申请并递交下列复查材料:

①《公路水运工程监理企业资质复查表》(一式两份),格式见《公路水运工程监理企业资质定期检验和复查办法》;

②《企业法人营业执照》(复印件);

③企业章程和制度;

④主要试验检测仪器设备和装备证明;

⑤近4年的项目监理评定书(复印件,相关内容及相应监理人员业绩应录入部质监总站数据库)。

(3)对符合原有资质等级所要求各项条件的企业,资质许可机关予以核发新资质证书,证书有效期4年。对达不到原有资质等级所要求条件的企业和未按期限申请复查的企业,资质许可机关不予核发新资质证书,原资质证书在有效期满后自动失效。

第二节 监理人员资格管理

公路水运工程监理从业人员的执业资格分为交通运输部监理工程师、交通运输部专业监理工程师和省专业监理工程师、监理员共四个级别。

一、监理工程师执业资格考试

1. 交通运输部公路水运工程监理工程师执业资格考试

全国公路水运工程监理工程师执业资格考试(2010年起为过渡考试)由交通运输部统一组织,每年举行一次,采取闭卷方式。具体考试时间由交通运输部确定,考试通知由省交通运输厅发布。

(1)报考资格条件。根据《公路水运工程监理工程师执业资格考试管理暂行办法》(交质监发[2004]125号)的规定,凡参加交通运输部公路水运工程监理工程师执业资格考试的人员必须同时满足下列条件:

①遵守国家法律、法规,职业道德和工作业绩良好,热爱监理工作;

②取得工程类或经济类中级以上专业技术职务任职资格;

③年龄65周岁以下,身体健康,能胜任现场监理工作;

④报考监理工程师资格需具有公路、水运工程或相关专业大专以上学历,从事公路或水运工程及相关专业技术工作累计5年以上;报考专业监理工程师资格需具有公路、水运工程或相关专业中专以上学历,从事公路或水运工程及相关专业技术工作累计3年以上。

凡符合相应报考条件且自愿参加考试者,需如实填写报名表和报考科目核定表,并提供本人学历、职称证书原件、复印件等相关材料及近期小2寸标准证件照片4张。已取得交通运输部或省级交通主管部门批准监理资格的,需出示资格证书原件、复印件。报考者对个人报考材料真实性负责,报名表需经报考者所在单位或人事档案管理部门审核盖章。审核单位对报考材料真实性负审核责任。

(2)考试内容。考试的内容包括监理知识、专业知识、综合能力三个部分。

初次申报监理工程师或专业监理工程师资格,监理理论、合同管理为必考科目。报考监理工程师资格需同时加考工程经济科目、工程系列的一个科目和综合考试科目;报考专业监理工程师资格需同时加考工程经济科目或工程系列的一个科目。

已取得交通运输部监理工程师或专业监理工程师资格,拟申报监理专业增项或由专业监理工程师升级为监理工程师,需符合本办法有关报考条件,其已有监理专业所对应的科目免考,仅需报考拟增项或升级所对应的专业知识科目;资格升级需加考综合考试科目。

(3)执业资格确认。交通运输部根据应考者的考试结果,核定其公路、水运工程监理工程师或专业监理工程师资格及其监理专业,并颁发相应的执业资格证书。

应考者报考的监理知识、经济和工程系列专业知识、综合能力等各科目成绩均合格的,确认其监理工程师资格;应考者报考的监理知识科目均合格,经济和工程系列专业知识合格的,按其合格的专业知识科目确认其专业监理工程师资格。

2.省级公路水运工程监理工程师资格考试

浙江省的公路水运工程监理工程师执业资格考试由省交通运输厅统一组织,一般每年举行一次,考试采取闭卷方式。具体考试通知由省交通运输厅发布。

二、监理业务培训与继续教育

1.监理业务培训

公路工程监理业务培训是监理人员的上岗培训,主要讲授公路工程监理法规、规范和监理工作程序、内容及方法等基础理论知识,采用集中脱产的面授方式,每期培训班时间为25个工作日。培训教材使用交通运输部质监总站审定的公路工程监理培训教材系列,包括《监理概论》、《质量监理》、《进度监理》、《费用监理》和《合同管理》5门课程。

省厅质监局为我省的培训组织单位,承担培训组织工作,具体负责制订培训计划、委托授课单位、招收学员、审查学员资格条件并组织实施培训,长安大学、长沙理工大学、重庆交通学院、东南大学、武汉理工大学等五所高等院校为指定培训单位。

根据《公路工程监理业务培训管理办法》,凡具有高中以上学历、从事公路工程或相关专业技术工作1年以上的,均可参加公路工程监理业务培训。经培训、考试合格的人员,由授课院校和省厅质监局共同发放公路工程监理业务培训合格证书。

省厅质监局根据市场需要适时组织监理业务培训,需要参加公路工程监理业务培训的人员可与省厅质监局资质管理处或各市质监站(局)相关科室联系。

2.监理工程师安全生产与环境保护监理培训

为贯彻落实《安全生产法》、《环境保护法》、《建设工程安全生产管理条例》、《交通建设项目环境保护管理办法》等相关法律、法规、规章,根据《关于在公路水运工程建设监理中增加施工安全监理和施工环保监理内容的通知》(交质监发〔2007〕158号)的要求,交通运输部决定从2007年5月下旬起,对公路水运工程监理企业中已办理岗位登记的监理工程师,组织以安全生产与环境保护监理知识为重点的继续教育。

培训由中国交通建设监理协会具体组织。培训的目标是拓展监理工程师的知识结构,更新监理工程师的专业知识,提高监理工程师从业技能。培训对象是:

(1)公路水运工程监理企业中分管安全生产、环境保护工作的负责人、技术负责人。

(2)项目总监(代表)、高级驻地工程师。

(3)受聘于公路水运工程监理企业并经岗位登记,现场从事安全、环保监理工作的监理工程师。

(4)其他自愿参加培训的人员。

培训教材为《交通建设工程安全监理》(人民交通出版社,2007.4)和《公路施工环境保护监理》(人民交通出版社,2006.3)。培训内容包括:

(1)安全生产和环境保护等方面的法律法规和方针政策。

(2)公路水运工程安全生产、环境保护的相关技术知识。

(3)公路水运工程安全生产、环境保护监理的基本概念、业务范围和法律职责。

(4)公路水运工程安全生产、环境保护监理工作的实施要点。

培训结束按安全生产和环境保护两个科目分别组织考试。对安全生产和(或)环境保护监理科目考试成绩合格者,由中国交通建设监理协会颁发安全生产和(或)环境保护监理培训考试合格证明(附成绩单),并在中国交通建设监理协会网站上公布。交通运输部质监总站将根据监理企业的申请,对成绩合格者,适时在其个人监理执业资格证书上背书"已接受安全生产和(或)环境保护监理培训并考试合格"等字样,对其参加继续教育情况予以确认。

第三节 监理市场管理

一、监理企业信用评价

为了进一步规范我省公路水运监理市场秩序,有效加强对公路水运监理企业的管理,促进监理企业和监理人员提高监理诚信履约能力,省交通运输厅印发了《浙江省公路水运工程监理企业信用评价管理办法》,全面开展监理企业的信用评价工作。

监理企业信用评价每年进行一次。每年评价的时间段为评价年度的1月1日至12月31日。

1. 评价内容

监理企业信用评价内容分企业状况、投标行为、履约信誉三部分。其中,履约信誉评价内容分组织机构、监理工作行为、监理工作实绩和奖惩记录等。

2. 评价程序

1)监理企业自评

(1)以监理办为单位,按《浙江省公路水运工程监理企业信用评分细则》的要求,对"履约信誉"进行自评,分别填写《浙江省公路水运工程监理办信用评价表》,附相关证明材料后报项目建设单位复评。有两个及以上监理办的监理企业,其"履约信誉"评价的综合得分按该监理企业所有监理办"履约信誉"得分的算术平均值计算(满分为80分)。

(2)按"评分细则"要求对"投标行为"(包括参与投标而未中标项目)进行自评(满分为10

分)。

(3)按"评分细则"要求对"企业状况"进行自评(满分为10分)。

(4)编写《浙江省公路水运工程监理企业信用自评报告》,报省交通运输厅。

2)建设单位复评

建设单位按"评分细则"的要求,结合监理企业投标行为及其监理合同履行和信誉的实际情况,对监理企业的"投标行为"和"履约信誉"进行复评,然后报项目所在市交通局(委)。

3)市交通局(委)审查

市交通局(委)按"评分细则"的要求,对辖区内监理企业的"履约信誉"进行审查或初审,对参与市管项目投标监理企业(包括未中标监理企业)的"投标行为"及辖区内注册的公路水运工程监理企业的企业状况进行审查,审查或初审结果报省交通运输厅;将辖区内公路水运工程丙级资质监理企业的信用评价结果上报省交通运输厅。

4)厅质监局审核并汇总

厅质监局按"评分细则"的要求,对省交通运输厅监督的公路水运工程监理企业的"履约信誉"进行审查,对参与省管项目投标监理企业(包括未中标监理企业)的"投标行为"及省管省属监理企业的企业状况进行审查,并按规定对全省监理企业信用评价得分进行审核、汇总,提出相应的信用等级。

5)提出信用评价结果并网上公示

厅质监局提出的监理企业信用评价结果通过省交通运输厅网站予以公示,网上公示时间为7天。

6)省交通运输厅审定并公布监理企业信用评价结果

公示期满后,省交通运输厅对全省公路水运工程监理企业的信用评价结果予以审定并公布。

3. 信用等级与奖罚

(1)信用等级划分。监理企业信用分AA、A、B、C、D共5个等级。

AA级:信用评分≥95分,信用好;

A级:85≤信用评分<95分,信用较好;

B级:70≤信用评分<85分,信用一般;

C级:60≤信用评分<70分,信用较差;

D级:信用评分<60分,信用差。

(2)奖罚。在施工监理招标评标中,根据监理企业的信用等级予以加分或扣分。信用等级为AA级的监理企业加2分,A级监理企业加1分,B级监理企业不加分,C级监理企业扣1分,D级监理企业扣2分。

签订监理合同前,应当根据监理企业的信用等级提交一定额度的履约担保。AA级监理企业按合同价的5%提交,A级监理企业按合同价的8%提交,其他等级监理企业按合同价的10%提交。

经交工验收,工程质量、安全、环保监理目标均达到合同要求的,缺陷责任期的保留金也应当根据监理企业的信用等级确定,AA级监理企业为合同价的3%,A级监理企业为合同价的4%,其他等级监理企业为合同价的5%。

4. 2009年度信用评价结果

浙江省交通运输厅于2010年5月20日下发了《关于公布2009年度浙江省公路水运工程施工、监理企业信用评价结果的通知》(浙交〔2010〕121号)公布了2009年度我省公路水运工程监理企业信用评价结果。

101家参与信用评价的监理企业中,信用等级为AA级的有14家,A级51家,B级28家,C级5家,D级3家。

二、监理招投标监督管理

根据《公路工程施工监理招标投标管理办法》、《浙江省公路水运工程施工监理招标投标管理实施细则》等规定,省、市质监机构受同级交通主管部门委托,具体负责对施工监理招投标工作的监督和管理。

1. 监督管理范围

凡列入省公路新(改)建计划,总投资在3000万元以上或单项监理合同估算价在50万元以上的工程项目,都应按本实施细则进行招标。严禁任何单位和个人将依法必须招标的项目化整为零或以其他任何方式规避招标。

2. 监督管理权限

全省公路工程施工监理招标投标活动的行政监督管理工作按管理权限分别由省交通运输厅、市交通局(委)负责。

高速公路(含连接线)、国省道新(改)建项目、"四自"公路工程的施工监理招标投标活动的行政监督管理工作由省交通运输厅负责或由省交通运输厅委托项目所在地市交通局(委)负责,其他公路项目的施工监理招标投标活动的行政监督管理工作由各市交通局(委)负责。

3. 监督要点

(1) 二级及以上公路项目的主体工程,项目建设单位应按照省交通运输厅发布的《浙江省公路工程施工监理招标文件样本》,结合本工程项目特点编制施工监理招标文件,并在招标公告或招标文件出售前至少提早3天将招标文件报送项目主管质监机构备案。

(2) 项目主管质监机构对报送文件应及时予以审核。如经审核报送文件存在不当之处应及时予以书面指出,并要求及时整改或重报;如经审核无误应及时予以备案并办理相关备案手续。经备案的招标文件不得擅自进行更改,未经备案不得进行公告和出售。

(3) 主管质监机构应当对开标、评标、定标活动进行全过程监督,但不得干预评标专家的正常评标工作。

(4) 评标委员会决标报告及评标报告上报后,主管质监机构应及时发出中标人备案书,并留存监理招标事宜申报表、监理招标决标报告、监理中标人备案书等全套招标投标资料。

三、监理办组建报备

为加强对我省公路水运工程项目监理办组建情况的管理,进一步促进监理企业诚信履约,根据省厅质监局《关于公路水运工程项目驻地监理办组建情况实行报备制度的通知》(浙交监〔2006〕63

号),要求监理办在组建基本完成、人员得到建设单位批复后10天内向主管质监机构报备。

1. 报备内容

(1)监理办进场监理人员及其资格条件,包括学历、专业、技术职称、监理资质、监理经历、年龄等;监理人员变更及建设单位批复情况。

(2)监理组织机构(用框图表示)及监理人员分工明细表。

(3)办公、生活用房,办公、生活设施,交通、通信设施,测量及试验检测仪器等到位情况。

2. 报备审查

省、市质监机构应根据有关监理工作规章以及施工监理合同有关条款进行审查。

(1)核查监理办公、生活用房,办公、生活设施,交通、通信设施、测量及试验检测仪器等到位情况,并与投标文件承诺情况进行比较。

(2)核查监理投标书内承诺的监理人员的到位率。

(3)核查监理人员的监理资格、技术职称、学历、专业、监理经历、年龄等情况,并与投招标文件进行比较。

(4)核查监理人员调换及建设单位批复情况。

(5)核查监理人员聘用合同签订情况。

对符合条件的监理办及时办理报备手续,对存在问题的监理办签发监督通知书,要求限时整改。各市质监机构应将有关监理办的组建报备信息资料及时报至省厅质监局资质管理处,以便及时在浙江省交通运输厅监理市场诚信信息系统上进行公示。

四、监理工作监督交底和监理人员上岗摸底考试

省、市质监机构是对公路工程质量进行监督管理的专职机构,负责对监理单位、监理办及其质保体系的监督检查。为进一步让监理人员了解省、市质监机构对监理企业、监理办和现场监理工作实施的监督工作和有关要求,强调监理人员的业务知识对有效开展监理工作的重要性,有效清除低素质监理人员,根据省交通运输厅《关于深入开展公路水运工程监理市场秩序整顿治理工作的实施意见》,省、市质监机构在监理办组建完成、监理人员进驻监理办后,及时进行监理工作监督交底,并集中组织监理人员进行上岗摸底考试。

1. 监理工作监督交底

监理工作监督交底的内容,包括与监理工作有关的法律、法规及政策的介绍,对监理单位的监督管理措施,对监理人员的监督管理办法,对现场监理工作监督检查的方法、内容以及专用监理规范的介绍等。

2. 上岗摸底考试

(1)考试对象。监理办的所有监理人员,包括总监理工程师、专业监理工程师和监理员。

(2)考试科目。分道路与桥梁工程、隧道工程、试验检测、合同管理和测量等科目。各专业监理工程师和监理员按监理岗位选择对应的考试科目,总监理工程师可根据工作分工选择或任选一个科目。

(3)考题内容、题型与考试形式。考题内容主要包括监理业务基础知识和专业技术基础知识,题型有判断题、单项选择题和简答题,考试形式为闭卷。

对考试不合格的监理人员给予一次补考机会,对补考不合格的监理人员要求不得在本监理办上岗,或一年内不得在本辖区上岗从事公路水运工程监理工作。

五、监理工作监督检查

为进一步规范我省交通监理市场秩序,加大对在建工程项目监理办的检查力度,促进监理单位诚信履约,根据《公路工程质量监督规定》等有关规定,省、市质监机构逐年加大了对在建工程项目监理办的监督检查力度。有关检查的内容和要求如下:

1. 检查分工

省厅质监局具体负责实施全省公路工程质量监督,实施行政执法,并受部质监总站的业务指导。

各市质监机构具体负责实施所管辖的行政区域范围内公路工程质量监督,实施行政执法,受厅质监局的业务指导,并配合省厅质监局对辖区内高速公路监理办进行检查。

各县(市、区)设兼职质量监督人员,负责农村公路等工程监理办的监督检查工作。

2. 检查方式

省、市质监机构对监理办的检查方式主要包括工程质量、安全与造价行政执法大检查、专项检查和突击检查三种。

(1)工程质量、安全与造价行政执法大检查。省、市质监机构执法人员每年度对建设工程的实体质量、安全生产、监理管理、施工管理(包含合同管理、造价管理及内业资料)和试验检测等方面工作进行的综合性检查。

(2)专项检查。省、市质监机构执法人员对监理办的某一项或几项监理工作进行的专项检查。

(3)监理工作突击检查。在不通知建设单位、监理办的情况下,省、市质监机构执法人员对监理办的监理工作进行突然性检查。

3. 检查时间和频率

对各监理办的检查一般为每年不少于2次,检查时间一般在工程开工不久及施工高峰期。

4. 检查程序和要求

(1)工程质量、安全与造价行政执法大检查和专项检查。

①省、市质监机构预先将执法检查时间以书面形式通知建设单位和各监理办。

②建设单位及时组织对监理办进行自查,并提交自查报告。

③建设单位、监理办的相关人员配合检查。

④在执法检查过程中若发现监理办存在较严重问题时,执法人员应及时向检查组领导汇报,并及时做好询问笔录,当场取证,以便为实施行政处罚做好准备。

⑤对检查中发现的问题,执法人员应该当场或在检查反馈会上,向建设单位和监理办进行口头反馈,并及时签发书面抽查意见书。

⑥检查结果将作为监理企业信用评价、先进监理办和优秀监理人员评比的依据。

⑦每次检查结束后应将重大问题及处理结果向省厅质监局反馈。

(2)监理工作突击检查。同以上工程质量、安全与造价行政执法大检查的第③④⑤⑥

⑦点。

5. 检查方法

(1)在进行综合执法检查时,各检查组应互通信息、联动检查;在进行监理工作专项检查和突击检查时,执法人员还应将监理办检查情况与现场实际情况进行比对核实。

(2)执法人员将及时通过网络平台或与省厅质监局等有关单位联系,对监理有关证件的真伪进行查证。

(3)执法人员将走访建设、施工等单位,对监理服务态度和廉洁声誉等方面进行调查。

6. 检查内容

1)监理办建设情况

(1)监理办公室地理位置的合理性;

(2)监理办的标准化建设情况;

(3)办公、生活、交通、通信和试验检测设施是否达到招标文件规定的要求并满足工程的需要;

(4)相关合同文件和技术标准规范是否齐全;

(5)是否已完成监理办组建报备工作。

2)监理人员到位情况

(1)监理人员数量是否满足招投标规定;

(2)监理人员按合同到位情况;

(3)监理人员变更批复情况(变更原因、建设单位批复意见);

(4)根据招标文件要求和投标承诺情况,核对相应岗位监理人员的监理资格、技术职称、年龄以及监理工作年限的变化情况;

(5)监理人员劳动聘用合同的签订情况;

(6)监理人员的监理资格证(包括监理培训证)、职称证、毕业证等证书的真实性。

3)组织机构及管理制度

(1)监理人员责任分工及岗位制度的建立和落实情况;

(2)工程质量监理和责任追究制度的建立和落实情况,要求具有针对性和可操作性;

(3)安全生产监理和责任追究制度的建立和落实情况,要求具有针对性和可操作性;

(4)环境保护监理和责任追究制度的建立和落实情况,要求具有针对性和可操作性;

(5)廉洁制度等相关制度的建立和落实情况,要具有针对性和可操作性;

(6)监理人员业务学习制度的建立和落实情况;

(7)监理人员考勤制度的建立和落实情况。

4)质量监理

(1)工程实体质量状况;

(2)对施工单位质量保证体系的检查、督促情况;

(3)在质量监理过程中是否按"事先提醒、过程监控、事后检验"开展监理工作。

5)安全监理

(1)对施工单位安全生产管理体系的检查、督促情况;

(2)编制《安全监理计划(方案)》及《安全监理细则》的全面性、针对性及适用性;

(3)工程施工现场安全管理状况;
(4)监理办内部安全教育培训及工作交底情况;
(5)安全监理台账、检查记录监理通知单及反馈资料等是否齐全、规范;
(6)审查施工单位的安全设施、设备、特种作业人员进入现场报验手续的情况;
(7)审查施工现场平面布置;
(8)是否对危险性较大的分部、分项工程的专项施工安全方案、应急预案进行审查;
(9)是否对危险性较大的分部、分项工程专项施工安全方案的实施进行重点督查;
(10)是否发生安全监理责任事故等。

6)环境保护监理
(1)对施工单位环境保护管理体系的检查、督促情况;
(2)是否审查施工单位的施工组织设计和开工报告,并对施工过程的环保措施提出审查意见;
(3)《监理计划》和《监理细则》中是否包含环境保护监理的内容;
(4)是否审查施工单位编制的分部(分项)工程施工方案中的环保措施;
(5)环保监理台账、检查记录、监理通知单及反馈回复资料等是否齐全、规范等;
(6)是否发生工程环保监理责任事故。

7)费用监理
(1)工程计量台账的完整性;计量原始数据的齐全性、真实性;计量资料内容的齐全性和签字的真实性;监理人员审核把关的及时性、严谨性,计量资料报送的及时性;
(2)是否严格按"工程计量的六个前提条件"以及规定程序进行计量;
(3)工程变更台账的完整性,以及工程变更审查的严谨性、及时性;
(4)对施工单位的工程分包是否进行了审查,并进行相应的检查。

8)进度监理
(1)工程实际进度与计划进度的对比状况;
(2)监理人员在进度管理方面采取的有关措施及成效;
(3)监理人员是否存在进度管理的责任事件。

9)信息与文件资料管理
(1)《监理计划》和《监理细则》是否具有针对性和可操作性;
(2)单位、分部和分项工程的划分是否及时、合理;
(3)监理例会或工地例会的次数是否满足工程管理需要,会议纪要是否真实和全面;
(4)《监理月报》是否真实、全面,报送是否及时;
(5)《监理日志》的记录是否及时、真实、全面,监理办对《监理日志》管理是否规范;
(6)监理抽检资料是否及时、齐全、真实、规范以及归档有序;
(7)对施工单位开工报告和质量保证资料的审签是否严谨、及时;
(8)监理试验检测工作在检测项目、检测频率、检测操作等方面是否存在违规行为;试验检测台账是否齐全;试验报告是否真实、规范;原始检测数据是否真实;试验资料的归档是否及时、有序;
(9)监理旁站记录是否及时、真实、齐全和规范;

（10）监理通知单（指令）文字内容是否规范、合理，对施工单位反馈资料的复查确认是否及时。

10）廉洁合同执行情况

（1）监理人员廉洁教育和廉洁防范措施的执行情况；

（2）监理人员是否存在吃、拿、卡、要等不良行为；

（3）监理人员是否存在向施工单位介绍施工班组、安插施工机械、推销材料等不良行为；

（4）监理人员因廉洁问题被有关部门查处或通报的情况。

11）监理企业对监理办的管理

（1）监理业务是否存在转、分包现象；

（2）监理企业对监理办的检查次数、检查方式、检查力度、考核结果、整改通知及复查情况等。

12）奖惩记录

（1）劳动立功竞赛奖惩的情况；

（2）被建设单位或各级交通主管部门通报的情况；

（3）被各级质量监督机构行政处罚的情况等。

7. 监理办主要备查资料

针对以上检查内容，监理办应事先准备和提供的主要材料有：

（1）监理人员资料。包括工作履历表、身份证、毕业证、职称证、监理资格证（含试验检测人员证书、监理业务培训合格证等）和劳动聘用合同等复印件，原件备查。

（2）监理工作文件。包括监理人员变更批复文件、单位（分部和分项）工程划分表、劳动竞赛通报等。

（3）监理办管理工作制度与有关记录。包括《监理计划》、《监理细则》、质量监理责任制度、安全监理责任制度、廉洁管理责任制度、监理人员业务学习制度、《监理月报》、监理会议纪要等。

（4）质量监理资料。包括监理质保资料、监理通知单、工程开工报告、监理旁站记录、监理日志等。

（5）费用监理资料。包括施工和监理招投标文件、施工承包合同（包括分包合同）、监理服务合同、计量原始数据、计量台账、计量支付报表、工程变更报告、工程变更通知书、工程变更台账等。

（6）安全监理资料。安全监理台账和相关安全审查、检查记录等。

（7）环保监理资料。环保监理台账和相关环保审查、检查记录等。

（8）监理试验抽检资料。工地试验室核备表、试验台账、仪器使用和标定记录、原材料进场台账、试验原始记录、试验报告、外委试验台账等。

（9）监理企业管理文件。主要监理人员任命文件、监理企业检查通报或通知书等。

六、监理项目评价

监理项目评价是指监理项目交（竣）工验收后，由建设单位、质监机构等对监理企业的合同履行情况、监理业绩和奖惩进行如实记录和客观评价，形成《监理项目评定书》作为监理企业业绩和信誉档案的一种制度。

1. 作用

《监理项目评定书》是监理企业和监理人员从业行为的业绩记载,是监理企业信用信息的组成部分,也是监理企业资质复查、资质升级及招标评标的重要依据。

2. 主要内容

《监理项目评定书》的主要内容为:项目概况、建设单位和质监机构的评价意见、监理人员情况、监理工作记录、主要工程内容及监理合同履行情况。

3. 办理程序

(1)监理项目交(竣)工验收后20天内,监理企业如实填写《监理项目评定书》中项目概况和工作情况、监理人员情况、监理工作记录和主要工程内容等有关表格,提供相关附件并盖章后提交建设单位。

(2)建设单位对监理企业填写的内容进行审核,如有不实,立即予以退还要求纠正;确认无误后,填写监理合同履行有关情况,并对监理工作情况、工作成效、廉洁自律及奖惩等各方面进行客观评价,签署评价意见。

(3)主管质监机构审核并签署评价意见后返还给监理企业。

七、监理人员执业管理

监理人员的执业行为包括应聘解聘行为、监理工作行为、廉洁自律、职业道德、违法违规及其他不良行为,贯穿于其从业的全过程。浙江省交通运输厅已初步建立起一整套的监理人员执业管理体系,加强对监理人员执业行为和执业信息的动态管理,以便进一步规范监理人员的执业行为。

监理人员执业管理包括监理岗位管理、执业行为管理、执业信息管理和业绩管理。

1. 监理岗位管理

监理办监理岗位分总监理工程师、副总监理工程师、专业监理工程师、监理员及监理办工地临时试验室主任、试验员等。监理人员应当按照持有的执业资格证书从事相应专业监理工作。

监理人员应当按有关规定参加安全监理培训和环境保护监理培训,并通过考试取得合格证书。监理人员应当参加后续教育培训及其他相关培训并考核合格。

总监理工程师岗位登记的监理企业(以下简称"登记企业")必须与所服务的监理企业(以下简称"服务企业")一致,副总监理工程师、专业监理工程师的登记企业也应当与服务企业一致。因专业技术工作需要,副总监理工程师、个别专业监理工程师可由服务企业向登记企业借用,并办理借用手续。

2. 执业行为管理

监理人员执业行为包括监理工作行为和职业操守。其中监理工作行为是指监理人员按照工程建设法律、法规、规章、强制性标准及有关规范的规定履行监理工作职责的相关行为;职业操守是指监理人员与其行使监理工作职责有关的职业道德、履约表现等行为。

监理人员执业行为管理主要是对良好行为和不良行为的管理。

3. 执业信息管理

监理人员执业信息包括基本信息、执业行为信息和其他信息。监理人员执业信息在"浙江省交通运输厅监理市场诚信信息系统"上发布,向社会公开,并与施工监理招标评标挂钩。

4. 业绩管理

监理人员业绩纳入"浙江省交通运输厅监理市场诚信信息系统",实行网络化管理。监理人员业绩由监理企业网上报送,经省、市质监机构审核后发布,用于监理招标投标活动、替换人员业绩审核等。

第四节 行政执法

行政执法是指行政主体执行适用法律、法规、规章的活动。具体是指各级行政机关以及依法取得行政权的其他组织依照法律、法规、规章的规定,对行政相对人采取的影响其权利义务,以及对行政相对人行使权利、履行义务进行监督检查的行为。

一、行政执法的特征和基本原则

1. 行政执法的特征

(1)行政性和强制性。行政执法是行政权的具体运用,是行政执法主体的职务活动。行政执法行为与司法机关的执法行为一样,是以国家强制力为保障的。特别在对逾期不履行行政处罚决定的当事人,行政执法主体可以采取强制执行或申请法院强制执行,从而使行政执法的强制性特点更明显、突出。

(2)职权性和单方性。行政执法的基本要求是按职论权,各司其职。行政执法主体只能按照法律、法规赋予的职权进行。行政执法是行政执法主体行使国家政权的行为,通常无需与行政相对人协商和征得行政相对人同意,即可做出有效的行政执法行为。

(3)广泛性和多样性。广泛性是指行政执法的对象广泛、内容广泛和执法主体广泛;多样性是指行政执法形式和内容多样。行政执法可以采取行政命令、行政处理、行政检查、行政执行多种手段,而每种手段又有不同的表现形式。如行政命令可以采取决定、决议、指示、公告、通告、批复等多种形式;行政处理又可分为行政处分、行政处罚、行政奖励等多种方式。

(4)程序性和高效性。行政执法必须遵照规定程序。行政执法在坚持公正、公开、公平的原则前提下,要求尽量做到迅速、简便、快捷。

2. 行政执法的基本原则

(1)合法原则(包括执法主体合法、执法内容合法、执法程序合法);
(2)依据充分原则;
(3)合理原则;
(4)效率原则;
(5)接受监督原则。

3. 行政执法的主体

行政执法主体是指享有国家行政执法职能,能以自己名义从事行政执法活动,并能独立承担由此产生的法律后果的组织。

根据浙江省行政机构及其权限设置,省交通运输厅和市交通局(委)是交通建设工程质量监督的执法主体,省、市质监机构受省交通运输厅和市交通局(委)的委托进行行政执法。

二、行政处罚

行政处罚是行政处理的一种方式,是指行政处罚实施主体根据法律、法规、规章的规定,对违反行政法律规范但尚未构成犯罪的行政相对人实行制裁的具体行政行为。

1. 处罚种类

根据《行政处罚法》规定,行政处罚的种类有警告、罚款、责令停产停业、暂扣或者吊销许可证、暂扣或者吊销执照和行政拘留(限授权公安机关适用)等6种。

2. 处罚程序

行政处罚的程序是指实施行政处罚的步骤、次序和方式。行政处罚程序分为简易程序和一般程序,一般程序中包括听证程序。

(1)简易程序适用于违法事实确凿、清楚,情节简单轻微,可当场完成处罚,作出警告或对个人处以50元以下、对法人或其他组织处以1000元以下罚款的行政处罚。

(2)一般程序是行政执法主体对事实比较复杂或者情节比较严重的行为给予法定的较重的行政处罚时所适用的程序,适用于除简易程序以外的所有行政处罚。

(3)听证程序是行政处罚实施主体在做出某些特定的行政处罚决定前,给予当事人参与并发表意见的机会,允许当事人在一定场所陈述、申辩、质证而进行的程序。

3. 注意事项

质监机构代表相应交通行政主管部门对监理单位和监理人员的违法违规行为实施行政处罚,是一项十分严肃的工作。执法人员客观、谨慎地做好执法具体工作,不仅履行了自身法定职责,也有效打击和惩治了监理工作中的违法违规行为,树立了公正、文明、权威的执法形象。

执法人员在执行行政处罚时应注意以下几点:

(1)执法人员首先要熟知相关法律、法规和规章的有关条款规定,明确违法违规条款的具体内容和处罚条款相应标准。

(2)提高和强化执法人员的工作责任心,按照"有法必依、执法必严"的原则执法,不得越权执法,也不得推诿、放弃法定职责(即行政不作为)。

(3)执法过程的行为要规范。

①调查、收集相关证据时应出示执法证件,且不少于两名执法人员。同时应注意证据的客观性、代表性以及与处罚条款和拟被处罚单位的关联性,以保证证据具有良好的佐证效果。

②作询问笔录时应总体把握违规事实与相应违规处罚条款内容,并根据事先拟定的询问提纲,以严肃、认真的态度,循序渐进地要求被询问人陈述客观事实,不诱供,不逼供。应及时收集被询问人有关身份及所在单位的证明(包括个人身份证、所在单位授权书、投标书人员名单、建设单位的人员批复资料等方面的复印件,加盖单位红章)。对询问记录应当场进行仔细核查,对记录中每一涂改变更之处均应要求被询问人按手指印。被询问人拒绝签名或者盖章,由询问人在询问笔录上注明情况。

(4)执法程序要合法,应严格按《交通行政处罚程序规定》以及省交通运输厅的有关规定执行。

(5)执法依据正确,处罚尺度合适。执法人员应根据违法的严重程度和造成的情节与后果,按照《浙江省交通工程行政处罚自由裁量权执行标准(试行)》,科学严谨地把握执法尺度,以使行政处罚达到良好的纠正、惩治、教育和警示效果。

(6)执法文书要合法。要在执法文书中全面反映执法过程,体现出:认定的事实清楚,主要证据确凿、充分、齐全,适用法规条款正确,处罚结果合法、合理,处罚程序规范。

(7)根据有关规定,罚款决定单位必须与罚款收缴单位分离。作出行政处罚的交通行政管理部门及其执法人员不得自行收缴罚款。"依法给予20元以下的罚款"或"不当场收缴事后难以执行的",执法人员可以当场收缴罚款。行政执法人员当场收缴的罚款,应当自收缴罚款之日起2日内交至执法人员所属交通行政管理部门,交通行政管理部门应当在2日内将罚款交付指定的银行。

三、对监理的主要行政执法和法律依据

1. 行政监管

1)交通建设工程监理市场监管

法律依据为《中华人民共和国招标投标法》(主席令第21号)、《公路工程施工监理招标投标管理办法》(交通部令2006年第5号)、《公路水运工程监理企业资质管理规定》(交通部令[2004]第5号)、《工程建设项目招标投标活动投诉处理办法》(国家发改委等七部委令第11号)、《公路建设市场管理办法》(交通部令2004年第14号)、《实施工程建设强制性标准监督规定》(建设部2003年第81号令)、《公路工程质量监督规定》(交通部令[2005]第4号)、《公路建设监督管理办法》(交通部令2006年第6号)。

2)备案

(1)交通建设工程监理招标人备案。法律依据为《招标投标法》、《浙江省招标投标条例》。

(2)交通建设工程监理招标文件备案。法律依据为《公路工程施工监理招标投标管理办法》(交通部令2006年第5号)、《浙江省招标投标条例》、《公路工程施工招标投标管理办法》。

(3)交通建设工程监理招标资格预审结果备案。法律依据为《公路工程施工招标投标管理办法》。

(4)交通建设工程监理招标评标报告备案。法律依据为《招标投标法》、《公路工程施工监理招标投标管理办法》(交通部令2006年第5号)、《浙江省招标投标条例》、《公路工程施工招标投标管理办法》(交通部2006年7号令)。

2. 行政处罚

1)投标人以非法手段谋取中标

处罚种类:罚款;警告;没收违法所得;暂停投标资格。

法律依据:《中华人民共和国招标投标法》(主席令1999年第21号)第五十三、五十四条、《公路建设市场管理办法》(交通部令2004年第14号)第四十九、五十条、《浙江省建设工程招标投标管理条例》(省第九届人大常委会公告2001年第60号)第五、三十一条。

2）中标人违规转包或分包中标项目

处罚种类：罚款；没收违法所得；通报批评；停业整顿；警告；责令改正；降低资质等级；吊销资质证书。

法律依据：《中华人民共和国招标投标法》（主席令1999年第21号）第五十八条、《建设工程质量管理条例》（国务院2000年第279号）第六十二条、《浙江省建设工程监理管理条例》（省第九届人大常委会公告1999年第12号）第二十九条、《公路建设监督管理办法》（交通部令2006年第6号）第四十二条、《公路建设市场管理办法》（交通部令2004年第14号）第五十四条、《工程建设项目施工招标投标办法》（国家七部委令2003年第30号）第八十二条、《浙江省建设工程招标投标管理条例》（省第九届人大常委会公告2001年第60号）第五、三十一条。

3）中标人不履行合同义务，造成重大或特大质量事故

处罚种类：暂停资格；警告；罚款。

法律依据：《公路建设市场管理办法》（交通部令2004年第14号）第五十二条、《工程建设项目施工招标投标办法》（国家七部委令2003年第30号）第八十四条。

4）检测人员出具虚假试验检测数据或报告

处罚种类：警告；注销考试合格证书。

法律依据：《公路水运工程试验检测管理办法》（交通部令2005年第12号）第五十条。

5）工程监理单位无证或越级承揽工程

处罚种类：罚款；责令停止违法行为；停业整顿；降低资质等级；吊销资质证书；没收违法所得。

法律依据：《建设工程质量管理条例》（国务院2000年第279号）第六十条、《浙江省建设工程监理管理条例》（省第九届人大常委会公告1999年第12号）第二十四条、《公路建设监督管理办法》（交通部令2006年第6号）第四十二条。

6）工程监理单位以欺骗手段取得资质证书

处罚种类：罚款；责令停止违法行为；吊销资质证书；没收违法所得；停业整顿。

法律依据：《建设工程质量管理条例》（国务院2000年第279号）第六十条、《公路建设监督管理办法》（交通部令2006年第6号）第四十二条。

7）监理单位违反工程建设强制性标准

处罚种类：责令改正；罚款；降低资质等级；吊销资质证书；没收违法所得。

法律依据：《实施工程建设强制性标准监督规定》（交通部令2000年第81号）第十九条。

8）工程监理单位允许其他单位或者个人以本单位名义承揽工程

处罚种类：罚款；责令改正；没收违法所得；停业整顿；降低资质等级；吊销资质证书。

法律依据：《建设工程质量管理条例》（国务院2000年第279号）第六十一条、《浙江省建设工程监理管理条例》（省第九届人大常委会公告1999年第12号）第二十四条。

9）工程监理单位与建设单位或者施工单位串通，弄虚作假、降低工程质量

处罚种类：罚款；责令改正；停业整顿；降低资质等级；吊销资质证书；没收违法所得。

法律依据：《建设工程质量管理条例》（国务院2000年第279号）第六十七条、《浙江省建设工程监理管理条例》（省九届人大常委会公告1999年第12号）第三十一条第三款。

10）工程监理单位将不合格的工程、建筑材料、构件和设备按合格予以签认

处罚种类:罚款;责令改正;降低资质等级;吊销资质证书;没收违法所得;警告。

法律依据:《建设工程质量管理条例》(国务院 2000 年第 279 号)第六十七条、《公路建设监督管理办法》(交通部令 2006 年第 6 号)第四十四条。

11)工程监理单位与被监理工程的承包单位及供应商有隶属关系或者其他利害关系

处罚种类:罚款;责令改正;降低资质等级;吊销资质证书;没收违法所得;警告。

法律依据:《建设工程质量管理条例》(国务院 2000 年第 279 号)第六十八条、《浙江省建设工程监理管理条例》(省九届人大常委会公告 1999 年第 12 号)第二十五条。

12)监理单位未按规定指派具备相应专业知识和管理能力的监理工程师进驻现场

处罚种类:罚款;责令改正。

法律依据:《浙江省建设工程监理管理条例》(省九届人大常委会公告 1999 年第 12 号)第三十条。

13)监理单位在重要的工程部位和隐蔽工程施工时未实行全过程旁站

处罚种类:罚款;责令改正。

法律依据:《浙江省建设工程监理管理条例》(省九届人大常委会公告 1999 年第 12 号)第三十条。

3. 其他行政行为

1)公路水运工程监理人员执业资格考试

法律依据为《公路工程质量监督规定》(交通部令[2005]第 4 号)第七条、《水运工程质量监督规定》(交通部令 2000 年第 3 号)第二十四条、《公路水运工程监理工程师执业资格考试管理暂行办法》(交质监发[2004]125 号)第四条、《浙江省建设工程监理管理条例》(省第九届人大常委会公告 1999 年第 12 号)第八条第一款。

2)公路水运工程试验检测人员资格考试

法律依据为《公路水运工程试验检测管理办法》(交通部令 2005 年第 12 号)第三、五条、《公路工程质量监督规定》(交通部令[2005]第 4 号)第七条、《水运工程质量监督规定》(交通部令 2000 年第 3 号)第二十四条、《公路水运工程试验检测人员考试办法》(质监办字[2007]4 号)第五条。

3)监理单位填报有关市场信息弄虚作假

处罚种类:责令改正。

法律依据:《公路建设市场管理办法》(交通部令 2004 年第 14 号)第五十五条。

第十一章 建设单位对监理的管理

第一节 概述

一、建设单位对监理的管理工作的重要性

（1）建设单位作为工程项目建设的总体管理者，肩负着工程项目的建设管理责任，在工程项目管理体系中处于支配者的地位，因此应该做到准确定位，并进行规范管理。建设单位对工程项目及监理办的建设管理思路和管理行为将直接影响到监理工作行为和建设工程质量、安全、进度、费用等方面控制和管理效果。

（2）建设单位对监理办工作的监管是最直接的，也是全过程的，最了解监理办的监理工作情况，因此建设单位有责任、有义务配合各级交通主管部门做好监理市场秩序整顿治理工作。

（3）建设单位是监理市场秩序整顿治理的一个主要责任主体。越来越多的事实证明，建设单位的违规或不良行为是直接影响监理行业总体工作水平进一步提高的重要外因。唯有建设单位切实规范自身的管理行为，监理市场秩序才有可能得到有效的改善。

（4）建设单位是监理市场秩序整顿治理工作的最大受益者。因为诚信的监理单位、稳定的监理人员队伍以及逐步提高的监理人员素质正是保障工程建设顺利进行的重要条件，监理市场秩序的整顿治理就是促进监理单位和监理人员更好地为建设工程服务、为建设单位服务。

二、建设单位与监理单位的关系

1. 合同关系

建设单位通过招投标等方式委托监理单位承担工程建设项目的监理业务，并与监理单位签订《公路工程施工监理服务合同》。因此，建设单位和监理单位之间是工程监理业务委托与

被委托的合同关系。监理单位在施工现场组建的驻地监理机构,代表监理单位履行《公路工程施工监理服务合同》。

2. 工程管理过程中的工作关系

(1)建设单位依据法律、法规、规章和《公路工程施工监理服务合同》及有关规定,对监理工作实施监管;同时依据法律、法规、规章和《公路工程施工承包合同》以及有关标准和规范,对工程实体进行总体控制。

(2)监理办根据建设单位的授权,依据法律、法规、规章和《公路工程施工监理服务合同》、《公路工程施工承包合同》以及有关标准和规范,按照建设单位的总体管理思路和目标要求,受建设单位委托对工程实体、施工单位的施工行为进行监理,同时也接受建设单位的监管。

三、建设单位的管理行为与监理工作密切相关

1. 建设单位授权监理单位开展监理工作

监理单位是由本行业内专业的技术和管理人员组建的单位,其最大的资源优势就是具有一批既有专业技术知识、又有工程实践经验的管理人员。建设单位根据《中华人民共和国公路法》、《中华人民共和国招标投标法》等有关规定,通过招标等方式委托具有相应资质和能力的监理单位对项目实施施工监理,并依据监理服务合同对监理单位进行管理授权。监理单位为实施工程项目监理业务,派出的具有相应资质的专业人员组建工程项目监理办,并由该监理办代表监理单位履行监理服务合同明确的有关职责、权利和义务。因此在项目建设过程中,建设单位应该依靠和通过监理办这个专业的管理机构实施对工程项目建设管理,这也是我国公路工程实行监理制度的根本目的所在。

2. 建设单位管理和监理工程管理异同点

由于存在管理角度、管理侧重点等方面的不同,建设单位和监理办之间对工程项目管理存在共同之处,也有差异之处,具体分析见表11-1。

表11-1

	建设单位工程管理	监理办工程监理
管理总体目标	又好、又快、又省、又安全、又环保地完成建设工程	又好、又快、又省、又安全、又环保地完成建设工程
管理特点	从宏观层面制定管理目标、管理制度,辅以必要的检查和督促	根据建设单位制定的宏观管理目标和管理制度,实施程序化的检查和管理
管理对象	工程实体、监理办及项目经理部	工程实体、项目经理部及其施工行为
检查方式	以抽查为主	高频率的巡视、旁站和检测
管理身份	建设管理责任主体	监理单位,代表建设单位,依法、依合同进行工程管理
主要上级管理单位	交通行业主管部门和监督单位	交通行业主管部门、监督单位、建设单位和监理单位

3. 监理工作成效直接影响建设单位利益

监理办及监理人员对工程项目质量、安全、环保、进度、费用及合同有关事宜等方面的管

理,与建设单位的投资效益和社会效益息息相关,监理办及监理人员的管理能力与水平将直接影响建设单位的利益与声誉。因此建设单位也特别重视监理办的管理力度以及工程管理效果。

4. 建设单位的管理行为直接影响监理工作成效

由于建设单位是工程项目建设责任主体,在工程项目管理体系中处于支配者的地位,其建设管理行为将直接影响监理办的工作成效。因此为了更有效、更全面地发挥监理管理作用,《公路工程施工监理规范》第1.0.6条特别强调:"建设单位必须严格执行国家工程建设质量管理、安全生产、环境保护等法规,创造合法、规范、有序的监理工作环境。"

四、建设单位对监理单位的管理职责

(1)建设单位应严格按照《建设工程质量管理条例》和监理服务合同的规定,对监理单位进行监管,督促监理单位严格履行合同义务和职责。

(2)建设单位通过招投标选择具有相应资质等级的监理单位对建设项目实施施工监理。在监理期间,建设单位应严格履行自身的职责,支持监理单位的正常工作,保障监理职责的有效行使。在工程计量支付、工程变更等方面必须严格按规定程序办理,不得越权。

(3)行使合同检查职责。对监理单位调换监理人员(包括降低人员资格条件)、监理人员及监理设施设备不到位等行为应严格按照合同规定处理。除合同另有规定外,严禁监理单位使用施工单位的办公、生活用房和车辆。

(4)加强对监理行为的检查。应督促监理单位切实行使好合同授予的工程监理权,把好材料关、工艺关、检测关和工序交接验收、计量支付和工程变更以及安全、环保和廉政建设关。对旁站、巡视及监理程序不到位造成工程质量问题或经济损失的要追究相关人员的责任。建设单位不得与监理单位串通,弄虚作假,降低工程质量,并防止监理单位与施工单位合伙欺骗建设单位。

第二节 建设单位对监理的管理工作

一、对监理的管理工作的具体内容

1. 规范对监理工作的管理行为

为有效促进监理单位诚信履约,全面提高监理工作质量,建设单位应创造良好工程监理工作环境,并重点从以下九个方面进一步规范自身的管理行为:

1)监理招标行为

建设单位应当遵循公开、公平、公正和诚实信用的原则,择优确定监理单位,积极营造"统一开放、竞争有序"的交通建设工程监理市场。

(1)监理招标的范围。根据国家发改委第3号令《工程建设项目招标范围和规模标准规

定》,凡列入公路、水运新(改)建计划,总投资额在3000万元以上或单项监理合同估算价在50万元以上的工程项目,都必须进行招标。严禁任何单位和个人将依法必须招标的项目化整为零或以其他任何方式规避招标。

(2)招标文件的编制和核备。应参照《公路工程施工监理招标文件范本》或《浙江省公路工程施工监理招标文件样本》编制监理招标文件,建设单位在进行监理招标或发布招标公告时,应至少提前3个工作日将监理招标文件(包括资格预审文件)报备主管质量监督机构。主管质量监督机构应对该招标文件(包括资格预审文件)进行认真审核。已经备案的招标文件(或资格预审文件)不得擅自进行补遗书更改,未经备案的招标文件(或资格预审文件)不得进行公告和出售。

(3)监理单位资质要求。监理单位的资质应符合《公路水运工程监理单位资质管理规定》的要求。

(4)监理人员的配备要求。

①应根据监理内容、工程规模、合同工期、工程条件和施工阶段等因素,按保证对工程实施有效监理的原则确定。

②高速、一级公路工程每年每5000万元建安费宜配备监理工程师1名;独立大桥、特长隧道工程每年每3000万元建安费宜配备监理工程师1名。根据工程特点和实际需要,上述配置可在0.8~1.2的系数范围内调整。

③按照公路工程里程计算,平均每公里按0.5~1.2人配备。其中高速、一级公路平均每公里一般不少于1人。

④监理人员组成结构比例一般要求:高级监理人员(高工、部专及以上)的比例不少于10%;中级监理人员(工程师、省专)的比例不少于40%;行政及后勤人员不超过10%。但不能片面要求配备高资质的监理人员,否则将直接导致监理单位采用高资质的监理人员参与投标,工程施工时因所承诺的监理人员不能到位,而造成过多的人员更换、资质降低等问题。

(5)监理费用。按照《公路工程施工监理招标投标管理办法》(交通部令2006年第5号)的规定,财务报价所占比例不得高于10%,财务评分所占比重大幅下降,突出了监理工作的特点,即技术、服务、管理、经验,充分地体现了不以标价因素为主的政策导向。此外,2008年12月25日,交通运输部发布了《公路工程施工监理招标文件范本》(交质监发〔2008〕557号),将国家和部有关监理人员配置、设备配备、监理取费标准、评标工作等政策和要求,融入具体招标文件的编制工作中。推荐使用固定价评标法,鼓励实行监理总承包模式招标。将竞争重点放在拟投入的人力资源和技术服务质量方面,弱化监理服务价格的竞争。对于公路工程建设项目,监理费用在工程总投资中所占的比例不高,各监理单位投标报价的一定差异对于整个工程项目建设的投入影响不大。如果财务报价在评标阶段所占比例偏高,容易导致互相压价、恶性竞争,不利于监理行业整体水平的提高。因此,建设单位要维护合理监理服务取费,弱化监理费在评标阶段的作用,引导鼓励监理企业凭借人员素质、技术水平、管理能力进行竞争,而不应以监理服务费用的高低作为取舍监理单位的主要条件。应根据2007年3月30日国家发展和改革委员会、建设部发布的《建设工程监理与相关服务收费管理规定》及《建设工程监理与相关服务收费标准》(发改价格〔2007〕670号)的要求,按照监理合同段对应的工程概算建安费总额(注:不是施工合同额)的不同额度,确定计费额、分档计算收费基价、计算收费基准价。

监理合同段的监理费只能在"收费基准价"基础上,上下浮动20%。另外,监理费用应按时、足额支付。对于非监理原因造成的工程项目监理服务期延长和监理服务内容增加的,建设单位应根据实际情况实事求是地予以追加监理费用。

采用公开招标的,应按规定在浙江交通网和国家或《浙江省招标公告发布办法》指定的媒体上发布资格预审公告或招标公告;评标结果、废标原因及依据应在交易场所和浙江交通网上公示。

2)审查监理办组建报备资料

为加强浙江省公路工程监理办组建情况的管理,进一步促进监理单位诚信履约,根据《关于公路水运工程项目驻地监理办组建情况实行报备制度的通知》(浙交监〔2006〕63号)文件精神,要求建设单位对监理办的组建情况进行检查,审查内容如下:

(1)监理人员证件的真伪。

(2)投标承诺监理人员的到位情况。

(3)根据招标文件,对监理人员的学历、专业、技术职称、监理资格、监理经历、年龄等情况进行审查。

(4)监理人员变更及建设单位批复情况。

(5)监理人员《执业管理手册》持有情况。

(6)监理聘用合同签订情况。

(7)监理办办公、生活用房,办公、生活设施,交通、通信设施,测量及试验检测仪器等到位情况。

建设单位应及时指出监理办组建阶段存在的问题,并要求及时进行整改。在监理单位整改完善后,建设单位应及时在有关报备资料中客观、准确地签署意见后向项目主管质量监督机构报备。

在项目实施过程中,建设单位应根据《关于公路水运工程项目驻地监理办组建情况实行报备制度的通知》有关要求对监理办进行定期、不定期的检查、考核。

3)加强对监理人员的人员变更管理

为解决监理人员无序流动和现场监理人员到位率低、调换率高的问题,建设单位应加强对监理人员的人员变更管理。

(1)根据省交通运输厅《浙江省公路、水运工程监理单位监理人员执业管理办法(试行)》文件精神,要求受聘于本省交通监理单位的监理人员必须办理《监理人员执业管理手册》。

监理人员进场时,建设单位应对监理人员提供的《监理执业管理手册》进行检查。如发现《监理人员执业管理手册》内无原监理单位同意调出的意见,应调查核实该监理人员是否属于无序流动,或是被原监理单位清退的人员;如《监理人员执业管理手册》内缺少前监理项目建设单位同意调出或相关评价意见的,应调查核实该监理人员可能是被前个建设单位责令清退或擅自离开监理办。

工程项目监理业务结束时,建设单位应及时在《监理人员执业管理手册》内,对各监理人员的工作情况进行客观、公正地评价。

(2)建设单位在收到监理单位人员变更申请时,应及时对申请资料进行审查,并重点审查以下内容:

①监理人员的变更理由。如经审查发现无正当变更理由或变更理由不属实时,建设单位应书面通知监理单位限期指派投标承诺的监理人员到位,并将书面资料抄送主管质量监督机构。

②人员变更资料的齐全性、真实性。申请监理人员变更资料应包括:拟替换进场监理人员的身份证、毕业证、职称证、监理资格证(或培训证)、执业管理手册(省内监理单位)、工作简历、与监理单位签订的劳动聘用合同(劳动部门规定的合同格式)等的复印件(原件备查)。建设单位应通过网上查证或与省交通厅工程质量监督局联系等方式进行监理证件真实性检查,如发现有持假证的监理人员时,应及时告知工程项目主管质量监督机构。

③与招投标文件相比,一般要求替换人员的条件不得低于投标承诺要求,更不得低于招标文件强制性条件要求。

④总体控制监理人员的调换率。在整个施工监理过程中,总监理工程师和专业监理工程师等主要监理人员的调换率不得超过20%,一般监理人员的调换率不得超过30%,两者合计调换率不超过50%。监理人员年度更换率也应在总监理期内按年度分摊控制比例。

⑤建设单位应及时书面批复同意符合条件的监理人员。对因不符合条件而不同意变更的监理人员,建设单位也应书面通知监理单位限期指派合格的监理人员到位,否则将按人员缺勤处理,并按合同有关违约条款对监理单位课以违约金。所有批复和书面通知书应抄送主管质量监督机构备案。根据有关文件规定,建设单位超过合同规定期限未对监理单位的人员变更申请予以审批的,视为默认;合同未规定的,以15天为限。

⑥建设单位同意监理单位的人员变更,但属监理单位违约的仍可按监理服务合同相关条款规定对监理单位课以违约金。

4)制订完善的工程项目监理工作管理制度

建设单位应根据监理规范、监理服务合同以及上级有关部门管理文件的要求,及时制订规范、合理、针对性、操作性强且体现奖优罚劣精神的工程项目监理工作管理制度,保证监理办及监理人员的工作行为有明确的制度可遵循,并使建设单位对监理办以及监理人员的管理工作制度化、规范化。

5)加强过程的检查管理

对监理内业和外业工作的全面检查管理是建设单位对监理管理工作的核心部分。根据监理服务合同和工程项目监理工作管理制度的标准和要求,建设单位应定期、不定期地对工程项目现场管理状况和监理内业资料进行检查,其重点检查内容如下:

(1)监理人员到位与出勤情况。

(2)监理人员是否对开工报告、施工组织设计、安全专项施工方案进行有效地审批。

(3)监理人员是否对原地面进行了复测。

(4)监理人员是否对工程质量、安全等影响重大的关键工程、隐蔽工程进行旁站监理。

(5)工程实体在质量、安全、进度、环保等方面是否存在隐患,监理人员采取的措施及执行的效果。

(6)监理人员现场质量检验是否严格,相关监理试验检测是否规范,频率是否满足要求。

(7)监理人员监理日志的记录情况。监理日志是交通建设工程施工管理情况的缩影,也是监理人员每日工作内容的体现。规范的监理日志,能够反映出工程项目的综合管理状况,了解监理人员的工作责任心、技术业务水平和管理水平。因此,对监理日志的定期和不定期检查尤为重要。

(8)计量支付台账是否健全,计量原始数据是否齐全、真实,计量支付报表审核是否严谨。

(9)工程变更审查是否严谨等。

对检查发现的问题及时采取口头或书面通知要求及时进行整改。

6)组织监理工作考核评比

根据项目特点,按照有关管理制度规定,结合日常监理工作情况,对监理办和监理人员实施考核和奖惩,激励先进,鞭策落后,以充分调动监理人员的工作积极性,并有效促进监理工作及时得到提高和改善。

7)加强监理管理工作联系

工程建设过程中,建设单位是监理办监理服务工作的直接监督者。建设单位应与主管质量监督机构和监理单位保持经常的联系和沟通,及时通报监理办的工作情况,客观地指出存在的问题,以便监理单位对其派出机构进行更好的督促管理;同时也使项目主管质量监督机构能及时了解、把握各监理办的工作状况。

8)及时做好监理工作评价

建设单位对监理工作评价主要分三个方面:

(1)根据《浙江省公路水运在建工程监理单位信用评价办法》,要求各建设单位对各在建工程监理单位的投标行为以及监理办的工作情况进行客观、公正评价,并作为监理单位诚信等级评定的主要依据。监理单位的诚信等级与监理单位的投标行为和项目履约保证金和质保金额度相挂钩,这也有效地促进了监理单位诚信履约和监理行业的健康有序发展。

(2)工程项目交工时,建设单位应在"工程项目监理评定书"中对监理办的人员到位及工作情况进行客观、公正地评价。此评价书将作为监理单位投标时的业绩证明。

(3)监理人员进驻或离开本工程项目监理办时,建设单位在其《监理人员执业管理手册》的相应栏目中对监理人员的工作情况进行客观、公正的评价。此《手册》将作为监理人员个人的业绩证明,并有助于控制监理人员的无序流动。

二、积极配合各级交通主管部门做好监理管理工作

全面规范省公路水运监理市场秩序是一项长期工作,建设单位在其中肩负着极其重要的职责。由于建设单位对监理办工作的监管是全过程的,最直接、最全面、最了解监理办的监理工作情况,因此建设单位有责任、有义务配合各级交通主管部门做好监理市场秩序规范工作。同时,建设单位也将是监理市场秩序整顿治理工作的最大受益者,因为诚信的监理单位、稳定的监理人员队伍以及逐步提高的监理人员素质正是保障工程建设顺利进行的重要条件。监理市场秩序规范最终目的就是促进监理单位和监理人员更好地为工程项目服务、为建设单位服务。

第十二章 监理企业管理

第一节 概述

我国推行工程监理制度20年来,施工监理从无到有,从小到大,从弱到强,有了很大的发展,监理企业在工程监理实践中不断成长,这对提高我国交通建设工程项目管理水平起到了积极作用。随着市场经济的不断完善以及我国交通基础设施建设的迅猛发展,改进和加强企业管理,提高监理企业素质和整体实力是监理企业在日趋激烈的市场竞争中求生存、谋发展的迫切需求。监理企业要适应市场经济的需求,及时转变经营思路和观念,树立以满足建设单位(项目业主)需求,提高经济效益为中心的市场竞争意识,开拓进取,做专、做精、做强监理企业。

一、监理企业的特点

企业是从事商品生产、流通、服务性等经济活动,为满足社会需要并获取盈利,自主经营、独立核算、自负盈亏,具有法人资格的经济组织。交通监理企业(以下简称"监理企业")是具有法人资格,并取得交通主管部门颁发的公路工程施工监理资质证书,从事工程监理业务的经济组织。由于其受交通项目建设"线长、点多、面广、较偏僻、条件复杂"等特点,以及监理"科学性、社会性、公平性、服务性"等自身特性的双重影响,因此监理企业与其他企业在管理上具有不同的特点。

1. 管理环境复杂多变

监理企业相对一般工商企业,由于交通建设项目投资的多样性、交通建设生产的流动性和分散性、交通工程自然环境的多变性等特点,使得监理企业所处的管理环境相对复杂,变化因素较多。因宏观政策变化引起的交通投资额起伏、项目多少不定引起的市场竞争激烈、监理项目分布广,管理覆盖面大等等问题,都导致监理企业生产经营管理的预见性、可控性比较弱,企业管理必须要因地、因时、因环境而宜。

2. 承接业务竞争性较强

按照《工程建设项目招标范围和规模标准规定》(2000年4月国务院批准发布)第七条第(三)款的规定"勘察、设计、监理等服务的采购,单项合同估算价在50万元人民币以上的"必须进行招标,监理企业想要承接大的业务,首先要参与投标竞争,在竞争中胜出,才能与项目业主签订监理合同并确立经济法律关系。特殊情况,监理企业也可以通过谈判、直接委托来承接监理业务,但谈判或直接委托的项目数量较少,规模也不大。因此,监理企业承接业务的方式主要还是参与投标,市场竞争激烈。监理企业想在竞争中胜出,一方面,一定要讲究竞争策略,制订经营战略,做好投标决策,赢得标的;另一方面监理企业要加强管理,提高企业综合素质,做好每个监理项目,以实力和品牌赢得市场,才能保持监理企业的持续稳定发展。

3. 基层监理人员流动性大

由于监理企业基层监理人员的需求会随着企业承接的业务量、工程规模、施工阶段等不同发生变化和调整,因此监理企业对基层监理人员的需求量波动较大。

由于各地经济发展水平、行业监管力度和规范程度各异,监理人员的收入差异较大,监理人员的无序流动也比较突出。某些监理人员为赚取高收入,往往不顾所在企业和工程项目的利益,不办理正常离职手续而自行离职。因此,监理企业在劳动用工方面,受监理人员频繁流动的影响,一方面不适宜保持庞大的固定工队伍,另一方面为保证监理服务质量又必须建立一支相对稳定的高素质的监理队伍。

4. 提供服务的技术含量高

工程建设监理是一种有偿的智力技术服务活动。它是监理人员利用自身的工程建设知识、技能和经验为工程项目提供的监督管理服务。监理企业要对施工活动进行有效的监理,工程监理的从业人员就必须具有丰富的专业技术理论和丰富的施工、管理等方面经验。监理企业要不断提高服务意识和质量意识,利用监理人员所掌握的专业知识、技能、管理经验为(项目业主)提供过硬的监督管理服务。

二、监理企业面临的挑战

1. 监理队伍整体结构不合理,人员素质不均衡

建设工程监理工作的性质决定了监理队伍应由业务能力强、工作经验丰富、年龄结构合理、专业配套齐全的高素质人员组成。实行监理行业准入制度以来,我国监理队伍的专业知识和基本素质有了很大的提高。但是,从整体素质而言,仍然还不能适应监理市场的需要。一方面,现有的监理从业人员中,相当一部分都是半路出家,具有不同的专业背景,缺乏现场实践经验,其文化层次、社会阅历、知识结构差异较大,其知识结构、理论水平和实践经验等方面能完全适应监理工作的人员不多;部分人员在某个专业领域具有技术特长,但对于需要既有专业之长,同时又要懂法律、会管理、善协调的复合型人才的监理工作来说,还是略显不足;另一方面,目前监理队伍的年龄、知识结构等也不尽合理,呈现出年纪轻、职称与执业资格低、经验少和年纪大、职称与资格高、知识老化的人员两头大,而年富力强、有经验、有知识的监理人员少的特点。如何培养、建立一支业务能力强、工作经验丰富、年龄结构合理、专业配套齐全的监理队伍是监理企业发展的当务之急。

2. 工程监理市场规范化程度不高,市场竞争激烈

目前国家和各省市交通主管部门已经颁布了许多关于公路工程监理法律、法规、规章,但这些规定和要求仍然是粗线条的,大都强调了工程监理的法律地位,相对于市场经济环境下的依法从业和依法治理等方面仍存在欠完善之处。相当一部分建设单位(项目业主)对工程监理的作用认识不足,虽然迫于国家工程建设监理范围的规定委托了监理,但对其自身行为还缺少约束,建设单位(项目业主)单纯从经济角度出发,把监理费压得很低。另外,由于国家土地审批的从紧从严等宏观调控政策也影响到一部分交通基础设施的启动。目前监理市场中监理企业多,监理投标项目少,行业竞争非常激烈,一些监理企业为了生存、保持资质、业绩,竞相压价竞争。

3. 监理责任越来越大,监理风险越来越高

原交通部《关于发布<公路工程施工监理规范>(JTG G10-2006)的公告》(2006年第40号公告)和《关于在公路水运工程建设监理中增加施工安全监理和施工环保监理内容的通知》(交质监发[2007]158号)等公告和文件要求,2007年7月1日开始,公路工程施工监理执行新的规范标准,监理工作内容增加了安全监理和环境保护监理,监理工作的责任进一步扩大,强度进一步提高,监理执业风险也被进一步加大。

由于目前很多项目投资不足或资金来源尚未完全明确就先期开工建设,施工单位垫资建设,给监理工作的开展带来很大困难,监理工程师的自主管理行为不能正常行使。很多监理项目存在工程已经竣工交付使用多年,但监理费仍没有全部支付结清的现象,使本来就取费很低的监理企业举步维艰,在一定程度上限制了监理行业的健康发展。目前国家尚未制定为保护监理企业利益的相关政策和办法,对建设单位(项目业主)的拖欠费用,单纯靠监理企业自身的维权行为往往找不到政策支承点。许多监理企业为了维持企业生存,不得不采取四面出击多揽项目,为降低成本而少派人员等对策,这样做的后果是服务质量难以保证,管理水平下降,从而进一步加重了企业的管理风险。

4. 监理企业面临"诚信"的考究

为规范公路水运工程建设市场秩序,加快推进公路水运工程建设市场信用体系建设,促进监理企业增强诚信自律意识,规范公路水运工程建设从业单位和从业人员的行为,目前交通运输部以及很多省市都推出了监理企业和监理工程师"信用评价办法"。浙江省交通厅也于2007年1月印发了《浙江省公路水运工程监理企业信用评价办法(试行)》(浙交[2007]1号),决定在建高速公路监理企业中开展信用评价试点工作。2007年9月,在全省监理工作会议上以及省厅网站上公布了2006年度各在建高速公路监理企业的诚信评价结果。2008年,对信用评价办法进行了修改,扩大了参评项目的范围。监理企业信用评价结果与监理企业的投标经营活动密切挂钩,监理企业只有规范自身行为,做到诚信履约,才能立足于监理市场。

第二节 监理企业的经营管理

市场是企业的生命源泉,只有抓住市场机遇才能取得企业发展。企业要在发展的每个阶段紧跟市场需求,注重市场分析,明确定位,找准市场,确立企业竞争优势,加快发展。对于监

理企业来说,应注重对交通建设监理市场需求的分析,把握交通建设发展的趋势,通过制订合理的经营战略,积极组织参与交通监理项目招投标,强化招投标环节的控制,加强合同评审,保证监理服务质量,诚信履行合同约定,才能发展壮大企业。

一、企业经营战略管理

所谓企业经营管理,是根据对企业内部和外部环境的各种制约因素、有利条件等方面的分析,从全局出发制订一个较长时期内企业发展所要达到的目标,以及实现这一目标的根本途径和实施方法的总体部署。企业经营战略管理一般来说包括战略分析,战略选择,战略实施,战略评价和调整四个过程。

1. 企业经营战略分析

企业经营战略分析的主要目的是评价影响企业目前和今后发展的关键因素,并确定在战略选择步骤中的具体影响因素。企业经营战略分析的方法很多,其中最为重要的是SWOT矩阵分析方法。SWOT分析方法,也称SWOT态势分析法,最早是由美国哈佛商学院的教授安德鲁斯在20世纪60年代初提出来的。所谓SWOT(态势)分析,就是将与研究对象密切相关的内部优势因素(Strengths)、劣势因素(Weaknesses)、外部机会因素(Opportunities)和威胁因素(Threats),通过调查一一罗列出来,并依照一定的次序按矩阵形式排列起来,然后运用系统分析的思想,把各种因素相互匹配起来加以综合比较分析,在分析所得结论的基础上,确定本企业的使命和目标,提出针对研究对象的发展战略、计划和措施。它是基于企业自身的实力,对比竞争对手,并分析企业外部环境变化影响可能对企业带来的机会与企业面临的挑战,进而制订企业最佳战略的方法。

(1)内部条件的优势和劣势分析(SW)。监理企业要客观地认识本企业在本行业内所处的相对地位,仔细分析企业在综合实力、管理水平、监理资质、人才资源、资金实力、设施设备、技术水平、监理服务质量等方面有哪些超越竞争对手的竞争优势,并找到企业相对不足的之处,明确企业劣势在哪里。通过分析,进而明确影响企业发展的关键因素。监理企业可以对关键内部因素(优、劣势因素)用SW值量化评价企业内部因素。监理企业的SW值 $V = \sum v_i \times p_i$,$\sum p_i = 1$。v_i 为各关键内部因素的优势劣势得分,p_i 为权重。各关键内部因素权重和得分的确定可以采用德尔菲法,请相关领导、专家和企业员工对各个内部因素通过讨论评判打分来确定权重和得分。

(2)外部环境的机会和威胁分析(OT)。企业要了解所处的环境(包括宏观、微观环境)正在发生哪些变化,如宏观经济环境的影响、交通建设投资额增减、国家土地政策调整、行业管理政策变化、监理相关法律法规调整、竞争对手实力等情况,这些变化给企业带来更多的机会还是更多的威胁。通过对外部环境的分析,明确企业的机会和威胁。对于监理企业的关键外部因素,我们也可以通过计算OT值进行量化表述。参照确定SW值的方法,监理企业的OT值 $U = \sum U_j \times u_j$,$\sum U_j = 1$。U_j 为各外因素的机会威胁得分,u_j 为权重。

通过上述SWOT的分析,按照得分值的大小可以得出监理企业所处态势的优越或不利程度;按照得分的正负就可以得出企业所处的竞争态势,共有4种。

SO态势,即 $V > 0$、$U > 0$;

WO 态势,即 $V<0$、$U>0$;
ST 态势,即 $V>0$、$U<0$;
WT 态势,即 $V<0$、$U>0$。
SWOT 分析见图 12-1。

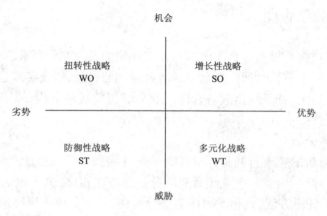

图 12-1 SWOT 分析图

2. 经营战略选择

SWOT 分析图提供了 4 种战略选择。

(1)在右上角的企业。这是一种最好的状态,表明企业拥有强大的内部优势和众多的机会,应采用增长性战略。企业应利用在体制、资质、人才等优势,大力开拓市场,增加投资,实施兼并重组,扩大监理业务,提高市场占有率,并可逐步发展为项目管理企业。

(2)在右下角的企业。尽管具有较大的内部优势,但必须面临严峻的外部挑战,应采用多元化战略。企业应利用企业自身优势,开展多元化经营,注重自身品牌建设,发展自身特色业务,可扩充资质,开展其他相关业务,避免或降低外部威胁的打击,分散风险,寻找新的发展机会。

(3)左上角的企业。说明外部机会条件比较好,但企业内部缺乏条件,应采取扭转性战略,改变企业内部的不利条件。企业要把重点放在内部制度的建设和管理的提升中,抓住外部环境的有利机会,扭转不利局面。

(4)在左下角的企业。既面临外部威胁,自身条件也存在问题,企业面临较大的困难,应采取防御性战略,通过坚守已有的业务阵地,改进内部管理,增强实力,避开威胁,消除劣势。

3. 战略实施

战略实施就是将战略转化为行动。一般涉及以下一些问题:

(1)现有资源的分配和使用;

(2)短缺资源的获取;

(3)组织机构调整。

企业战略管理的实践表明,战略制订固然重要,战略实施同样重要。一个良好的战略仅是战略成功的前提,有效的企业战略实施才是企业战略目标顺利实现的保证。

4. 战略评价与调整

战略评价就是通过评价企业的经营业绩,审视战略的科学性和有效性。战略调整就是根据企业情况的发展变化,即参照实际的经营事实、变化的经营环境、新的思维和新的机会,及时对所制订的战略进行调整,以保证战略对企业经营管理进行有效指导。

目前,交通建设市场监理企业多,市场竞争激烈,建设单位(项目业主)、交通主管部门对监理服务以及工作管理要求逐步提高,监理企业的生存与发展面临越来越大的挑战。监理企业领导必须保持清醒的认识,摒弃以往经营管理中存在的"不求有功但求无过"和"得过且过"的心态,以务实、开拓精神引导企业稳步发展。监理企业应从长远发展的角度出发,以强化内部管理为发展动力,以提高监理人员素质为重点,树立做专、做精、做强的企业化发展目标,加强企业品牌的创建工作,在困难中求生存,在竞争中寻找突破,把握市场机遇,增强企业实力。

二、项目投标的组织和实施

实行交通建设项目监理招标投标是交通建设监理市场规范化、制度化的重要举措,对于择优选择监理单位,合理有效地控制工程造价,加快工程进度,保证工程质量和安全,具有十分重要的意义。按照《工程建设项目招标范围和规模标准规定》(2000年4月国务院批准发布)第七条第(三)款的规定"勘察、设计、监理等服务的采购,单项合同估算价在50万元人民币以上的"必须进行招标,所以,做好投标的正确决策以及投标的组织、实施工作是关系监理企业生存和发展的大事。

1. 投标决策

投标决策的正确与否关系到能否中标和中标后的经济效益,关系到企业发展前景和职工的经济利益。因此,企业的领导班子应充分认识到其重要性。企业在投标决策时应对各项影响因素进行具体分析,全面评估企业参与项目的可行性、经济性,而非盲目地参与招投标活动。

1) 投标决策的内容

投标决策的内容主要有三方面:一是是否参加投标,二是倘若投标,投什么标效益好并与企业技术、管理、人力、设备等条件相匹配;三是投标的策略和技术。

2) 影响投标决策的因素

在实际投标中,影响投标决策的因素大致可以分三方面:一是工程方面的因素,包括工程的性质、规模、技术复杂程度、施工工期等;二是建设单位(项目业主)方面的因素,包括项目资金的落实情况、建设单位(项目业主)的信誉及其行为的规范程度、招标的公平性等;三是企业自身方面的因素,包括类似工程的监理经历、相关技术的掌握情况、监理人员尤其是总监资历的满足程度、竞争激烈程度、竞争对手情况等等。

2. 投标

1) 投标的准备工作

投标准备阶段主要是做好信息的收集与整理、分析与判断工作。准确、全面、及时地收集各项信息是投标成败的关键。需要收集的信息面很广,主要包括招标信息(尽可能在招标公告发布前获得工程项目信息、熟悉当地政府的投资方向、建设规划等);招标项目所在地信息(自然条件、交通运输条件等);招标(建设)单位的情况(资金状况、社会信誉、工期、质量、费用等要求)及其他参与投标单位信息(实力、优势、信誉等信息)等方面。并对上述信息进行整理分析、判断,为编制投标文件,理清思路。

2)编制投标文件

监理企业应当按照招标文件的要求编制投标文件,对招标文件提出的强制性要求和条件作出响应。监理企业在购买招标文件后,应仔细阅读投标人须知、评标办法、合同通用条件、合同专用条件、技术规范、图纸资料、投标文件格式等内容,必要时要在规定的时间内进行询问和澄清。在投标文件的编制过程中,监理企业应根据招标文件、工程技术规范和施工现场情况有针对性地编制投标文件,提出切实可行的监理措施。对现场监理办的设置、监理人员和仪器设备的配置上要事先进行安排,确保中标后能够履行投标文件的承诺。

3)对投标文件进行内部评审

投标文件基本完成后,企业经营部门负责人应组织相关部门和人员对其进行内部评审,主要内容包括:

(1)投标文件是否完全响应招标文件的要求,尤其是有关人员资质、职称、年龄以及监理企业(监理单位)的业绩等强制性条件是否满足要求。

(2)投标文件中有关人员、设备等的承诺是否有能力兑现。

(3)监理大纲以及针对工程重点和难点的监理措施是否合理、可行。

(4)报价的合理性。

(5)投标文件的其他要求(投标担保、投标委托代理人公证、投标文件小签、盖章等)是否已满足。

通过内部评审,对招标文件的要求和企业自身的能力进行比照和评估,把握企业对投标文件要求的人员、设备以及监理重点难点是否有能力兑现,做到事先控制、防范投标和合同履约风险,保证企业有条件有能力完成监理项目,确保中标后监理工作能够正常顺利开展。

4)投标

投标文件应在招标文件要求的投标截止时间前,送达指定地点。投标人应按招标文件要求提交投标保证金、备查的各类证件等,并按招标文件规定,派员参加开标会议,做好开标记录。

5)合同评审

一旦中标,监理企业(监理单位)接到"中标通知书"后,还需要与建设单位进行合同谈判。监理企业(监理单位)与建设单位签订监理合同前,要对合同的内容进行全面评审。评审的内容包括:

(1)合同是否符合《合同法》及其他法规的要求。

(2)建设单位的各项要求是否都已明确规定并形成文件。

(3)任何与建设单位要求不一致的内容是否已得到解决。

(4)技术水平、检验手段是否满足合同要求的能力。

(5)监理服务期、服务费、服务费支付方式是否明确等。

通过合同评审,使合同双方不一致的问题得到解决,为以后监理合同的履约奠定基础。

第三节 监理企业的人力资源管理

监理人员作为监理企业管理要素之一,是监理企业管理中最重要、最活跃的宝贵资源,也是监理企业管理中最有价值的企业增长源泉。要想提高监理服务质量,首先要保证监理人员的素质,提高监理人员的工作质量。因此,监理企业要通过做好人力资源规划,把好监理人员的招聘与选拔关,加强监理人员的教育培训,通过监理人员绩效考核、团队建设等手段,组建一支作风正、业务精、能力强、素质高,并具备一定经济、法律、合同管理、公共关系等多学科知识,结构合理,人员相对稳定的监理队伍,奠定监理企业持续发展的坚实基础。

一、人力资源规划

所谓人力资源的规划是指企业为确保在适当的时间,为适当的职务配备适当数量和类型的人员,并使他们能够有效地实现企业总体目标任务的过程。监理企业应通过对企业现有人力资源状况的诊断,结合企业经营发展战略目标,并考虑未来的人才需要和供给状况进行人力资源规划。通过规划使企业的人力资源战略与企业战略及发展阶段相适应。

1. 人力资源规划的制订原则

在制订人力资源规划时,为了保证规划的正确性、科学性和有效性,应该遵循以下原则:

(1)确保人力资源满足需求的原则。人力资源的供给保障问题是人力资源规划中要解决的核心问题,因此,人力资源规划要通过一系科学的预测和分析,满足企业对人力资源的需要。只有满足这一条件,企业才可以进行更深层次的人力资源管理与开发。在当前交通建设监理企业中,普遍面临监理人员短缺、监理人员流动频繁的问题,因此人力资源的保障问题显得更加重要。

(2)与内、外部环境相适应的原则。企业的发展总会受到某些内、外部不确定因素的干扰,给企业的发展带来风险。人力资源规划是面向未来,必须要有前瞻性。企业要对可能出现的内外部环境变化做出预测、分析,并有所准备。

(3)与战略目标相适应的原则。在制订人力资源规划时,必须与企业战略目标相适应。人力资源规划是企业整个发展规划中的重要组成部分,服从企业整体发展战略的需要。

(4)保持适度流动性的原则。员工队伍的流动性对组织保持活力、健康发展有着不可低估的作用。员工流动性过高或过低,都会对企业的发展造成不利影响。流动性过低,不利于发挥员工的积极性和创造性;流动性过高,造成人力资本的损耗和成本的增加。因此,保持适度的人员流动,可以使人力资源发挥出最大的效用。

2. 人力资源规划的程序

(1)评估企业现有人力资源情况。监理企业要通过开展人力资源调查,明确现有人员的执业资格、职称结构、学历水平、年龄构成、能力构成等情况并进行评估。通过对监理企业当前职务设置的必要性、合理性的分析,对现有人力资源状况作出合理的安排,并指导企业经营。

(2)预估将来人力资源需求。未来人力资源的需求情况是根据监理企业自身的发展目标和战略确定的。基于监理企业的发展需要,评估为达到监理企业的经营目标而应配备的人员数量和结构。

(3)调查分析人力资源供给与需求的影响因素。监理企业应对交通监理行业人力资源的情况进行调查分析,明确行业人力资源现状、行业发展方向、监理人员执业注册情况及本企业在人力市场的吸引力等,就人力资源供给与需求影响因素作出判断,并提前做好准备。

（4）制订满足未来人力资源需要的行动方案。在对现有的人力资源进行能力分析并对企业当前及未来需要作出全面的评估后，可以测算出企业人力资源的短缺状况，包括数量和结构等方面，然后，将这些预测情况与未来人力资源的供求推测结合起来，制订出满足未来人力资源需要的总体方案。

二、员工招聘与离职

1. 员工招聘管理

有了企业的人力资源规划，企业应根据人力资源需求情况选聘合适的员工。人力资源招聘是企业根据人力资源规划和工作分析提出的人员需求数量与任职资格要求，有选择性地面向行业内外招聘所需员工，满足企业未来需要的活动过程。

1）招聘的方法

（1）通过专业人才市场招聘；

（2）在报纸、杂志等平面媒体上刊登招聘广告；

（3）在相关人才网站上发布招聘信息；

（4）直接前往大、中专院校招聘；

（5）由员工或其亲朋好友等推荐。

这些招聘方法各有特点，对于招聘监理员，比较适合于直接到各交通大专院校等相关专业院系招聘；对于监理工程师等中高级监理人员，在《建设监理》、《中国交通建设监理》等专业性杂志上刊登招聘信息，会更具有针对性，更有效。而网络招聘也是比较快捷方便的途径。

2）聘用程序

企业的招聘信息发布以后，企业应采取适当的方式对应聘者进行甄选，聘用适合企业需要的员工。

（1）记录信息。由人力资源部负责建立应聘人员台账，记录应聘人员信息。

（2）初步筛选。由人力资源部对应聘人员资料进行整理、分类，会同人员需求部门主管人员，根据资料对应聘人员进行初步筛选，确定面试人选。

（3）面试。面试一般由人员需求部门主管人员主持，人力资源部负责应聘人员的引导工作，对应聘人员的工作经历、离职原因、应聘要求等情况进行了解摸底。

（4）笔试。对通过面试的人员可根据需要决定是否进行笔试，对应聘者拟安排的岗位的知识能力进行一次实际的测评，挑选出真正适用的员工。

（5）录用。通过面试、笔试合格的人员，监理企业可办理正式聘用手续。对确定招聘的人员及时按相关法律法规的要求签订劳动聘用合同，办理相应的养老、医疗、失业、工伤等社保手续。

3）监理人员招聘中需注意的方面

（1）招聘审查。企业在公开招聘、招贤纳才的同时，要严把审查关。在监理人员拟聘用阶段，应认真审查应聘人员的学历证书、职称证书、监理执业资格证书、身份证等证书的原件以及工作简历等个人资料，确定其是否符合聘用标准。对监理人员流动原因、以往业绩、技术业务水平、职业道德等情况进行多方面的了解与核实，并可通过面试、笔试了解其专业知识结构和水平。通过对有关证件的严格审查，加强对监理人员能力的判别，有效防范不学无术、滥竽充数和持假证的监理人员混入我省监理队伍,从源头控制监理人员无序流动。

(2)控制监理人员的招聘权限。监理人员招聘的决定权应掌握在监理企业总部,不能任由监理办擅自招聘。未经监理企业总部审查同意,监理办不得招聘监理人员,以防止监理人员的无序流动和加强对监理人员的管理。

2. 员工离职管理

员工离职指员工因辞职、自动离职、裁员、退休等原因而离开工作岗位。由于监理行业工作条件较艰苦,人员流动性大,监理人员不办离职手续自行离职等情况时有发生,监理企业对员工离职的管理显得更加重要。

1)员工离职程序(正常辞职、退休)

(1)申请辞职人员向企业人力资源管理部门提书面申请,申请需写明辞职理由;

(2)企业按有关规定对申请进行审查,同意辞职的,发给辞职申请表;

(3)企业接到辞职申请表,在规定期限内进行审批;

(4)经审批同意的,通知所在部门办理移交手续,做好监理交接、资料移交、归还公物、结清财务等;

(5)办理好移交手续,向人力资源管理部门领取解除劳动合同证明。

2)离职管理应注意的事项

由于监理工作有一定的连续性,监理人员离职要特别注意做好监理工作及监理资料的交接,要杜绝监理人员不办理交接手续而自行离职,要避免工程资料的缺失,保证监理文件和资料的完整与准确。

三、员工管理

1. 员工薪酬管理

薪酬是推动企业战略目标实现的最有效手段,是对员工从事劳动的物质报酬。薪酬作为企业生产成本,是资本的投入,企业期望获得一定的资本回报。因此,通过薪酬的分配与运作,激励员工工作的积极性,使企业获得最大限度的回报,成为监理企业管理一个重要方面。

薪酬管理主要包括确立企业的薪酬制度与体系、薪酬结构、薪酬标准以及薪酬标准与体系的实施与调整。薪酬体系和运行应遵循公平、竞争、激励、合法、战略原则。

(1)薪酬种类。监理企业的薪酬一般有固定薪酬和浮动薪酬两种。

(2)薪酬结构。监理企业薪酬一般构成:

①基本工资。是企业根据员工工作的性质、执业资格、岗位、职称、工龄(包括司龄)支付的基本报酬,它不反映员工因为经验或工作态度而引起的对企业贡献的差异。

②效益工资。是员工在完成规定任务的基础上,进一步付出超额贡献的报酬。它主要取决于员工的绩效水平,是激励员工的重要手段。

③津贴。指对员工在特殊劳动条件下工作时所付出的额外劳动消耗、额外生活费以及对员工生理或心理带来损害进行的物质补偿。它包括特殊岗位津贴、特殊地区津贴、特殊劳动时间津贴等。

④福利。是激励与约束员工的一个重要手段,是决定企业能否吸引并留住员工的重要因

素之一。具有竞争力的福利制度是企业增强员工归属感,提高忠诚度,留住人才的法宝。企业福利可包括节日福利、夏季高温费、保险、休假、疗养等。监理企业作为工程建设参与方之一,要重视员工人身安全保障工作,建议监理企业为所有在岗监理人员办理人身意外保险。

(3)薪酬标准的确定。

薪酬确定的原则:

①公平性原则。公平性原则是合理确定薪酬标准的首要原则,也是设计薪酬制度和实施薪酬管理的首要原则。一般情况下,员工不仅关心自己所获取绝对薪酬数量,也关心相对薪酬比率,而且相对薪酬比率直接影响工作的积极性。薪酬标准的确定要避免内部不公平和外部不公平。

②竞争性原则。要想吸引人才,薪酬标准就要具备足够的吸引力。企业的薪酬标准在人力资源市场上应处于什么位置,要视企业的财力、影响力以及需获人才的稀缺性等具体条件而定。竞争力是个综合指标,企业凭借良好的声誉和社会形象,也能吸引一部分人才。

③激励性原则。激励性原则是薪酬标准确定的一个重要目的,即通过公正合理的薪酬标准来激励员工的工作行为,取得最佳工作绩效。

④经济性原则。企业确定薪酬标准时,不仅要考虑薪酬的吸引力和激励力,还要考虑企业的承受能力,要遵循经济性的原则,进行人力成本核算,把人力成本控制在一个合理的范围内。

⑤合法性原则。薪酬标准的确定必须符合国家法律、法规和政策的要求,特别是国家有关强制性规定,如最低工资规定、有关加班加点工资支付规定等。

⑥战略性原则。薪酬标准的确定要反映企业战略需求,要通过薪酬标准的制定与调整,反映出企业提倡什么、鼓励什么、肯定什么、支持什么。企业战略转换对员工提出的期望和要求要转化为对员工的薪酬激励。

薪酬确定的标准:

①以职能为导向确定薪酬。根据监理人员的职位定出各职位的薪酬。

②以技能为导向确定薪酬。根据监理人员的执业资格、职称等级来定薪酬。

每位员工薪酬的多少应综合以上两方面的标准,采用岗位评价的方法,科学地评价不同员工劳动贡献大小。对职位、级别不同的员工,由于其知识、能力及其承担的责任不同,应在薪酬上体现出差距,这样会使员工产生公平感,促使员工接受更高层次的教育,主动承担责任,勇挑重担。

(4)薪酬标准的实施和调整。薪酬标准一经建立,就应严格执行,发挥其保障与激励功能。在实施过程中,要及时做好与员工的沟通和必要的宣贯,让尽可能多的员工满意。在保证薪酬标准相对稳定的前提下,还应随企业经营状况和市场薪酬水平的变化作出相应调整。

2. 员工的知识管理

1)教育培训

(1)新员工培训。对新员工,尤其是应届大学毕业生,要特别重视岗前教育,可通过举行新员工入职培训或与人力资源部、任职部门主管座谈等形式,对每一个新进的员工进行思想意识与职业道德培训,使之充分认识本行业的特点;进行包括企业文化、企业各项规章制度、员工行为规范等多方面的宣传教育,让其了解企业的基本情况、企业精神、工作要求等等。此外还可采取安排工地现场参观,上岗后安排有经验的老员工对新员工进行传、帮、带等措施,加快新员工角色转变,进入工作状态。

(2)在职教育

①职业道德教育。对于监理人员来说,任何时候都要注意自己的职业形象,用监理职业道德准则规范自己的行为,坚守监理工作岗位,履行监理责任,做到爱岗敬业、诚实守信。在具体监理工作中,要诚实监理,出满勤、干好活,按章办事,遵纪守法;严格履行委托监理合同,说到做到,不说大话、空话,客观公正得处理好工程参建各方关系、维护有关方合法权益。监理企业要有计划,有重点、有针对性地抓好监理人员的职业道德教育,把职业道德教育作为岗前和岗位培训的重要内容,帮助监理人员熟悉和了解与本职工作相关的道德规范,使员工树立正确的价值观和道德观。监理企业可以通过学习监理职业准则、弘扬模范人物、树行业新风等多种形式的道德教育活动,教育员工树立职业道德意识,养成良好的职业习惯,自觉抵制监理不正之风;监理企业要在倡导工作责任心和敬业爱岗的同时,强抓廉政建设不放松,认真贯彻"预防为主,教育在先"的方针,通过制订廉洁制度和开展群众监督等方式来约束监理人员的行为,实行廉洁问题一票否决制,并把遵守职业道德的情况作为考核、奖惩的重要指标,督促监理人员尽职尽责。

②执业技能教育。监理工作的成败与监理服务的好坏直接取决于监理人员素质,监理企业应将提高监理人员技术业务素质作为企业长远发展的一项基本工作思路和原则。监理企业应制订监理人员教育培训管理制度和监理人才培养规划,明确培训目标、培训计划、相关考核措施与奖惩办法等,并在资金、措施上给予保障。监理企业还应制订办法,采取措施,鼓励监理人员学习新技术新知识,提高监理自身素质。

2) 知识的共享与交流

在监理企业内树立起知识共享和创新的理念。建立基于工程项目的学习型监理团队,鼓励监理人员分层次分专业的开展知识交流活动,共享监理工作与项目管理经验。监理企业应通过创办内刊、搭建网络交流平台、组织技术交流会等形式搭建知识共享的平台。

3. 绩效考核管理

监理人员的专业知识、实践经验和道德素质是体现工程监理智力服务价值的最重要因素,监理企业应通过建立对员工的绩效考核制度形成一种公平竞争的氛围和奖优罚劣的激励机制,使每个员工的绩效目标的实现与企业目标的实现紧密结合。

(1) 绩效考核标准的制订。监理企业应针对监理人员不同的岗位职责和专业要求制订相应的绩效考核内容和考核标准。要科学、客观、公正地对监理人员的专业知识水平、工作态度、工作能力、遵章守纪等方面进行全面的考核与评价。

(2) 绩效考核标准的宣贯。监理企业要组织对绩效考核制度的宣贯,使监理人员认识到推行绩效考核、提高监理人员服务水平的重要性,理解和掌握企业对监理人员工作的具体要求和标准。

(3) 绩效考核的执行。要严格按照绩效考核制度的要求进行绩效考核。在执行过程中要重事实,讲证据,客观公正。对拟考核为优秀的监理人员可采取发放调查表等方式,"背对背"地广泛征求监理人员的意见,让全员参与到绩效考核中,最大限度避免偏差。

(4) 绩效考核结果的运用。绩效考核的结果一定要合理地运用才能真正起到激励与约束的作用。对绩效考核为优秀的监理人员,监理企业应给予奖励并通报表扬,将绩效考核结果与监理人员的薪酬水平、岗位晋升、教育培训等挂钩,给予考核中发现的工作态度好、能力强的优秀员工予以政策上的倾斜,充分激发员工潜能。

在定期对员工开展绩效考核的基础上,监理企业日常还应加强对监理人员不良行为的管理。针对部分监理人员未能真正履行职责,不认真执行企业有关规章制度等情况,制订对监理人员不良(不规范)行为的管理制度。企业应视不良行为情节严重状况,本着"惩前毖后、治病救人"的原则对当事人进行批评教育,并按企业有关规定进行处罚,有效地约束监理人员行为。

第四节 监理企业的项目管理

监理项目实施的过程就是监理服务的过程,其实施结果的优劣直接反映了监理企业管理水平。因此,监理项目管理是监理企业各项基础管理工作的出发点和落脚点。监理企业要在激烈的市场竞争中立于不败之地,就必须不断提高监理项目管理水平,最大限度地满足项目和建设单位(项目业主)的需要。监理企业应从增强服务意识、提高监理人员素质、完善规章制度、注重监督控制入手,保证监理业务水平和服务质量不断提升,促进企业持续发展。

一、建立健全项目管理规章制度

一个企业的正常运作,离不开好的规章制度。要搞好监理工作,确保工程质量,就必须根据有关法律、法规、技术规范和合同文件,制订适应本企业实际状况的监理工作规章制度和工作程序。各监理办还要根据项目情况制订切实可行的管理制度,形成多层次文件化的管理体系。实施过程中还应根据实际执行情况对规章制度不断进行修订完善,使企业上下各项工作的开展有据可依,有条不紊。

1. 监理企业项目管理制度的组成
(1)工地日常巡视检查制度;
(2)监理办和监理人员绩效考核与奖惩制度;
(3)监理人员教育培训制度;
(4)质量、安全和计量支付等责任追究制度;
(5)监理办廉洁自律监督制度。

2. 开展对监理项目(监理办)的日常巡查,确保监理服务质量

监理企业应落实每个监理项目的管理责任人,管理责任人应深入工地现场,通过巡视监理现场或抽查质量记录,检查监理服务过程是否按规定的程序、标准、规范和《监理细则》执行与操作,及时发现监理办工作中的问题并督促进行整改,协助总监理工程师处理在日常监理工作中遇到的难题,从技术上、管理上给予监理办相应的支持。

3. 组织对监理项目(监理办)的专项检查

监理企业应该每年适时抽调经验丰富的工程管理、技术人员组成检查组对各监理办管辖工程的质量、安全、试验检测、内业资料等进行专项检查,及时发现问题,解决问题,把各项规章制度落到实处。检查组在每次检查后应形成详细检查记录,及时以书面形式向监理办反馈存在的问题和整改要求,各监理办应在规定时间内向监理企业反馈整改落实情况。通过检查、整改,深化监理工作要求,提高监理人员的质量意识、安全意识和服务意识。

4. 开展对监理办的绩效考核

监理办是监理企业为完成特定的项目监理目标而在项目现场设置的驻地监理机构,它代

表监理企业履行监理合同。监理企业要建立完备的监理项目绩效考核制度，并据此对监理办工作业绩和效果进行全面、客观、公正的评价，才能确保监理服务的质量。

1）绩效考核制度设计

监理项目绩效具有多因性、多维性和动态性的特征，因此，应结合监理行业和本企业自身的特点，深入分析影响监理项目绩效的因素，从绩效考核的实际需要和实际可能出发，设计监理项目绩效考核制度。监理项目绩效考核制度的设计，要尽可能做到科学、全面、准确、易行。绩效考核体系考核的对象既包括监理项目也包括监理人员。在考核办法中要明确考核的适用范围、考核的内容、依据、方法、程序和奖罚措施等，可分别拟定"监理办考核表"和分专业的各级"监理人员考核表"，进而构成比较完整的绩效考核制度。可以把考核的具体事项即绩效标准与考核指标一起整合在"考核表"当中，这样做的优点在于：企业对监理办和员工的要求在"考核表"上一目了然，便于在日常工作中对照执行。

（1）绩效考核指标体系设计的基本原则。绩效考核指标体系是绩效考核制度的核心，考核指标体系的设计应体现相关性、系统性、关键性、可行性和可测性原则。

①相关性原则。考核指标要能够客观、真实地反映监理项目绩效。即在明确绩效目标的前提下，以建设单位（项目业主）要求和岗位职责为导向进行考核，特别要加强对容易出现问题的方面的考核。

②系统性原则。考核指标体系必须能够系统、全面地反映监理项目绩效，避免片面性。

③关键性原则。在设计指标体系时，必须突出项目实施过程中的关键影响因素，确立关键绩效指标（KPI）。

④可行性原则。一是要求考核体系的设计要具有可操作性，标准设定合理；二是可行，即指标所要求提供的信息可以实地取得，并具有实际意义；三是所建立的考核指标体系应适应本企业的现实水平，对所有的监理项目具有较强的适应性。

⑤可测性原则。各项考核指标都要有清晰的概念，考核事项（标准）的描述要规范，并尽可能量化，以保证考核标准的统一。

（2）绩效考核指标体系结构及指标的确定。监理项目绩效是一个综合的系统，需要建立多维、多层次的指标才能对其进行科学、合理地考核与评价。绩效考核指标的确定要坚持以国家法律法规、监理规范、建设单位（项目业主）要求和岗位职责为导向的原则，一切从实际出发，紧紧围绕监理工作内容、建设单位（项目业主）评价（满意度）、职业道德等方面设定绩效标准。体系结构上根据考核的深度设定指标的层次。层次过少，易造成重要考核事项的缺失；层次过多，不利于考核实施。

一般可以设定两级项目考核指标：即质量监理、安全监理、环保监理、进度监理、费用监理、合同管理、监理资料管理、监理办内部管理、职业道德、建设单位（项目业主）评价、成本控制等一级指标（即关键绩效指标KPI），在若干一级指标之下再设立与之相关联的若干二级指标（考核分项），如施工过程控制、计量支付控制、工程变更控制等等。在两级指标之下是对应的具体考核事项（量化标准）。

（3）绩效考核指标权重（分值）的设定。权重（分值）的设定，是建立绩效考核指标体系的另一关键问题。权重（分值）设定不合理，将造成考核结果失真。可以对一级指标设定权重，对二级指标设定分值。权重与分值设定的原则是：根据指标对监理服务质量的影响程度设定权重与分值。质量监理是监理工作的重点,需考核的事项较多,理应分配最大的权重。一级指标中"五监、两管"所占权重总计不宜低于70%。二级指标中的"施工过程控制"、"计量支付控制"、"工程变更控制"、"监理工作管理"等重要考核分项都应设定较高的分值。绩效考核指标和权重设置示例如表12-1。

监理办绩效指标和权重设置示例　　　　　　　　　　　表12-1

一级考核指标	建议权重	二级考核指标	分值	具体量化标准
质量控制	0.20	开工前控制	5分	
		施工图审核及设计交底	5分	
		测量控制	12分	
		施工组织设计审批	10分	
		原材料进场检验	12分	
		施工过程控制	20分	
		质量事件控制	9分	
		试验检验	12分	
		验收控制	15分	
进度控制	0.10		100分	
费用控制	0.10	工程量清单管理	20分	
		计量控制	40分	
		支付控制	40分	
合同管理	0.10	工程变更控制	45分	
		分包控制	10分	
		索赔控制	45分	
安全监理环保监理	0.15		100分	
监理资料	0.06	监理月报	30分	
		监理文件	20分	
		监理记录	20分	
		监理资料	30分	
监理工作管理	0.10	监理办领导	30分	
		监理工作管理	55分	
		监理设备管理	15分	
监理守则与遵纪守法	0.10		100分	
建设单位(项目业主)评价	0.05		100分	
成本控制	0.04		100分	

2)绩效考核体系的运用

项目绩效考核体系的运用不只是对指标的考核,它还包括制度宣贯(绩效辅导)、绩效考核、绩效评价、绩效反馈及绩效运用等一系列环节的系统的管理过程。

(1)制度宣贯(绩效辅导)。企业任何一项管理制度都必须被全体员工理解、掌握并有充分的意愿加以实施,这样的制度才可能发挥应有的作用。在监理人员全部进场后,监理企业就要进行包括绩效考核制度在内的管理制度宣贯,使监理人员从思想理念上认识到推行绩效考核、提高监理服务质量的必要性,理解和掌握监理企业对监理办和监理人员工作的具体要求和标准。

(2)绩效考核。监理企业可分季度、半年和全年进行绩效考核。在监理办和监理人员自评的基础上,考核分两个层次:一是监理办对所有监理人员的考核,监理企业加以复核;二是监理企业对监理办的考核。考核组应深入监理办,实地检查工程实体质量、"五监理、两管理、一协调"的监理程序及实效、监理资料等,听取项目建设单位(项目业主)对监理办工作的意见。检查采取随机抽查的方式,既提高了考核效率又保证了考核的覆盖面和可信度。

(3)绩效反馈与评价。考核组现场检查结束后,将检查发现的问题,即时地、面对面地逐一反馈给监理办,要求监理办制订整改措施,限期整改,并向考核组反馈整改结果,监理企业加以验证,形成问题整改的"闭环",真正收到纠错纠偏的效果。考核记录整理汇总后,交监理企业领导讨论审定,确定监理办和个人的考核等级。最后通报绩效考核结果,指出存在的问题,着重发现问题的共性,分析其原因,提出整改的措施,避免今后出现同样的问题。

(4)绩效运用。绩效考核的结果一定要合理地运用才能真正起到激励与约束的作用。监理企业应该对绩效考核优秀的总监理工程师和监理人员给予奖励并通报表扬。对多次考核中工作态度好、工作能力强的优秀员工,企业在学习培训、职称晋级等方面为其创造条件,适时将其调整到重要岗位,充分发挥其潜力。对考核为不合格的监理人员,应责令其限期整改,并予以相应的处罚或调离岗位。

3)考核的程序

(1)监理企业组建考核组到现场听取考核的监理办总监理工程师(总监)的工作总结、汇报。

(2)考核组根据考核标准对监理办进行检查考核(工程实体检查、查阅有关监理文件、记录和材料等)。

(3)现场听取建设单位(项目业主)对监理办的工作评价。

(4)采取民主测评等多种方式听取监理人员意见。

(5)监理企业财务部门对监理办当年成本进行核算。

(6)汇总信用评价、成本控制等情况,提出考核意见与等级。

(7)监理企业领导核定考核等级并签署意见。

4)绩效考核需注意的问题

(1)一定要坚持以国家法律法规、监理规范、建设单位要求、岗位职责为导向的原则。应将建设单位意见(满意度)纳入考核标准,对评比优胜的予以加分,强化考核的导向作用。

(2)考核结果若不能让员工信服,则不但不能起到激励的效果,反而会挫伤员工的积极性。因此,为增强考核结果的可信度,可以设计"监理办考察表"和"监理人员考察表",发给每一位监理人员,请他们对总监理工程师和评选推荐的优秀监理人员进行定性评价。全员参与绩效考核,最大限度地避免偏差。

(3)为弥补定期绩效考核在深度方面的不足,增强监理服务纠偏的时效性,监理企业还应不定期地进行工程实体质量、安全管理、监理资料和试验检测等方面的专项检查,检查结果计入绩效考核成绩。

5. 加强廉洁自律制度建设

为了进一步规范监理人员的行为,净化工程建设环境,预防和遏制工程建设中的腐败现象,有效地控制工程费用,保证工程质量和施工安全,针对监理工作中存在的问题,监理单位和监理办应制订《监理人员职业道德规范》等一系列廉洁制度,并采取以下保障措施:

(1)首先要保证监理人员具有良好的素质,为此要选拔品行端正、业务熟练、工作认真的监理人员组建监理办,为廉政建设奠定良好的基础。同时在日常监理工作中应广泛开展廉洁告知活动和职业道德教育,随时提醒监理人员规范自己的行为。

(2)监理单位要制订各级监理人员廉政建设责任制。监理工作伊始,监理单位就要与监理办签订廉洁责任书,监理办再与每一位监理人员签订廉洁责任状,建立起现场监理员对专业监理工程师负责,专业监理工程师对总监理工程师负责,总监理工程师对监理单位负责,层层抓落实的廉洁责任体系。

(3)监理单位要建立监理办和监理人员绩效考核制度,并要把廉洁自律作为考核的重要内容。监理单位领导要经常深入工地从各方面了解监理工作情况,对思想端正、工作认真、表现突出的监理人员进行表彰,并在业务培训、职称评定、福利待遇上予以优先考虑;对违反廉洁纪律的监理人员,按考核办法进行处罚,轻者进行教育,令其悔改,重者清退出场,情节严重构成犯罪的,移送司法机关处理。

(4)监理办应在监理驻地设置廉洁举报信箱,自觉接受社会和舆论的监督,完善举报制度。一旦发现不廉洁事件或腐败问题,一经查实,监理单位要予以坚决惩处。

(5)监理单位应定期进行廉政调查。监理单位可通过定期向建设单位、施工项目部和行业主管部门发放"监理人员廉政情况调查表"的形式对监理人员的廉政情况进行调查,调查可每季度或每半年进行一次。

总之,廉洁制度的建立健全,目的是使全体监理人员恪守"严格监理、优质服务、公正科学、廉洁自律"的职业准则,严格按照监理服务合同的要求,监督工程质量、安全、环保、进度和费用,坚持关键工序和隐蔽工程的现场旁站监理制度,发现问题,必须按规定及时指令施工单位整改,保证工程数据完整和真实,争取优质、圆满地完成监理任务。

二、加强团队建设

每一个工程项目都是一个复杂的系统工程,除工程本身结构的独特性、涉及技术的复杂性外,工程项目建设的时间、地点、条件等都会有所不同。在项目监理过程中,各种突发情况也会随时发生,要想顺利开展监理工作,往往不是监理工程师某个人单独可以完成的,需要整个监理办的团队成员齐心协力,发挥集体的智慧,才能圆满完成该项目监理任务。一个企业、一个项目的团队意识越强,它的生命力就越旺盛,就能更好地发挥整体作战的优势。对于人员流动性大、项目地域分散的监理企业来说,更需要突出团队建设。

1. 团队建设的作用

(1) 增强凝聚力。为保证企业目标和项目监理目标任务的完成,在团队中,通过分工把任务落实到每位员工,有利于调动团队成员的积极性,提高工作效率,保证工作质量。通过团队建设,有利于集思广益,做出科学决策。通过有效的信息沟通,建立良好的团队氛围,加强各部门、各专业之间的协作与配合,减少冲突和内耗,最终提高企业效益,增强企业竞争力。

(2) 满足监理人员的心理需要。因工作需要,监理人员长期工作在异地他乡,加上监理工作在施工第一线,经常饱受日晒、风吹、雨淋、冰冻之艰辛,工作环境相对危险恶劣,监理人员在工程管理过程中,需要面对和克服各种阻力,承担较大压力,每位监理人员都有个人安全、情感交流、尊重和自我价值实现的渴望,管理者只有了解、倾听并尽力满足这种需求,给监理人员"家"的感觉,才有利于培养监理人员竞争向上的健康心理,监理人员才能够心情舒畅地工作和生活。

2. 团队建设的要点

(1) 制定规章制度并不折不扣地执行。一个团队的行为需要合理的规章制度来进行约束。确定团队的规章,有助于团队成员间的协调一致。

(2) 应建立解决冲突的机制。一个大项目的监理需要几年的时间,监理人员在一个项目中难免会发生各种矛盾和冲突,应建立自身矛盾冲突解决的机制,做到对事不对人。

(3) 总监理工程师要加强对监理人员的帮助、指导、监督和激励。总监理工程师在监理工作和管理中起着关键作用,应该起到帮助、指导、监督、激励的作用,促使监理人员之间密切配合,相互合作,使监理办真正成为监理人员温暖的大家庭。

(4) 开展健康有益的竞争。监理办可以在各监理组之间开展"比、学、赶、帮、超"的活动,鼓励监理人员提高自身素质,开展有益竞争活动,从而促使监理服务质量的全面提高。

(5) 监理办要定期召开监理工作例会,增进相互交流。监理团队成员之间的交流一般可通过会议的形式进行。监理办应建立完善的定期会议制度,做好会议记录和签到。会议的安排应该紧凑、高效,对会议形成的决议应当及时进行布置、检查、落实。

(6) 监理企业应通过召开总监理工程师会议、监理工作交流会、举办讲座培训等形式,让监理办都明确企业的发展方向以及各项工作要求,加强企业管理部门与监理办、监理办与监理办之间的交流与沟通,增强凝聚力。加强每个监理办内部以总监理工程师为首的团队建设,形成各部门、各专业相互配合,沟通顺畅,指令统一,协调有序的工作环境。

三、开展满意度调查

监理企业应通过对行业主管部门、建设单位(项目业主)、施工单位等相关单位的满意度调查,了解监理办的监理服务状况,了解当前监理办工作中存在的不足,督促其改进,提高监理服务质量。

1. 满意度调查的方式

通过定期或不定期与建设单位(项目业主)、施工单位的面谈、发送满意度调查表、电话访问等方式对监理服务的满意程度进行调查,对发现的监理服务中存在的不足,企业相关管理部门应及时督促监理办采取措施予以改进,并要求将整改结果反馈给相关管理部门。

2. 满意度调查的内容

监理服务满意度的调查主要分为两大方面:一是对监理服务满意程度,二是对监理履约满意程度。服务满意程度可以从质量监理、安全监理、环保监理、进度监理、费用监理、合同管理等几个指标来进行具体调查;监理履约满意度程度可以从合同执行程度、现场监控程度、人员到位程度、工作服务态度、廉洁情况等几个指标来具体调查。

3. 满意度调查的统计、分析与应用

监理企业应根据各项调查内容的重要程度设定相应权值,以方便进行定性与定量的分析。通过一定的数理统计分析,确定建设单位的需求和期望,以及企业需改进的方向。满意度调查结果可以作为企业管理评审的一个指标,用于持续改进监理企业管理。

第五节 监理企业文化建设

随着社会进入知识经济时代,企业竞争实际上是企业文化之间的竞争。企业文化的概念是随着现代企业管理理论的发展而出现的。目前使用最广泛的、最具权威性的是美国麻省理工学院组织行为学教授爱德华·沙因的定义:企业文化是在一定的社会经济条件下通过社会实践所形成的并为全体成员遵循的共同意识、价值观念、职业道德、行为规范和准则的总和,是一个企业或一个组织在自身发展过程中形成的以价值为核心的独特的文化管理模式。可以说企业文化是一个企业综合实力的体现,是一个企业文明程度、社会责任的反映。20世纪80年代,拥有世界最先进技术、号称拥有世界上最先进的管理理论作指导的美国企业,却在模仿美国技术的日本企业面前纷纷败北。美国开始派出大批的考察团赴日,考察和总结日本企业的管理经验。经过认真的调研,美国人终于明白,日本企业成功的深层原因在于,日本企业打破了西方理性主义的管理框架,把企业作为一个文化实体实施管理,逐渐形成了自己独有的以人为中心、以团队精神和情感氛围为特征的企业文化。美国人此时理解了为什么日本人经常说"没有文化,就没有企业"。美国考察团的考察结论就是:日本企业的成功在于他们更注重"文化管理"。所以说,作为一个期望持续成长的监理企业应重视企业文化的培育。

研究成功企业的案例,我们会发现,每一个有所作为的企业都十分注重企业文化建设。IBM首席执行官杰克·韦尔奇注重与下属沟通,注重营造很好的团队氛围,他能叫得出公司1000名以上高级管理人员的名字,他会给最普通的员工写亲笔信,还喜欢和员工共进午餐。某航空公司总裁总爱喋喋不休地为下属鼓劲,并多次为乘客分发花生米,以至于员工深受感动,每次运货飞机向登机口靠拢时,都跑去迎接,在20分钟之内就可以卸完飞机的全部客货,而大多数航空公司需要1小时。我国的海尔创造了奇迹,很大程度上取决于它特有的海尔文化,仅一项国内外有口皆碑的顾客至上的三全服务(全天候24小时服务、全方位登门服务、全免费义务服务)就不是其他企业一下子能做到的。

入世后,我国很多企业也都在积极探索和打造自己的竞争优势,希望在未来广阔的市场上分得一杯羹,于是人力资本、核心技能、市场营销都成为大多数企业的"核心竞争力"。

每个企业都有自己的特殊情况,因此,提出互异的核心竞争力也无可厚非。但是,必须要注意到,如果企业没有一套独特的企业文化,核心人才也不可能留在企业,核心竞争力就无从谈起;如果没有在共同信念支配下的经营管理,没有积极的创新精神,就只能随波逐流,不是沦为痛苦的市场跟随者,就是以失败而告终。技术、人才都会转移,可以变动,但企业文化却因为其来源于思维、理念的长期积淀而不会轻易改变,正如一个人可以被剥夺所有的物质财富,但他的精神还在。因此,在企业核心竞争力的形成过程中,企业文化也可以游刃于各个要素之间,把人力资本、核心技能和资源系统紧密的联系起来,发挥其最大的功效。就像只有石头、砂子和水泥不能成为混凝土,要使可以流动的水渗入、浸润其中,才能把它们紧紧地凝固在一起一样。

近几十年来,人们对企业文化进行的广泛研究表明,企业文化与公司业绩之间存在着密切联系。原因显而易见:传统的科学管理法只能约束住员工的行为,但不能赢得员工的心。而强有力的企业文化,却能成为激发员工积极性,成为员工全心全意工作的主要动力。在一个强大且富有凝聚力的企业文化中,企业核心价值观深入人心,得到人们广泛认同。强烈的共同信仰有助于员工达成一致意见,关注重要目标,减少冲突,营造学习氛围,同时降低人员流失。强有力的企业文化所表现出来的独特亲和力,能使员工与企业融为一体,企业对于员工的重要性,如同家庭和社区对他们的重要性一样。对此,《企业文化与经营绩效》的作者科特和赫斯克特曾对207家公司进行了长达11年的研究,并得到了振奋人心的结果:如果公司的企业文化重视所有的主要相关群体(如客户、股东和员工等)的利益,这样的公司在业绩方面远胜于不具备上述文化特征的公司。

事实表明,优秀的企业文化作为企业的精神财富,具有一种神秘的力量,有人称之为文化力,其表现形态虽然是价值观念、信仰、态度、行为准则、道德规范及传统、习惯等精神产品,却有非常重要的精神价值,对企业物质财富的增长起着极大的促进作用,即文化力可以转换为经济力。当然,一种落后的企业文化也会成为企业的一种无形包袱,对企业物质财富的增长起着抑制作用。其次,优秀的企业文化能够引导企业按照市场经济规律办事,给企业带来很好的商誉,而且往往能够促使企业进一步深化改革,完善组织结构和经营机制,从而带来组织效率的大幅度提高,为企业提高经济效益创造良好条件。因此,为了企业的长远发展,监理企业也同样应该重视企业文化建设,不是简单意义上的形式而已,而应该从自身的实践中去加强和完善企业文化。

针对我省监理企业的现状,监理企业文化建设的主要内容有:

一、提炼或强化以监理企业精神为灵魂的价值体系

企业精神是企业在从事生产经营中,为实现自己价值体系和社会责任所形成的人格化的团队意识,是企业的精神支柱和动力,是企业灵魂所在。因此,在企业文化精神提炼中必须关注监理行业市场发展的趋势,并能体现监理企业发展历史及对未来的追求,同时具有区别于其他企业的个性。必须持续提炼和完善监理企业共同的核心价值观。监理企业价值观是对监理企业生产经营行为、提供的服务、社会责任的评价标准,是监理企业追求的最大目标和据此判断事物的标准,是企业文化的核心。监理企业在提炼共同价值时应当注意力求简洁、协调统

一、尊重人才、回报社会等理念。

二、导入CI系统,实施现代监理企业形象战略

CI(Corporate identity)是企业形象识别系统,它主要由MI(Mind Identity,理念识别)、BI(Behavior Identity,行为识别)和VI(Visual Identity,视觉识别)系统组成。监理企业形象设计是一种形象文化战略,是监理企业对自身的理念识别、行为识别、视觉识别进行实践,使之更具有独特性、鲜明性,同时,借助各种宣传手段和载体传送监理企业文化,以产生强大的品牌认知力和认同力。

1. 建立MI系统

MI——理念识别,是指在监理企业经营活动中所应遵循的理念,是整个识别系统运作的原动力,它主要指监理企业精神、价值观、企业信条、经营管理哲学、监理企业使命、宗旨、社会责任等。

2. 建立BI系统

BI——行为识别,是MI的动态展示,它主要包含对内、对外两方面。对内的行为主要包括监理企业伦理和道德,领导行为规范,员工行为规范,工作作风,服务态度规范,监理礼仪规范,工作环境和职工福利等项目;对外的行为主要包括公共关系,顾客服务和公益性文化活动等。企业行为识别系统设计的重点在于员工队伍形象的塑造,因此,监理公司应当依照以人为本的思想,按照不同层次不同岗位制订和设计个人形象。

3. 建立VI系统

VI——视觉识别,是监理企业文化具体化、形象化的视觉传达形式,它通过组织化、系统化的视觉方案传达企业经营特征。建立监理企业视觉识别系统的过程中,必须运用能够体现监理企业精神理念,具有鲜明视觉和服务形象的标识。它主要以标志、标准字、标准色为核心展开。如通过鲜明、统一地设计企业名称、企业标志、象征图案、宣传口号等标识,并通过在监理人员工作服、安全帽、监理企业办公用品、办公环境、公务礼品、印刷品等上的统一应用,将监理企业精神、企业文化、服务内容、企业规范等抽象概念转换为具体符号,塑造出独特的企业形象,使企业更易被公众接受。

三、实施制度再建工程

监理企业文化与监理企业的体制机制相辅相成,只有通过充分体现先进监理企业文化的体制机制和各项管理制度及岗位行为规范,才能真正规范监理企业全体人员意识和行为。

(1)规范培训制度和体系,丰富培训内容和层次。监理企业要把企业文化教育培训、岗位职业道德规范培训、岗位技能操作规范培训等内容纳入企业管理制度中。

(2)健全监理企业绩效考评管理制度,把监理企业文化建设成效纳入企业部门个人绩效考评体系。

(3)开展思维创新,管理创新,技术创新,建立健全公司激励和约束机制。

四、实施典型示范工程

先进的典型人物和典型事迹是企业精神的生动、形象的体现和象征,具有很强的示范、辐射、传承作用,没有个性鲜明的典型就没有独特的监理企业文化。监理企业在实施企业文化建设中应当把先进企业文化典型化,具体表现在大力发掘、培养、总结企业的先进典型,大力宣传和表彰先进典型。

第十三章 监理办管理

第一节 监理办的组建

监理办是监理单位为完成特定的工程项目监理目标而在项目现场设置的监理机构。监理办作为监理单位的一个派出机构,从法律关系上讲,它代表与建设单位签订监理服务合同的监理单位,履行监理服务的各项合同义务;从具体工程管理上讲,它受建设单位委托对施工单位的施工活动进行监督管理。因此,监理办组建的好坏将直接影响日后驻地监理工作的开展。

一、监理办地址的选择

1. 选择原则

监理办地址选择的合理性直接关系到监理工作的顺利开展。一个合适的办公、生活场所的选址能够最大限度地为监理工作开展提供便利,也能节约不少驻地建设成本。监理办地址的选择应遵循便利性、经济性、适用性的原则。

1) 便利性

(1) 出入交通方便。公路建设的路线长,一般都在较偏远的地方,甚至在尚无路通行的山区。监理办在地址选择的时候要充分考虑监理人员到施工现场的距离及监理人员生活出行的便利,尽可能选择离施工现场近、车辆出入方便的地点(若附近无现有公路,也应尽可能临近施工便道)作为监理办的住址。

(2) 工作生活方便。监理工作的开展需要水、电、气、(互联)网等条件,所以,在监理办地址选择时要充分考虑当地的水、电、气、网情况的保障,以免影响监理人员的日常工作和生活。

2) 经济性

监理办作为工程现场的驻地是随着项目的结束而结束的,是监理人员一个临时性的办公、生活地点,因此,驻地建设应尽可能租用附近已有的房屋作为监理办,在满足监理人员办公、生活需要及合同要求的基础上,尽可能节约组建成本,提高监理企业效益。

3)适用性

监理办用房的选择应充分满足招标文件对面积和功能的要求并符合《浙江省公路水运工程监理办标准化建设实施细则(试行)》的规定。在选定前宜先请建设单位查看并认可。要根据施工标段的数量,合理确定会议室的面积,以满足召开工地会议的需要;办公区、生活区、试验室及车辆停放区等功能设置要科学合理。办公区和生活区必须相对分开,办公、生活用房不得混用。工地试验室的水泥室、沥青室以及标养室要独立设置,所有操作间要有足够的面积。监理办还应设置单独的资料室,用于监理资料的归档保存。

二、监理人员的配备

1. 监理办人员组成

(1)总监;

(2)专业监理工程师;

(3)监理员(包括试验员);

(4)辅助人员。

2. 监理办人员资质、人数等要求

监理单位派驻现场的监理人员必须能够适应监理合同规定的监理服务工作。所配备人员的监理资格、技术职称、监理业绩(经历)、年龄、人数等,一般应满足以下要求:

(1)总监、副总监和专业监理工程师的监理资格和技术职称,应根据交通运输部有关规定并结合工程等级、规模、技术难度等具体情况合理选定。一级及以上公路的总监理工程师一般应由具有交通运输部公路工程监理工程师资格、高级专业技术职称的人员担任;副总监理工程师一般可由具有交通运输部公路工程监理工程师资格、中级及以上专业技术职称的人员担任;各专业监理工程师一般可由具有公路工程相应专业的专业监理工程师及以上资格、中级及以上专业技术职称的人员担任。

(2)总监、副总监和专业监理工程师的类似工程监理业绩(经历),一般可设定如下:一级及以上公路的总监理工程师的同类工程监理经历为5年及以上,担任总监或副总监职务3年及以上;副总监和专业监理工程师的同类工程监理经历均为5年及以上。

(3)总监、副总监和专业监理工程师的年龄一般应在60周岁以内。

(4)主要监理人员(包括总监理工程师、副总经理工程师、专业监理工程师)应持有《交通建设工程安全监理培训考试合格证书》和《公路工程环境保护监理培训考试合格证书》。

(5)辅助人员虽然招标文件中一般没有具体要求,但他们也是监理工作正常开展必不可少的一部分。辅助人员一般应包括文秘、司机、厨师等。为保证监理办工作正常开展,文秘一般应要求高中及以上学历,会熟练操作计算机办公应用软件。司机应具有3年以上驾龄,无重大事故记录及酗酒等不良嗜好。

3. 监理人员的进场

对投标文件中承诺到位的人员应按时间要求和工程实际需要及时到位,以保证监理工作的正常开展,千万不能因监理的原因影响了施工进度。

4. 监理人员的更换

对于需要更换的人员，要按合同有关规定办理审批手续。替换人员要满足原投标文件中监理资格、技术职称、工作经历等要求，以确保监理工作的质量。

三、监理办设备的配备

根据监理工作的要求，除了要建立适合项目特点的监理机构并配备足够的监理人员外，还必须具备较完善的监理手段。监理设施与设备是监理手段的具体体现，是监理工作不可或缺的一部分。监理单位应按照投标文件的承诺，配备满足监理工作需要的办公和生活设施、设备及物品。

1. 设施设备配备的种类

（1）办公设施。监理办是监理人员工作的场所，为了保证监理工作正常开展，应在监理办配置必要的电话机、传真机、打印机、复印机、电脑、照相机、摄像机、扫描仪、桌、椅、文件柜等办公设施。每间办公室还应配置一台空调。

（2）试验检测设备。试验检测是监理工作的重要内容之一，在监理办组建时，试验仪器的数量、种类以及试验室的环境、测量仪器等都要按照投标文件的承诺进行配置。

（3）生活设施。监理办除了是监理人员办公的场所外，也是监理人员生活的地方。由于作业地点偏远，监理工作时间不固定等特点，监理人员必定要住在现场，所以监理生活设施的配备也必不可少。监理企业要保证监理人员生活的水、电、气、网等基本要求，而且应配备电视机、电冰箱、洗衣机、淋浴器、风扇、炊具、床、卧具、便携衣柜等必备的生活设施。有条件的，还宜配备一定的文体娱乐设施，以丰富监理人员的生活。可以考虑按每两人一间（总监为单间）安排寝室。

（4）交通设施。应按招标文件的要求为监理办配备交通车辆。不仅要有足够数量，也应符合型号要求。车辆的性能要有保证，以适应监理工作开展的需要。

（5）消防安全设施。监理办应在每一楼层至少配备一台灭火器等消防安全设施。灭火器应指定专人负责管理。

2. 设施设备配备的原则

（1）按投标承诺配备；

（2）满足监理工作及生活所需。

设施设备的数量与性能应以满足投标文件承诺和监理工作实际需要为准。

四、监理办标准化建设

为树立监理企业的良好形象，加强监理规范化服务，监理办应该按照浙江省交通运输厅《浙江省公路水运工程监理办标准化建设实施细则（试行）》[浙交[2009]206号]的有关要求，实行标准化建设，统一监理人员服装（由各监理企业自行统一服装式样和颜色，服装前胸配胸牌，左臂配臂章，服装要便于野外作业）和安全帽，统一设计制作门牌、告示牌及其他图表上墙。这样既美观大方，又能起宣传企业的作用。监理办上墙图表主要包括：

(1)监理职业准则:严格监理、优质服务、公正科学、廉洁自律;
(2)企业法人营业执照扫描件;
(3)监理资质等级证书扫描件;
(4)监理合同工程平面图;
(5)监理办组织机构框图[监理人员含小2寸背景红色的照片、姓名、职称、监理岗位(职务)、监理资格证书编号];
(6)质量、安全、环保监理及廉洁管理体系框图;
(7)监理人员岗位职责;
(8)监理人员工作分工表(包含姓名、岗位、分工职责、分管工程范围等);
(9)浙江省公路、水运工程施工监理职业道德规范;
(10)现场监理"十不准";
(11)计量支付监理程序框图;
(12)工程进度图(S曲线、柱状图,含计划进度与实际进度);
(13)天气晴雨表;
(14)监理人员考勤表;
(15)形象进度图(相关专业平、纵断面图);
(16)工程质量监理程序框图;
(17)监理办试验管理规定;
(18)试验室各科室工作制度;
(19)主要试验设备操作规程。

上述图表中第(6)、(7)项的尺寸应采用 80cm×60cm,第(19)项的尺寸应采用 60cm×40cm,其他图表根据实际情况确定尺寸。以上图表为监理办上墙基本图表,监理办认为有必要时可自行增加其他图表。

五、监理办组建的报备

根据原浙江省交通厅质监局《关于公路水运工程项目驻地监理办组建情况实行报备制度的通知》(浙交监[2006]63号)的文件精神,监理办的组建实行报备制度。

1. 报送单位

省厅质监局主管监督的项目监理办组建报备资料报送省厅质监局;市质监站(局)主管监督的项目监理办组建报备资料报送市质监站(局)。

2. 报备范围和时限

(1)报备范围。纳入监督范围的所有在建公路工程项目(包括大中修)的监理办,均应按规定进行报备。

(2)报备时限。监理办在组建基本完成,人员得到建设单位确认后10天内向主管质监站(局)报备。

3. 报备内容

(1)监理人员情况

①监理服务合同协议书(复印件);
②监理办进场监理人员及其资格条件,包括学历、专业、技术职称、监理资格、监理经历、年龄等;
③监理人员变更及建设单位批复情况;
④监理人员《执业管理手册》持有情况;
⑤监理人员聘用合同。
(2)监理组织机构(可用框图表示)及监理人员分工明细表。
(3)办公、生活用房,办公、生活设施,交通、通信设施,测量及试验检测仪器等到位情况。

4. 报备程序

由监理办填妥"驻地监理办组建情况报备单",备齐以上报备材料,经建设单位审核认可后向主管质监站(局)报备。省厅质监局主管监督的项目,同时将 Word 电子版(或扫描版)发送至电子邮箱 zjq320111@163.com。

主管质监局(站)在收到完整的报备材料后,出具报备回复单,完成报备工作。

第二节 监理办管理

监理办作为监理单位的一个外派机构,代表监理单位履行监理服务合同,对在建项目进行管理。为更有效地达到其工作目标,除了监理单位必须加强对监理办工作的监督、管理外,总监理工程师也必须加强对监理办的内部管理,保证监理项目的顺利开展。

一、内部检查与考核

1. 完善制度

监理办组建之初就应该明确本项目适用的各项管理制度,对于不适用的管理制度进行补充完善,并明确每位监理人员人岗位职责和工作要求。

监理办要在本企业管理制度的基础上,针对本项目实际情况,进一步细化和完善,以利于监理工作的更好开展。监理办一般应建立下列制度:
(1)总监理工程师巡视检查制度;
(2)监理办检查考核制度;
(3)监理办内部例会制度;
(4)监理办业务学习制度;
(5)监理办安全与社会综治管理制度;
(6)监理办廉洁监督制度;
(7)监理办休请假制度;
(8)监理办文件档案管理制度;
(9)监理办收发文登记制度;

(10) 监理办来文传阅制度;

(11) 监理办行文审查制度;

(12) 监理办车辆管理制度。

2. 明确岗位职责

不同的监理岗位有不同的职责,监理办要明确人员分工,落实监理工作岗位责任制。监理工作岗位责任制不仅有助于提高工作效率,保证监理服务质量,也是加强监理内部廉洁监督、保证监理工作公正性所必需。

(1) 充分发挥总监理工程师的作用。总监理工程师是项目建设管理的关键人之一,是监理单位派驻工地履行监理合同的全权代表,是受监工程施工质量、安全和环保等监理工作及监理办全体监理人员廉洁监督的第一责任人,是监理办内部管理工作的总负责人,在监理办中处于核心地位。他对监理项目的计划、组织、实施以及保证项目监理目标的实现负有全权责任,对于监理办的组建、监理工作的开展、监理人员的培养以及在与参建各方的沟通与协调方面起着重要作用。为进一步深化浙江省公路水运工程监理制度,提高监理服务质量,充分发挥总监理工程师的作用,浙江省交通运输厅于2009年12月31日下发了关于印发《浙江省公路水运工程施工监理总监负责制实施办法(试行)的通知》(浙交[2009]261号),要求在高速公路项目中试行总监负责制。

本着"责、权、利"相统一的原则,监理单位应当根据工程具体情况与总监签订详尽、合理的内部考核责任书,并在此基础上建立合理的人事管理、财务管理等内部管理机制,以书面形式明确总监的管理职权,以充分发挥总监理工程师的积极性和能动性,做好监理各项工作。监理单位通常应当赋予总监下列权限:

①总监的人事权。总监对监理办人员拥有人事变更权。对不能胜任现场监理工作的监理人员,总监应当向监理单位提出更换人员的要求,监理单位应当予以支持和协助。对于监理单位派遣的不适合人员,总监有权拒绝接受。在任何情况下,总监不得擅自对监理人员进行更换。

②总监的财务权。总监对监理办现场费用拥有相对独立的财务权,现场费用包括监理办办公耗材费、交通工具使用费、通讯费、水电等生活设施使用费、劳保用品费、旅差费、招待费、伙食费等。

③总监的分配权。总监对监理办全体人员拥有相对独立的分配权。监理办通过自身努力获得的建设单位劳动竞赛奖励,原则上应全额在监理办内部分配,由总监提出分配方案,报监理单位核定后发放,总监可得奖励总额的15%~20%。监理单位对监理人员的考核和奖励,也应当征求总监的意见。

(2) 实行岗位责任制。从监理办组建开始就应明确各岗位监理人员在质量、安全、环保和计量支付等方面的职责,并保障其相应的岗位权力。岗位职责应上墙,方便监督。对出现质量、安全、环保和计量支付等方面责任问题的相关监理人员应进行内部责任追究,以此有效促进各监理人员提高工作责任心。

3. 开展内部检查与考核

为了顺利实现质量、安全、环保、费用、进度、合同的监理目标,有效落实监理企业和监理办内部的各项管理制度,切实有效地开展及改进监理工作,监理办应积极开展内部检查考核工作。
　　1）检查与考核的内容
　　（1）"五监理、两管理"职责的落实情况；
　　（2）监理资料与监理日记等情况；
　　（3）工作态度；
　　（4）廉洁及遵章守纪情况。
　　2）检查与考核的方式
　　（1）巡视检查。总监理工程师应每天到工地现场进行巡视检查，及时发现施工现场的质量、安全等隐患，检查监理人员到位和对现场问题的处理情况。对发现的监理人员不良行为及时进行记录，作为全面考核评价的依据之一。
　　（2）突击抽查。对于夜间施工需旁站的项目，总监理工程师可以带队或安排人员进行突击抽查。一是监理人员的到位情况，二是监理人员是否按程序进行旁站监理，三是对已发现的问题有否采取有效措施，防止现场管理情况失控。
　　（3）专项检查。监理办可以根据工程进展情况适时开展质量、安全、内业资料等专项检查，及时处理存在的质量、安全等隐患。专项检查既是一种发现问题的方式，也是一个交流监理方式与监理经验的过程，宜做深做细。
　　（4）全面检查考核。监理办可根据监理企业考核制度的要求，每季度或半年组织一次对全体监理人员的全面检查和考核，评估每位监理人员工作成绩。监理人员、监理办的自评，是监理单位对监理办进行业绩考核的基础。
　　3）检查考核结果的处理
　　为督促每一位监理人员切实做好日常本职工作，推动监理办监理工作，对监理办内部检查所发现的问题，总监应及时督促相关责任人进行整改，并将检查考核结果与监理人员奖惩措施结合起来，对发现的问题及整改情况要及时呈报给监理单位相关管理部门。

二、内部学习与培训

　　工程监理属于智力服务行业，监理人员、监理办总监理工程师、监理企业管理层应在思想上高度重视业务学习与培训，充分认识到业务学习对出色完成工程项目监理工作和培育、锻炼监理人员的重要性。
　　1. 业务学习与培训的必要性
　　1）监理工作特性的要求
　　建设单位委托监理单位对工程项目开展施工监理的目的，就是需要监理单位派驻在施工现场的监理人员能够为工程项目以及建设单位提供良好的技术管理服务。监理人员没有扎实、全面的理论知识和丰富的实践经验，就难以对建设工程进行有效的控制。
　　2）现实状况的迫切要求
　　由于受社会多种因素影响，目前监理从业人员的职称偏低，刚走出校门的年轻人偏多，实践经验不足，监理人员的技术和管理能力满足不了现场管理的需要。监理人员迫切需要提高自身知识与技能水平。

3）公路建设不断发展的管理要求

随着社会经济的发展，社会各界对公路工程的质量、安全、环保等方面的要求也在不断提高。如何适应新形势、新环境和新要求，如何谋求监理行业的新发展是摆在每位监理人员面前迫切需要解决的一个现实问题。因此，监理人员必须加强业务学习与培训，有效提高自身素质以应对各种挑战。

4）个人职业发展的要求

加强监理人员业务学习与培训是监理行业长远发展的需要，是监理人员自身获得社会认同和尊重的需要，更是个人职业发展的需要。

2. 业务学习与培训的方式

监理人员进行业务学习与培训的方式可以多种多样，在此重点推荐以下四种方式。

（1）相互交流。平时在工地现场，监理人员在领导、专家、质监人员、建设单位或总监检查时，应保持虚心平和的心态，多看、多听、多问，通过交流、探讨，从别人身上吸取有益经验。监理人员白天在工地一线发现的技术问题，也可以利用晚上、雨天或休息日等进行相互交流、相互探讨、共同学习提高，在技术业务较全面的总监或专业监理工程师的带领和指导下，有效促进技术业务水平的提高。工地一线的学习比起正规课堂的学习更能够贴近实际，更能使人深刻领会，也更能让人牢记不忘。

（2）集中讲座。在监理办内推选业务素质高的监理工程师或邀请监理办以外的技术和管理专家，针对本工程项目特点，有针对性地开展技术和管理方面的讲座（监理交底）。讲座（监理交底）的内容应形成书面材料，发给监理人员，以利于他们在实际工作中熟悉掌握，这对提高监理人员的技术和管理水平具有很大的帮助。

（3）开展自学。监理办各级监理人员在基础技术理论知识、工作经验以及接受新知识的能力等方面存在较大差异，在监理办内的各自工作分工也有所不同，对新专业知识学习的目的和职业需求也各不一样，因此有必要要求监理人员针对自身职业需求、实际工作要求和自身业务水平开展不同方式、不同层次的业务知识自学，重点是对相关技术标准规范的学习与掌握。

（4）组织技术业务知识考试和竞赛。监理办内部应组织有针对性的、不定期的技术业务知识考试和竞赛。考试与竞赛不是目的，而仅仅是一种促进手段，是一种从外部环境形成一定压力和氛围，促使监理人员加强业务学习的有效手段。监理办技术业务考试（竞赛）应以保证监理人员充分了解掌握与各自负责的专业相关的标准、规范、程序与技术要点为主要目标，考试（竞赛）题目一般应由监理单位技术负责人选择确定，考试内容应与工程实际相结合，并与监理人员的岗位分工相结合，与监理人员年终评选先进以及津贴奖金挂钩。考试（竞赛）成绩要在监理办内张榜公布，监理办要向监理单位管理部门及时汇报考试情况。这种内部考试，将在监理办内形成一种鼓励先进的良好氛围与鞭策落后的无形压力，使那些不学无术、自以为是、不懂装懂的监理人员难以在监理办滥竽充数。到目前为止，这种考试（竞赛）已在部分监理企业和监理办推行，实践证明效果明显。

三. 内部沟通与协调

监理项目的有效完成需要监理办全体人员的共同努力和协调一致，而信息是把所有成员凝聚在一起的纽带。监理办应加强内部沟通和外部协调,保证信息传递的顺畅。

1. 沟通的方式

沟通与协调的渠道主要有口头沟通和书面沟通两种方式。口头沟通渠道主要是面对面的交流、谈话、电话、会议等形式;书面沟通是通过文件、通知、信函、传真的下发、传阅等形式进行。

监理办应建立定期监理工作会议(包括每天班前专监碰头会)、学习培训、文件传阅等制度,保证内部沟通的有效进行。监理办应通过内部沟通及时分析项目监理工作中当前存在的主要问题,总结监理经验,统一监理思路和监理标准,及时宣贯和传达上级有关部门的精神和要求,对监理过程中的重要问题进行监理办内部民主商议,制订和明确下一阶段的监理重点、监理措施和监理目标,凝聚力量和共识,做好监理服务。

2. 积极协调、正确处理与参建各方的关系

在与建设单位(项目业主)的关系中,要注重"以顾客(即项目业主)为关注焦点",充分尊重业主代表意见,争取其对监理工作的理解和支持。要履行好监理职责,取得建设单位信任,增加建设单位对监理的依赖感,提高建设单位满意度;在与质监部门的关系中,对质监部门检查中发现的问题要不回避、更不逃避,勇于认错重于表态,不过分强调客观理由,推卸责任,但要善于合理解释,尽量不扩大影响范围;在与施工单位的关系中,应多从正面给予鼓励,充分发挥其质量保证体系和安全保证体系的作用,激发施工方的进取心。与施工单位建立正常的沟通渠道,互信互谅,建立融洽的工作配合关系。意见分歧时,应采用"原则问题不让步,非原则问题可通融"的处理方式。充分利用工程款支付、变更控制等管理手段,对其质量、安全等进行有效控制与制约。注重"监帮结合,事前监理",与施工方要以平等姿态相处,平时工作态度、说话语气等要让对方乐于接受,主动配合;在与设计、检测等第三方的关系上,应主动联系,及时反馈工地上的信息,有意见时先个别交换,注意方式与场合。

四、廉洁教育

监理人员的廉洁问题,是社会各界十分关注的一个敏感话题,是影响一个监理单位社会声誉、社会公信力以及行业长远发展的重要问题。监理办作为监理单位的派出机构,对每位监理人员的行为及后果负有直接管理职责。因此,监理办加强监理人员廉政建设显得十分重要。

为有效加强监理人员廉洁管理,应该重点加强监理办层面的廉洁教育和廉洁防范措施。监理办廉洁建设工作主要内容:

(1)总监理工程师应以身作则,带头做好榜样,自觉做到廉洁自律。

(2)监理办与每位监理人员签订廉洁责任状,实施经常性的廉洁教育,以廉洁防范为主,有效实施廉洁监督管理机制,坚决杜绝监理人员"吃、拿、卡、要"等不廉洁行为的发生。

(3)切实保障监理人员的工资、奖金、补贴以及劳保等福利待遇,并力争做到不断有所提高。

(4)努力改善监理人员的工作、生活环境,提供良好的住宿、交通、学习、通讯和伙食条件。

(5)重视监理人员工作的同时也要关注、体谅监理人员的情感生活。

(6)认真执行监理人员执业信息上报制度,对那些出现严重不廉洁事件或多次出现不廉

洁问题,屡教不改的监理人员,可通过管理网络平台予以通告,以限制其今后在监理行业从业。

五、内部安全管理与社会治安综合治理

安全生产是党和国家的一贯方针和基本国策。监理办不仅要对施工安全进行监理,更要保障工程监理人员的生命安全和公私财物的安全,预防安全等各类事故的发生。为此,监理办应贯彻执行"安全第一,预防为主"的方针,并坚持"管工程必须管安全"的原则,认真学习、贯彻执行国家有关安全生产的法规以及社会综治的有关规定,制订监理办内部安全管理和社会治安综合治理的规章制度。

1. 安全保证

(1)监理办应建立以总监理工程师为第一责任人,各专业监理工程师及专(兼)职安全员参加的三级安全管理责任体系。

(2)总监理工程师应经常对全体监理人员进行安全生产教育,真正做到"安全第一,预防为主"。

2. 办公和生活场所的安全

(1)监理办专(兼)职安全工程师(员)应对监理办办公、生活场所进行经常性的检查,及时发现并消除不安全因素,防止火灾、盗窃事故的发生。

(2)监理办应指定专人对照相机、摄像机、工程用仪器等贵重物品进行管理,实行领用签字等责任制度。

(3)监理办应加强对生活用电的管理,特别是冬季取暖、洗浴用电的安全,同时应严禁擅自拉接电线及使用大功率电器。

(4)自行开伙的监理办,应加强对厨房的安全管理,特别是对液化气,入睡之前要检查是否关闭。做好清洁卫生工作,防止食物中毒。

(5)每个监理人员应加强安全防范意识,每天晚上入睡前一定要检查监理办大门及办公室和寝屋门窗是否关好,防止公私财产的丢失、被盗。

(6)严禁去工地附近的湖泊、水库、海滩和溪流游泳。

3. 交通安全

(1)前往工地或在工地内来往交通,要注意自我保护,尽量避免乘坐当地无照、超载的小中巴、小三轮、拖拉机、摩托车等交通工具。

(2)对监理办配备的车辆,应由专职驾驶员驾驶,除驾驶员休假等特殊情况并经总监批准外,有驾照监理人员也不得驾驶公车,以确保安全;严禁无证驾驶摩托车、汽车等机动车辆;严禁任何监理人员驾驶施工单位的车辆,由此造成的一切后果由本人承担。

(3)驾驶员应谨慎驾驶,安全行车。严禁酒后驾车。行车时乘车人不应与驾驶员聊天,更不能开玩笑,当发现有影响安全的情况时,应立即提醒驾驶员注意。

(4)工地道路坎坷不平,尤其晚上骑自行车下工地要特别小心,对照明不好、道路不熟地段不要勉强骑行。

4. 现场安全

(1)每位监理人员应严格做到:不带安全帽,严禁进入施工现场。这不仅是安全监理的重

要内容,也是每个监理人员自我安全保护的重要守则。

（2）在工地现场不得穿拖鞋、凉鞋、高跟鞋,不得赤脚;应着装整齐。

（3）需要去工地现场工作时,不得饮酒。严禁在易燃易爆物品影响区内吸烟。

（4）雷雨时,不要在山顶、大树和电杆处停留,不得使用金属杆雨伞,以防雷击。

（5）夏季高温天气,监理办要做好防暑降温工作,合理安排作息时间,尽量避开高温时段,在工地现场尽量避免长时间太阳直射,同时保证监理人员的饮水条件和休息时间。

（6）夜间进入施工现场应尽量避免单独行动,应携带手电筒,并应督促施工单位加强照明,施工现场的光照度应满足相应规范要求。

（7）水上作业时,要注意上、下游来水情况（如山洪、水库泄洪、涌潮等）,雇用的船工应持有驾船执照;船只需航政管理部门年检合格方可租用。

（8）高空作业应有必要的安全防护措施,经医生证明患有不宜于高空作业的疾病或身体不适时,不要勉强登高,应尽量安排年富力强的中青年人员进行高空作业。登高及在支架上行走,应注意防止碰头,脚下不要踩空,并应密切关注上部施工情况（原材料搬运、吊运）,防止高空落物的伤害。

（9）开挖作业,应注意边坡是否稳定,支撑是否坚固,立体交叉作业面,还应注意防止高空落物的伤害。

（10）起吊或开挖现场,监理人员应有自我保护意识,严禁站在起重臂下及挖掘机、起重机回转半径内。

（11）爆破现场,所有人员必须撤到安全红线以外。

（12）必须在高边坡开挖面工作时,应尽量缩短停留时间,并注意观察周围和上方情况,对不安全因素保持警惕。

（13）进入隧道工作,应先了解清楚该洞内目前作业情况,应注意防落石、防坍塌、防缺氧,以避免盲目进洞造成意外。

（14）公路改建工程中,边通车边施工路段,应加强对通行车辆的安全管理,确保施工和交通安全。

5.社会治安综合治理工作目标

（1）监理办不发生带政治倾向性的、可能危害社会政治稳定的事件。

（2）监理办人员不发生违法犯罪案件(指受到治安、刑事处罚)。

（3）监理办人员不发生严重违纪案件(指受到地市以上交通主管部门通报、清退等处分)。

（4）监理办不发生万元及以上盗窃案件。

6.安全与社会综治的奖罚

监理单位应与各监理办于每年年初签订《社会治安综合治理与安全生产责任书》,明确各监理办当年的安全生产管理与社会综治目标。年底应根据《社会治安综合治理与安全生产责任书》,兑现对各监理办的奖罚措施。

六、财务管理

监理办财务开支管理的好坏直接关系到监理企业经济效益的高低,因此,监理企业应建立健全监理办财务管理制度。监理办需指定专人负责财务账表、报销及现金管理。监理企业也可试行"监理办日常办公生活费用承包制",赋予总监理工程师一定的财务自主权,鼓励节省费用开支。

监理办财务开支主要有:人员工资(含各种补贴、津贴和奖金)、日常办公生活费用开支(含办公耗材费、水电费、车辆费用、招待费等)。

1. 人员工资、补贴和奖金

总监理工程师要特别认真管好其中两部分:一部分是与出勤率挂钩的各种补贴。监理办应建立严格的考勤制度,由总监指定专人每月将考勤表公布上墙。监理人员的工地待遇,如伙食补贴、加班津贴等宜直接与出勤挂钩,以起到奖勤罚懒的效果。另一部分是与监理资料完整与否挂钩的补贴和奖金。做好包括监理抽检评定资料、监理日志、旁站记录等监理资料是监理人员最基本的职责之一。一些监理人员平常疏于资料整理,而一旦人员流动时则欠下大量的资料未做,给接替的监理人员和整理竣工资料造成很大的麻烦,这已成为监理的一大通病之一。因此,监理办必须安排人员专门负责资料的日常检查工作,各标段监理抽检资料当月必须归档,在资料未完成时,暂时部分扣发加班津贴,直到该月资料补齐后再发。监理人员每年的奖金和项目完成奖都要与监理资料完成情况挂钩,奖优罚劣。

2. 日常办公生活费用开支

日常办公生活费用开支主要包括办公耗材费、水电费、招待费、交通工具使用费、劳保用品费、伙食费等,监理办应建立日常采购支出台账,实行采购与现金两条线管理,严格控制非必要支出。监理办平时要加强用水用电的管理,做到节约用水,节约用电,随手关灯,随手关电,做到没人时停电、停水。管好伙食也是监理办日常管理的一个重点。民以食为天,为促使监理人员安心工作,监理办可以成立"伙管会",实行民主管理,使监理办伙食切实做到吃得饱,吃得好。监理人员如果有事不回监理办用餐,应提前通知食堂,不要浪费粮食。车辆费用是监理办一大开支,所以,监理办要加强对车辆的管理,严禁未经总监批准私自用车,做到生活少用车,工作多用车。节假日如驾驶员休假,车钥匙交总监或行政人员管理。驾驶员要做好日常的车辆保养工作,保持车辆整洁和技术性能的完好。当发生故障需要修理时,要事先向总监理工程师报告,特殊情况,可先修车,但事后必须向总监理工程师说明情况。中修、大修及年审需事先向企业管理部门报告。违反交通规则罚款,应由驾驶员自负。出车的过路费应注明事由和同车人员,否则不予报销。

参考文献

[1] 中华人民共和国行业标准.公路工程施工监理规范(JTG G10—2006).北京:人民交通出版社,2007.
[2] 中华人民共和国标准施工招标文件(2007年版).北京:中国计划出版社,2008.
[3] 中华人民共和国行业标准.公路工程标准施工招标文件(2009年版).北京:人民交通出版社,2009.
[4] 中华人民共和国行业标准.公路路基施工技术规范(JTG F10—2006).北京:人民交通出版社,2006.
[5] 中华人民共和国行业标准.公路沥青路面施工技术规范(JTG F40—2004).北京:人民交通出版社,2004.
[6] 中华人民共和国行业标准.公路桥涵施工技术规范(JTJ 041—2000).北京:人民交通出版社,2000.
[7] 中华人民共和国行业标准.公路隧道施工技术规范(JTJ 042—94).北京:人民交通出版社,1994.
[8] 中华人民共和国行业标准.公路工程施工安全技术规程(JTJ 076—95).北京:人民交通出版社,1995.
[9] 中华人民共和国行业标准.公路工程质量检验评定标准(土建工程)(JTG F80/1—2004).北京:人民交通出版社,2004.
[10] 浙江省交通厅工程质量监督站.公路施工环境保护监理.北京:人民交通出版社,2006.
[11] 陈鼎.环保监理势在必行.中国交通建设监理.2006.5:18~19.
[12] 交通建设工程工程量清单计价规范(第1部分:公路工程)(DB33/T628.1—2007).北京:人民交通出版社,2007.
[13] 袁剑波.工程费用监理.北京:人民交通出版社,2007.
[14] 罗娜.工程进度监理.北京:人民交通出版社,2007.
[15] 交通部公路司,交通部基本建设质量监督总站.公路工程施工监理手册.北京:人民交通出版社,2001.
[16] 沈其明等.公路工程合同管理与索赔及案例分析.北京:人民交通出版社,2005.
[17] 江苏省高速公路建设指挥部.高速公路工程竣工资料编制范例.北京:人民交通出版社,2006.
[18] 赵恒平.人力资源开发与管理.武汉:武汉理工大学出版社,2008.
[19] 陈鼎.高速公路路面养护工程施工监理实务.北京:人民交通出版社,2008.
[20] 陈鼎、周利霞.监理项目绩效考核如何"考".中国交通建设监理 2006.10:33~35.
[21] 胡向前.为发展定个战略.中国交通建设监理 2009.1:38~39.
[22] 浙江公路水运工程监理有限公司.质量管理体系文件.内部资料.